わかるまとめと
よく出る問題で
合格力が上がる

JAPANESE

高校入試 — 合格

GOUKAKU

BON!

国語

Gakken

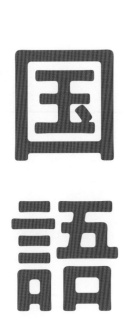

合格に近づくための 高校入試の勉強法

STUDY TIPS

まず何から始めればいいの？

スケジュールを立てよう！

入試本番までにやることは，

STEP ① **中1から中3までの復習**
STEP ② まだ中3の内容で習っていないことがあれば，その予習
STEP ③ 受験する学校の過去問対策

です。①から順に進めていきましょう。まず，この3つを，入試本番の日にちから逆算して，「10月までに中１・中２の復習を終わらせる」，「12月中に３年分の過去問を解く」などの**大まかなスケジュール**を立ててから，１日のスケジュールを立てます。

どういうふうに1日のスケジュールを作ればいいの？

学校がある日と休日で分けて，学校がある日は１日５時間，休日は１日10時間(休憩は除く)というように**勉強する時間を決めます**。曜日ごとに朝からのスケジュールを立てて，それを表にして部屋に貼り，その通りに行動できるようにがんばってみましょう！　部活を引退したり，入試が近づいてきたりして，状況が変わったときや，勉強時間を増やしたいときには**スケジュールを見直しましょう**。

60-90分勉強したら，10分休憩しよう！

例 1日のスケジュール　(部活引退後の場合)

	6:00	7:00	8:00	9:00	10:00	11:00	12:00	13:00	14:00	15:00	16:00	17:00	18:00	19:00	20:00	21:00	22:00	23:00
平日	起床朝食	勉強	学校									勉強		夕食休憩	塾		自由時間	睡眠
休日	睡眠	起床朝食	勉強					昼食休憩	勉強					夕食休憩	勉強		自由時間	睡眠

自分に合った勉強法がわからない…どうやればいいの？

勉強ができる人のマネをしよう！

成績が良い友達や先輩，きょうだいの勉強法を聞いて，マネしてみましょう。勉強法はたくさんあるので，一人だけではなくて，何人かに聞いてみるとよいですね。その中で，自分に一番合いそうな勉強法を続けてみましょう。例えば，

・間違えた問題のまとめノートを作る
・文法事項など暗記したいものを書いた紙をトイレに貼る
・毎朝10分，漢字テストをする

などがあります。

◎古語の意味
いと → とても
おぼゆ → 思われる

例 まとめノート

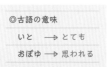

すぐ集中力が切れちゃう…

まずは15分間やってみよう!

集中力が無いまま，だらだら続けても意味がありません。**タイマーを用意しましょう**。まずは，15分でタイマーをセットして，その間は問題を解く。15分たったら5分間休憩。終わったらまた15分間…というように，短い時間から始めましょう。タイマーが鳴っても続けられそうだったら，少しずつ時間をのばして…と，どんどん集中する時間をのばしていきましょう。60分間持続してできることを目標にがんばりましょう！

家だと集中できない…!!

勉強する環境を変えてみましょう。例えば，机の周りを片づけたり，図書館に行くなど場所を変えてみたり。睡眠時間が短い場合も集中できなくなるので，早く寝て，早く起きて勉強するのがオススメです。

勉強のモチベーションを上げるにはどうすればいいの?

1教科をとことんやってみよう!

例えば，どれか１教科の勉強に週の勉強時間の半分を使って，とことんやってみましょう。その教科のテストの点数が上がって自信になれば，ほかの教科もがんばろうという気持ちになれます。

入試までの長い期間，モチベーションがたもてるか不安…

自分にごほうびをあげるのはどうでしょう？「次のテストで80点取れたら，好きなお菓子を買う」というように，目標達成のごほうびを決めると，やる気もわくはずです。また，合格した高校の制服を着た自分や，部活で活躍する自分をイメージすると，**受験に向けてのモチベーションアップ**につながります。

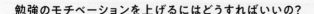

国語の攻略法

JAPANESE

POINT 1

漢字は書いて覚えて確実に点をとる!

漢字の読み取り・書き取りの問題は入試では必ず出題されます。読解問題は得意不得意が出やすいですが，漢字は覚えればよいので点数を取りやすいです。勉強の方法としては，漢字をながめるだけでなく，きちんと書いて覚えるようにしましょう。また，ただ漢字を1字ずつ書くだけではなく，**その漢字を使った熟語も一緒に書く**ようにすると，効率よく熟語を覚えることができます。この本の問題や過去問を解いていて書けなかったり読めなかったりした漢字はそのままにせず，メモをしておいて，必ず覚えるようにしましょう。

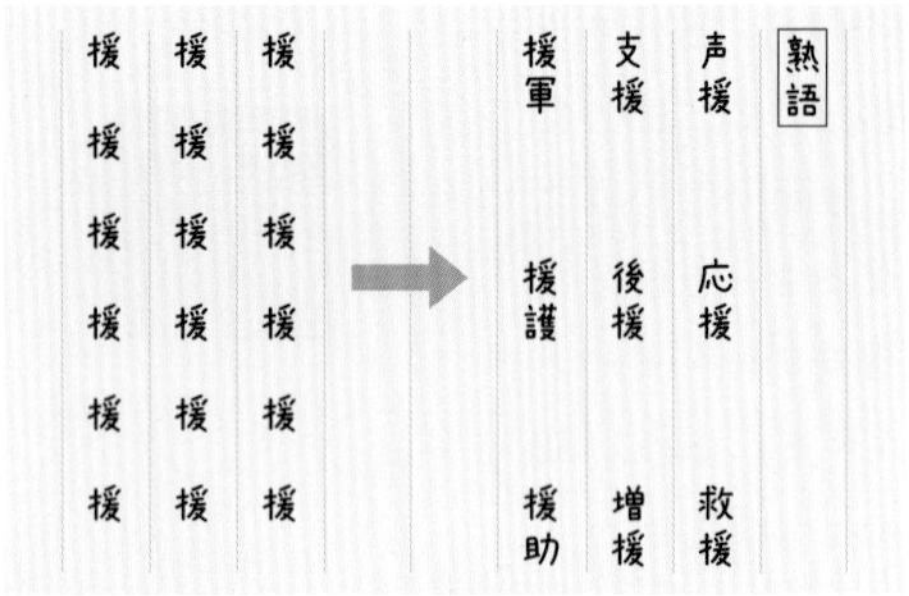

例 漢字の練習

POINT 2

読解問題は文章の形式ごとにポイントをおさえる!

読解問題は小説や随筆などの文学的文章，論説文などの説明的文章に分かれます。それぞれの特徴をおさえて，文章のポイントを確認します。文学的文章では，登場人物の心情が問われることが多いので，比喩や倒置などの表現の工夫がされているところに注目します。説明的文章では，「しかし」や「つまり」などの接続詞の後に筆者の主張が書かれていることが多いので，接続詞に注目します。この本には文章を読むときの要点がまとめられているので，要点に注意して文章を読む練習をしましょう。

POINT 3

古文は1日1つ読もう!

高校入試の古文の問題で細かい文法が問われることは少ないですが，歴史的仮名遣いや係り結びなどの文法の基本知識はしっかりおさえておきましょう。
また，古文の文章に慣れることが大切です。少しでもよいので，**毎日古文の文章を音読する**ようにしましょう。学校の教科書やこの本に載っている古文の原文を，現代語訳と比較しながら読むとよいでしょう。有名な作品は，漫画などを読んで，時代背景を理解しておくと，出題されたときに内容を理解しやすくなります。

POINT

4 作文は簡潔にまとめる!

入試では，資料等の与えられた条件をふまえて書く条件作文と，課題を与えられてその内容に沿って書く課題作文があります。条件・課題に合うように，**簡潔にまとめることが共通のポイント**になります。あれもこれもと欲張って書くのではなく，中心となることを決め，そこに的をしぼって書くようにしましょう。解答用紙に書く前に，箇条書きのメモを作り，構想を練ってから書くとよいですね。作文が苦手な人は，この本の「作文の書き方」を参考にしながら，毎日文章を書くようにしましょう。はじめは短い日記からはじめて，入試直前には，受験予定以外の高校の過去問から作文の問題を解く練習をするのもよいでしょう。

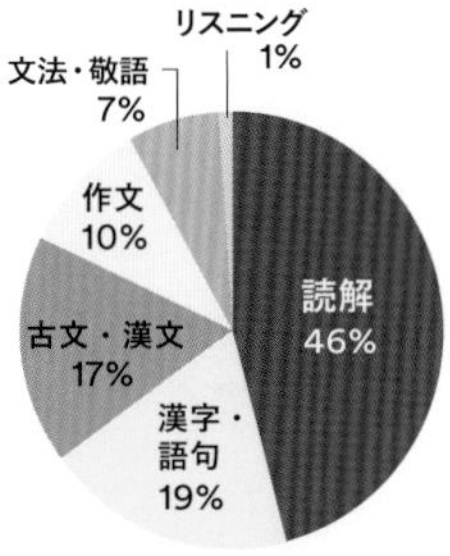

出題内容の割合
（配点の割合）

出題傾向

過去の公立高校入試で出題（配点）の約半分の割合を占めるのが，小説や随筆などの文学的文章と論説文などの説明的文章の読解です。次に漢字・語句，古文・漢文と続きます。漢字・語句や文法・敬語は，単独で出題されたり，読解問題の中で出題されたりしています。作文は，出題形式はさまざまですが，ほとんどの都道府県で出題されています。

対策

1. **漢字力・語《ご》彙《い》力をつける**　漢字の読み書きや語句の意味は，確実に覚えておこう。
2. **文法力をつける**　基本的な文法事項は，不得意がないように理解しておこう。
3. **読解力をつける**　問題集や過去問を数多く解いて，力をつけておこう。
4. **表現力をつける**　文章を要約したり自分の考えをまとめたりする練習をしよう。

［高校入試　合格BON!　国語］を使った勉強のやり方

夏から始める
【1周目】**必ず出る!要点整理**と**この手で攻略!**を読んで，**基礎力チェック問題**を解く。
【2周目】**高校入試実戦力アップテスト**を解く。
【3周目】2周目で間違えた**高校入試実戦力アップテスト**の問題をもう一度解く。

秋から始める
【1周目】**必ず出る!要点整理**と**この手で攻略!**を読んで，**基礎力チェック問題**を解く。
【2周目】1周目で間違えた，**高校入試実戦力アップテスト**の問題を解く。

直前から始める
国語が得意な人は**苦手な単元**，苦手な人は**文法の単元**を中心に**高校入試実戦力アップテスト**を解く。

もくじ

高校入試問題の掲載について

●問題の出題意図を損なわない範囲で，解答形式を変更したり，問題の一部を変更・省略したりしたところがあります。
●問題指示文，表記，記号などは全体の統一のため，変更したところがあります。
●解答・解説は，各都道府県発表の解答例をもとに，編集部が作成したものです。

合格まで、完全サポート！

使い方

合格に近づくための 高校入試の勉強法

まず読んで，勉強の心構えを身につけましょう。

必ず出る！要点整理

入試に出る要点がわかりやすくまとまっており，3年分の内容が総復習できます。（重要！）は必ずおさえましょう。

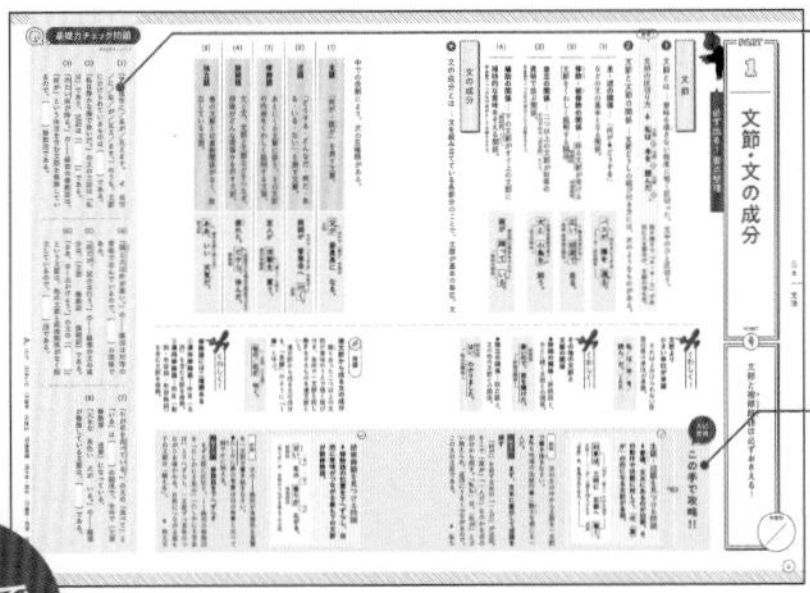

基礎力チェック問題

要点の理解度を確かめる問題です。

入試問題 この手で攻略!!

入試に頻出の問題の解き方を解説しています。

＋

高校入試実戦力アップテスト

過去の入試問題から，実力のつく良問を集めています。

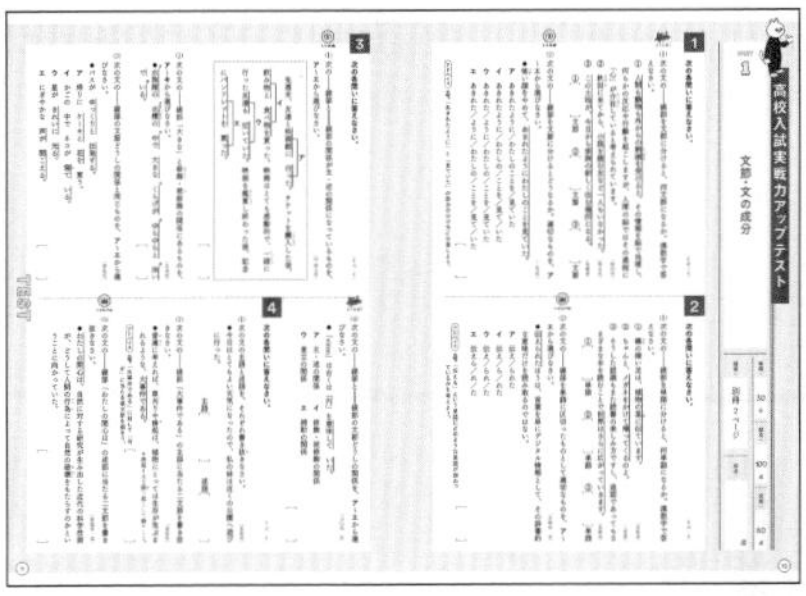

- よく出る！　入試に頻出の問題
- ミス注意　間違えやすい問題
- ハイレベル　特に難しい問題

漢字の書き取り・読み取り

入試によく出る漢字の読み・書き問題です。間違えた問題は、入試までに必ず覚えましょう。

模擬学力検査問題

実際の入試の形式に近い問題です。入試準備の総仕上げのつもりで挑戦しましょう。

別冊

解答と解説

巻末から取り外して使います。くわしい解説やミス対策が書いてあります。間違えた問題は解説をよく読んで，確実に解けるようにしましょう。

直前チェック！ミニブック

巻頭から，切り取って使えます。国語の重要事項がまとまっていて，試験直前の確認にも役立ちます。

PART 1

文節・文の成分

必ず出る！要点整理

文節

❶ **文節とは**…意味を壊《こわ》さない程度に短く区切った、文中のひと区切り。

重要！ **文節の区切り方** ➡ **私は**〈ネ〉**本を**〈サ〉**読んだ**〈ヨ〉。（文節／文節／文節）

話す調子で「ネ・サ・ヨ」が自然に入る部分が、文節の切れ目。

❷ **文節と文節の関係**…文節どうしの結び付き方には、次のようなものがある。

(1) **主・述の関係**…「**何が➡どうする**」などの文の基本となる関係。

バスが 橋を **通る。**（何が➡どうする　主・述の関係）

(2) **修飾《しゅうしょく》・被《ひ》修飾の関係**…係る文節（修飾語）が受ける文節（被修飾語）をくわしく説明する関係。

広い **校庭で** 走る。（係る➡受ける　修飾・被修飾の関係）

(3) **並立の関係**…二つ以上の文節が**対等の資格で並ぶ**関係。（それぞれを「並立語」という。）

◆全体で一つの文の成分としての働きをする。

犬と **小鳥を** 飼う。（対等の資格で並ぶ　並立の関係）

(4) **補助の関係**…下の文節がすぐ上の文節に**補助的な意味をそえる**関係。（「補助語」という。）

◆全体で一つの文の成分としての働きをする。

雨が **降って** **いる。**（補助的な意味をそえる　補助の関係）

文の成分

▼ **文の成分とは**…**文を組み立てている各部分**のことで、文節が基本の単位。文

くわしく！

文節より小さい単位が単語

それ以上分けられない言葉の最小単位が単語。

私／は／本／を／読ん／だ。［6単語］

くわしく！

その他の文節と文節の関係

●**接続の関係**…接続語と、あとに続く文節との関係。

暑いので、 **窓を開けた。**（接続語　接続の関係）

●**独立の関係**…独立語と、文の他の文節との関係。

はい、 **わかりました。**（独立語　独立の関係）

POINT

文節と被修飾語《ひしゅうしょく》は必ずおさえる！

学習日 ／

入試問題 **この手で攻略!!**

主語・述語を見つける問題

➡普通《ふつう》、文末にあるのが述語。その動作や状態に対して、「何（誰）が」の形になる文節が主語。

列車は、 三時に 京都《きょうと》へ **着く。**

（「何が→着く」のかを探す／主語←「～が」に置き換《か》えられる／述語／「述語」は、普通文末にある。）

例題 次の文の中から主語を一文節で書き抜《ぬ》きなさい。

●私も地域の伝統行事に魅力《みりょく》を感じる一人だ。

解き方 **まず、文末に着目して述語を探す**

「何だ」を表す文末の「一人だ」が述語。そこで「誰が」「一人だ」なのかを前の部分から探す。「私も」は、「私が」と言い換えられ、述語にうまくつながるので、この文の主語である。

答 **私も**

中での役割により、次の五種類がある。

(1)	**主語** 「何が・誰《だれ》が」を表す文節。	**兄が** 委員長に なる。 （「兄が」…主語　←文中で「誰が」を表す）
(2)	**述語** 「どうする・どんなだ・何だ・ある・いる・ない」を表す文節。	**両親が 音楽会へ 行く。** （「行く」…述語　←文中で「どうする」を表す）
(3)	**修飾語** あとにくる文節に係り、その**文節の内容をくわしく説明する**文節。	**友人が 洋服を 買う。** （「洋服を」…連用修飾語　←「買う」に係る）
(4)	**接続語** 文と文、文節と文節などをつなぎ、**前後がどんな関係かを示す**文節。	**疲《つか》れた。だから、休んだ。** （「だから、」…接続語　←前後の文を順当な関係でつなぐ）
(5)	**独立語** 他の文節とは直接関係がなく、独立している文節。	**ああ、いい 天気だ。** （「ああ、」…独立語　←他の文節に係らない）

発展

連文節から成る文の成分

隣《とな》り合った二つ以上の文節が意味のうえで強く結び付き、**全体で一文節と同じ**働きをするものを連文節という。

連文節から成る文の成分を、「**主部**」のように「〜部」と呼ぶ。

桜の／花が 咲《さ》く。
（「桜の／花が」…主部（二文節））

くわしく!

修飾語には二種類ある

①**連体修飾語…体言**（名詞）を含《ふく》む文節を修飾。
②**連用修飾語…用言**（動詞・形容詞・形容動詞）を含む文節を修飾。

被修飾語を見つける問題

↓修飾語の位置を下へずらし、自然に意味がつながる最も下の文節が被修飾語。

甘《あま》い 花の 香りが 広がる。
（修飾語「甘い」　○甘い花　○甘い香り　×甘い広がる　被修飾語「香りが」）
「香りが」が、意味のつながる最も下の文節。

例題　次の――線部が直接係る言葉を一文節で書き抜きなさい。

●たしかに黒の背景は白の背景と比べて鮮《あざ》やかに映える。
（――線部：たしかに）

解き方　**修飾語を下へずらす**
まず文節に区切り、――線部の修飾語を「たしかに⇩黒の」「たしかに⇩背景は」と下へずらし、一文節ずつ意味のつながりを確かめる。自然につながる最も下の文節は「**映える**」。

答　**映える**

基礎力チェック問題

解答はページ左下

(1) 〔**ア** 夜空に／星が／見えます。　**イ** 夜空／に／星／が／見え／ます。〕のうち、文節に分けられているものは［　　］である。

(2) 「私は静かな海で泳いだ。」の文の主語は「私は」であり、述語は「［　　］」である。

(3) 「冷たい雨が降る。」の――線部の修飾語は、「雨が」という体言を含む文節を修飾しているので、［　　］修飾語である。

(4) 「猿《さる》と犬は仲が悪い。」の――線部は対等の資格で並んでいるので、［　　］の関係である。

(5) 「雨だが、試合は行う。」の――線部の文の成分は、〔主語　修飾語　接続語〕である。

(6) 「さあ、早く出かけよう。」の文の「［　　］」という文節は、他の文節と直接関係がなく独立しているので、［　　］語である。

(7) 「牛が草を食べている。」の文の「食べて」と「いる」は［　　］の関係で、全体で〔主部　修飾部　述部〕になっている。

(8) 「大きな　茶色い　犬が　いる。」の――線部が修飾している文節は、［　　］である。

A. (1)ア　(2)泳いだ　(3)連体　(4)並立　(5)接続語　(6)さあ・独立　(7)補助・述部　(8)犬が

PART 1

高校入試実戦力アップテスト

文節・文の成分

時間：30分　配点：100点　目標：80点

解答：別冊2ページ

得点：　　点

1 次の各問いに答えなさい。

（6点×4）

よく出る！

(1) 次の文の――線部を文節に分けると、何文節になるか。漢数字で答えなさい。

① 人間も動物も外からの刺激《しげき》を受けると、その情報を脳で処理し、何らかの反応や行動を起こしますが、人間の脳ではその過程に「心」が介在《かいざい》していると考えられています。［秋田県］

② 秋田《あきた》に来てから、小説を読む友など一人もいなかった。［熊本県］

③ この土地が、今日から家族の新しく住む場所になる。［島根県］

①［　　］文節　②［　　］文節　③［　　］文節

ミス注意

(2) 次の文の――線部を文節に分けるとどうなるか。適切なものを、ア～エから選びなさい。［三重県］

● 怖《こわ》い顔をやめて、あきれたようにわたしのことを見ていた。

ア　あきれたように／わたしのことを／見ていた

イ　あきれたように／わたしの／ことを／見て／いた

ウ　あきれた／ように／わたしの／ことを／見ていた

エ　あきれた／ように／わたしの／ことを／見て／いた

［　　］

アドバイス　「あきれたように」と「見ていた」の部分の分け方に注意しよう。

2 次の各問いに答えなさい。

（6点×4）

(1) 次の文の――線部を単語に分けると、何単語になるか。漢数字で答えなさい。

① 鶴《つる》の細い足は、植物の茎《くき》に似ています。［高知県］

② ちゃんと、メガネをかけて帰ってくるのよ。［三重県］

③ そうした認識もまた読書の楽しみ方ですし、追認であってもさまざまな本を読むことで世界はさらに広がっていきます。［長野県］

①［　　］単語　②［　　］単語　③［　　］単語

ハイレベル

(2) 次の文の――線部を単語に区切ったものとして適切なものを、ア～エから選びなさい。［長崎県・改］

● 伝えられたほうは、言葉を単にデジタル情報として、その辞書的な意味だけを読み取るのではない。

ア　伝え／られた

イ　伝え／ら／れた

ウ　伝え／られ／た

エ　伝えら／れ／た

［　　］

アドバイス　「伝える」という単語にどのような単語が加わっているかを考えよう。

3 次の各問いに答えなさい。

ミス注意　（6点×4）

(1) 次の——線部と═══線部の関係が主・述の関係になっているものを、ア〜エから選びなさい。［20 埼玉県］

> 先週末、友達と映画館に　行った。チケットを購入《こうにゅう》した後、飲み物と　食べ物を買った。映画はとても感動的で、一緒《いっしょ》に行った友達も　泣いていた。映画を鑑賞《かんしょう》し終わった後、記念にパンフレットを　買った。
>
> （ア：映画館に—行った　イ：飲み物と—食べ物を　ウ：友達も—泣いていた　エ：パンフレットを—買った）

［　　　］

(2) 次の文の——線部「大きな」と修飾《しゅうしょく》・被《ひ》修飾の関係にあるものを、ア〜キから選びなさい。［北海道］

●ア水族館の　イ水槽《すいそう》の　ウ中で　大きな　エくらげが　オゆらゆらと　カ泳いで　キいる。

［　　　］

(3) 次の文の——線部の文節どうしの関係と同じものを、ア〜エから選びなさい。［徳島県］

●バスが　ゆっくりと　出発する。

ア　帰りに　ケーキと　花を　買う。

イ　かごの　中で　ネコが　寝《ね》て　いる。

ウ　星が　きれいに　光る。

エ　にぎやかな　声が　聞こえる。

［　　　］

よく出る!

(4) 次の文の——線部と═══線部の文節どうしの関係を、ア〜エから選びなさい。［山口県・改］

●「viron」は古くは「円」を意味して　いた。

ア　主・述の関係　　イ　修飾・被修飾の関係

ウ　並立の関係　　エ　補助の関係

［　　　］

4 次の各問いに答えなさい。

（7点×4）

(1) 次の文の主語と述語を、それぞれ書き抜《ぬ》きなさい。［鳥取県］

●今日はとてもよい天気になったので、私の妹は近くの公園へ遊びに行った。

主語［　　　］　述語［　　　］

(2) 次の文の——線部「大事件である」の主部に当たる二文節を書き抜きなさい。［愛媛県］

●普通《ふつう》に考えれば、草刈りや耕起*は、植物にとっては生存が危ぶまれるような、大事件である。

＊耕起＝土を掘《ほ》り起こして耕すこと。

アドバイス　「大事件である」に対して「何が」に当たる連文節を探そう。

［　　　］

ハイレベル

(3) 次の文の——線部「わたしの関心は」の述部に当たる二文節を書き抜きなさい。［愛媛県・改］

●わたしの関心は、自然に対する研究が生み出した近代の科学技術が、どうして人間の行為《こうい》によって自然の破壊《はかい》をもたらすのかということに向かっていた。

［　　　］

PART 2

品詞の種類・活用しない自立語

必ず出る！要点整理

POINT

自立語か付属語か、どんな文の成分になるかに着目！

学習日 ／

品詞の種類

重要！

品詞とは…単語を文法上の性質や働きの違《ちが》いによって分類した一つ一つ。自立語か付属語か、活用するかしないかなどにより、十品詞に分類される。

品詞分類表

単語				品詞	例
自立語	活用する	述語になる（用言）	ウ段で終わる	**動詞**	買う・投げる
			「い」で終わる	**形容詞**	白い・楽しい
			「だ・です」で終わる	**形容動詞**	元気だ（です）
	活用しない	主語になる（体言）		**名詞**	鳥・日本・これ
		修飾語《しゅうしょくご》になる	主に用言を修飾	**副詞**	ふと・とても
			体言を修飾	**連体詞**	あの・大きな
		接続語だけになる		**接続詞**	でも・だから
		独立語だけになる		**感動詞**	はい・あらっ
付属語	活用する			**助動詞**	山だ・行こう
	活用しない			**助詞**	母が・家から

活用しない自立語

活用しない自立語…次の五品詞。そのうち、**名詞**を「**体言**《たいげん》」という。

くわしく！

一語で意味がわかるのが自立語

①**自立語**…それ一語で意味がわかる言葉。必ず一文節に一つ、文節の最初にある。

②**付属語**…それ一語では意味がわからず、必ず自立語のあとに付いて文節を作る。一文節中に一つもない場合や、複数含まれる場合もある。

東京｜が／首都｜だ。（自｜付／自｜付）

くわしく！

語形の変化が活用

活用するかしないかは、その単語に「ナイ・バ」などを付けて見分ける。自然に形が変われば、活用する単語だ。

入試問題 **この手で攻略!!**

品詞名を答える問題

➡自立語か付属語か・活用するかしないか・どんな文の成分になるかなどに着目して判断する。

楽しく遊ぶ

①「楽しく／遊ぶ」と文節分けができる。→**自立語**。②「楽しかろウ・楽しけれバ…」と活用し、終止形が「楽しい」。→**形容詞**

例題 「ずっと待ち続ける。」の――線部の品詞を**ア**〜**エ**から選びなさい。

ア 助詞　**イ** 副詞　**ウ** 接続詞　**エ** 形容詞

解き方 **文の成分としての働きで判断**

①「ずっと」はそれだけで意味がわかるので**自立語**。→**ア**が外れる。②**活用しない**。→**エ**が外れる。③「待ち続ける」という、**用言を含む文節を修飾**。→**イ副詞**である。

答 **イ**

(1) **名詞**　人や物事などの**名前を表す**。

父は（主語になる）　**医者だ**。（述語になる）

◎すべての文の成分になる。

(2) **副詞**　物事の状態や様子、程度などを表す。「**状態の副詞・程度の副詞・呼応**（**陳述**《ちんじゅつ》**・叙述**《じょじゅつ》）**の副詞**」の三種類がある。

※指示語の「こう・そう」なども副詞。

すぐに　家へ　帰る。（**状態の副詞**）

とても　力が　強い。（**程度の副詞**）

決して　あきらめない。（**呼応の副詞**）

◎主に連用修飾語になる。

(3) **連体詞**　**体言や体言を含**《ふく》**む文節**を修飾する。

大きな　看板を　立てる。

ある　暑い　日の　話だ。

◎常に、連体修飾語になる。

(4) **接続詞**　前後の文や文節などを**接続する**。

寒い。**だが**、我慢《がまん》する。

◎常に、単独で接続語だけになる。

(5) **感動詞**　**感動・応答**などの話し手の感情を表す。

はい、私が参ります。

◎常に、単独で独立語だけになる。

行く⬇　**行か**ナイ　**行け**バ　……活用する

発展　指示語の品詞

指示語には代名詞（名詞の一つ）の他に、副詞・連体詞がある。

代名詞	副詞	連体詞
これ	こう	この
それ	そう	その
あれ	ああ	あの
どれ	どう	どの

※「ここ」「そこ」「こちら」「あっち」なども代名詞。

※「こんな」「どんな」などは、形容動詞（語幹）。（「連体詞」とする説もある。）

連体詞と形容動詞を見分ける問題

➡連体詞は活用しない。「〜な」を「〜だ」の形にできれば形容動詞、できなければ連体詞。

いろんな種類

⬇いろんだ（×）↓活用しない…連体詞

いろいろな種類

⬇いろいろだ（○）↓終止形…形容動詞

例題　次の――線部のうちから品詞の異なるものを選びなさい。

ア　きれいな絵本。　イ　まじめな人。

ウ　おかしな出来事。

エ　おだやかな気候。

解き方　**「〜だ」の形にして活用を確認**。**ア・イ・エ**は「な」を「だ」に言い換《か》えることができるので、形容動詞。**ウ**だけが「**おかしだ**」と言い換えられないので、連体詞。

答　**ウ**

基礎力チェック問題

解答はページ左下

(1) 単語は、自立語と［　］とに分けられ、そのうち自立語で〔活用する　活用しない〕、動詞・［　］・形容動詞の三品詞を〔体言　用言〕という。

(2) 「山・私」の品詞名は［　］で、この品詞の単語を〔体言　用言〕という。

(3) 「だから・青い・食べる・新鮮《しんせん》だ」のうち、用言は［　］と［　］と［　］の三つである。

(4) 「ゆっくり歩く。」の――線部は、「歩く」という用言を修飾していて、品詞名は［　］である。

(5) 「□秘密を話さない。」の文の□には、「ない」と呼応する〔決して　ぜひ　もし〕が当てはまる。

(6) 「大きな馬がいる。」の――線部は、体言を含む文節「［　］」を修飾していて、品詞名は［　］である。

(7) 「ああ、のどが渇《かわ》いた。」の――線部の品詞名は［　］で、文の成分としては［　］語である。

(8) 「弟が笑った。」の文に使われている助詞は「［　］」で、助動詞は「［　］」である。

A. (1)付属語・活用する・形容詞・用言　(2)名詞・体言　(3)青い・食べる・新鮮だ（順不同）　(4)副詞　(5)決して　(6)馬が・連体詞　(7)感動詞・独立　(8)が・た

PART 2

高校入試実戦力アップテスト

品詞の種類・活用しない自立語

時間：30分　配点：100点　目標：80点

解答：別冊2ページ　得点：　　点

1

よく出る！

次の各問いに答えなさい。

(1) 次の文の――線部から、自立語をすべて書き抜きなさい。〔佐賀県〕（完答9点）

●突然《とつぜん》変異自体は、実は結構起きています。

〔　　　　〕

アドバイス　まず、文節に区切ってみよう。

(2) 次の文にある付属語の数を漢数字で答えなさい。〔兵庫県〕（8点）

●有望な人材に活躍《かつやく》してもらうしかない。

〔　　　　〕

2

次の各問いに答えなさい。

(1) 次の文は、どのような品詞の語で組み立てられているか。用いられている単語の品詞を、**ア**～**オ**からすべて選びなさい。〔京都府〕（完答9点）

●もちろん断られるだろう。

ア　動詞　**イ**　副詞　**ウ**　連体詞

エ　助動詞　**オ**　助詞

〔　　　　〕

(2) 次の文の――線部を単語に分ける場合、その分け方と品詞の並びとして適切なものを、**ア**～**オ**から選びなさい。〔熊本県〕（8点）

●砂のような雲が空をさらさらと流れていた。

ア　名詞＋助詞＋動詞＋助詞＋動詞

イ　名詞＋助詞＋動詞＋助詞＋動詞＋助詞

ウ　副詞＋動詞＋助詞＋動詞＋助動詞

エ　副詞＋助詞＋動詞＋助詞＋動詞

オ　連体詞＋動詞＋助詞＋動詞＋助動詞

〔　　　　〕

3

ミス注意

次の各問いに答えなさい。（8点×3）

(1) 次の文の――線部の語の品詞を、**ア**～**エ**から選びなさい。〔大阪府B〕

●おいしそうな匂《にお》いが、部屋いっぱいに広がる。

ア　名詞　**イ**　動詞

ウ　形容詞　**エ**　形容動詞

〔　　　　〕

アドバイス　どんな品詞かを考えるときには、まず、その単語が活用するかしないかを考えよう。

(2) 次の文の――線部の語の品詞を、**ア**〜**エ**から選びなさい。［香川県］

●あえて選択肢《せんたくし》を減らすことで、自身の覚悟《かくご》と思考を強める。

ア 動詞　**イ** 連体詞
ウ 副詞　**エ** 接続詞　［　　］

(3) 次の文の――線部の語の品詞を、**ア**〜**エ**から選びなさい。［宮崎県］

●発信者が具体的な内容を説明しなかったとしても、受信者はそれを推し量って理解することができます。

ア 名詞　**イ** 動詞
ウ 形容詞　**エ** 形容動詞　［　　］

4 ハイレベル

次の各問いに答えなさい。

(1) 次の文の――線部と同じ品詞であるものを、**ア**〜**オ**からすべて選びなさい。［岡山県・改］（完答9点）

●その日は話したくなって、放課後、私は保健室に行ってみた。

ア 静かな海を見つめる。
イ あの人の話を聞きたい。
ウ 安心したような顔つきだ。
エ それは何ですか。
オ 大きな声で話す。　［　　］

(2) 次の文の――線部①「支え」、②「ある」の品詞を、Ⅰ群の**ア**〜**エ**からそれぞれ選びなさい。また、――線部①、②と同じ品詞で「支え」と「ある」が用いられているものを、Ⅱ群の**カ**〜**ケ**から一つ選びなさい。［京都府・改］（8点×3）

●自然の火は神とも結びつき、人の心の①支えとなる。

●生物を生存に適した環境《かんきょう》に放つと、②ある時点から爆発《ばくはつ》的に増殖《ぞうしょく》する。

Ⅰ群
ア 副詞　**イ** 連体詞
ウ 名詞　**エ** 動詞

Ⅱ群
カ ある歴史的建造物は、とても太い柱で支えられていた。
キ いつか故郷にある介護施設《かいごしせつ》で、お年寄りの生活を支えたい。
ク 支えを求める人に応えることは、重要なことである。
ケ 周囲の人々の支えがあったことに、ある日気がついた。

Ⅰ群 ①［　　］ ②［　　］ Ⅱ群［　　］

アドバイス それぞれ、どんな文の成分になる単語かを確かめよう。

よく出る！

(3) 次の文の［①］、［②］に当てはまる語の組み合わせとして適切なものを、**ア**〜**エ**から選びなさい。［長崎県・改］（9点）

●［①］それが仮説だとしても、人間をとらえることは、現代の日本にもしっかり定着している。

●これは自己表現であっても、［②］純粋《じゅんすい》な内面の表現などというべき性質のものではない。

ア ① たとえ ―― ② けっして
イ ① まるで ―― ② 必ずしも
ウ ① もし ―― ② めったに
エ ① つまり ―― ② もちろん　［　　］

PART 3 動詞・形容詞・形容動詞

［活用する自立語］

用言の終止形、動詞の活用の種類は必ず暗記する！

POINT

学習日 ／

必ず出る！要点整理

動詞

※活用するときに変化しない部分を語幹、変化する部分を活用語尾《ごび》という。

❶ **動詞とは…**活用する自立語で**動作や存在を表す。**言い切りの形（終止形）が五十音図の**ウ段の音《おん》**で終わる。

重要！

❷ **動詞の活用の種類…**動詞の活用には、次の**五種類**ある。

←（ ）内は語幹。（○）は語幹なし。

活用の種類		語例	未然形	連用形	終止形	連体形	仮定形	命令形
五段活用	**アイウエオの五段の音に活用**	**書く**（書）	か・こ (ka ko)	き・い (ki)	く (ku)	く (ku)	け (ke)	け (ke)
上一段活用	**イ段の音をもとに活用**	**降りる**（降）	り (ri)	り (ri)	りる (ri)	りる (ri)	りれ (ri)	りろ りよ (ri)
下一段活用	**エ段の音をもとに活用**	**建てる**（建）	て (te)	て (te)	てる (te)	てる (te)	てれ (te)	てろ てよ (te)
カ行変格活用	変則的な活用 **「来る」一語だけ**	**来る**（○）	こ (ko)	き (ki)	くる (ku)	くる (ku)	くれ (ku)	こい (ko)
サ行変格活用	変則的な活用 **「する」「～する」だけ**	**する**（○）	し・せ さ (si se sa)	し (si)	する (su)	する (su)	すれ (su)	しろ せよ (si se)
あとに続く主な言葉			ナイ・ウ・ヨウ	マス・タ・テ	言い切る	トキ・ノデ	バ	命令する

※「カ行変格活用」を「カ変」、「サ行変格活用」を「サ変」と、略していうことも多い。

くわしく！

活用形は六種類ある

単語が活用するときの形が活用形。

① **未然形**…まだそうなっていないことを表す形。
② **連用形**…用言などに続く形。
③ **終止形**…言い切るときの形。
④ **連体形**…体言などに続く形。
⑤ **仮定形**…仮定の意味を表す形。
⑥ **命令形**…命令して言い切る形。

発展

動詞の音便形《おんびんけい》

五段活用の連用形に「た・て」が付くとき、**語尾の音が変化**する場合がある。

① **イ音便**…例 書く＋た→書いた／急ぐ＋た→急いだ（ここも変化）
② **促音便《そく》**…例 取る＋た→取った／打つ＋て→打って
③ **撥音便《はつ》**…例 読む＋た→読んだ（ここも変化）／転ぶ＋て→転んで（ここも変化）

入試問題 この手で攻略!!

用言の品詞を見分ける問題

➡終止形に直して最後の音で区別。ウ段音ならば動詞、「い」ならば形容詞、「だ・です」ならば形容動詞。

早く 帰ろ う。
明るく 話す。
静かな 音楽。

終止形に

帰る　ウ段 ……… 動詞
明るい　「い」で終わる ……… 形容詞
静かだ　「だ」で終わる ……… 形容動詞

例題　次の――線部の品詞をア～ウから選びなさい。

● 正解した人が多かった。

ア 動詞　イ 形容詞　ウ 形容動詞

解き方　**言い切って終止形に直す**

「多かっ」は、あとに「た」が続いているので連用形。**文を終える形**で言い切ってみると「正解した人が多い」となる。終止形が「い」で終わるので形容詞。 答 イ

3 **特殊《とくしゅ》な動詞**…動詞には、次のような種類のものもある。

(1) **補助動詞（形式動詞）** もとの意味が薄《うす》れ、**直前の文節を補助する働きをする動詞。**

全部、食べて しまう。
（食べて：主な意味／しまう：補助動詞、「完了《かんりょう》」の意味をそえる。／補助の関係）

(2) **可能動詞** 「～できる」という**可能の意味**をもつ動詞。

海で **泳げる。**
（泳げる：可能動詞、「泳ぐことができる」という意味。）

形容詞・形容動詞

1 **形容詞・形容動詞とは**…活用する自立語で物事の**性質・状態などを表す。**

終止形は形容詞が「い」、形容動詞が「だ・です」で終わる。

2 **活用の種類**…形容詞は**一種類**。形容動詞は**二種類**。

品詞		語例	語幹	未然形	連用形	終止形	連体形	仮定形
形容詞		白い	白	かろ	かっ・く・う	い	い	けれ
形容動詞	常体	親切だ	親切	だろ	だっ・で・に	だ	な	なら
	敬体	楽です	楽	でしょ	でし	です	（です）	○
あとに続く主な言葉				ウ	タ・テ・ナイ	言い切る	トキ・ノデ	バ

命令形はない

※形容詞の連用形の「う」は、「ございます」に続くときの形。（例 白うございます。）なお、「新しい」に「ございます」が付く場合は、「新しゅうございます。」となる。

発展

可能動詞は下一段活用

可能動詞は五段活用の動詞をもとにしたもので、すべて**下一段活用**。命令形はない。

五段動詞 歩く ➡ 歩ける 可能動詞

くわしく！

補助形容詞

もとの意味が薄れ、**直前の文節を補助する**意味で使われる形容詞を、**補助形容詞（形式形容詞）**という。

力は 強く ない
（ない：補助形容詞、否定の意味をそえる。）

補助動詞と補助形容詞をあわせて**補助用言**ということがある。

動詞の活用の種類を見分ける問題

➡カ変・サ変は覚えてしまう。他は「ナイ」を付けて未然形を作り、活用語尾の音で区別。

走る→走らraナイ…ア段の音➡五段
借りる→借りriナイ…イ段の音➡上一段
食べる→食べbeナイ…エ段の音➡下一段
カ変は「来る」一語。
サ変は「する」と「～する」の形の動詞。

例題 次の動詞のうちから活用の種類が他と異なるものを選びなさい。

ア 考える　イ 気づく
ウ 止まる　エ 行く

解き方 **「ナイ」を付けて未然形を作る**
「ナイ」を付けると、**ア**は「考えナイ」と活用語尾が**エ段の音**になるので**下一段活用**。他は「気づ**か**ナイ・止ま**ら**ナイ・行**か**ナイ」と**ア段の音**なので**五段活用**。

答 ア

基礎力チェック問題

解答はページ左下

(1) 用言の終止形は、動詞が「[　　]」、形容詞が「[　　]」、形容動詞が「[　　]・です」で終わる。

(2) 〔**ア** おもしろい　**イ** 鮮《あざ》やかだ　**ウ** 見つける〕のうち、動詞は[　　]、形容詞は[　　]、形容動詞は[　　]である。

(3) 動詞「落ちる」は、「ナイ」を付けると「[　　]ナイ」という未然形になり、活用語尾がイ段の音なので[　　]活用である。

(4) 「叫《さけ》ぼう・叫べば」の——線部の動詞の活用形は、順に[　　]形、[　　]形である。

(5) 動詞の活用の種類で、「来る」は[　　]活用、「する」は[　　]活用である。

(6) 「本を買ってくる。」の——線部は〔補助の関係　並立の関係〕で連文節を作っていて、「くる」は[　　]動詞である。

(7) 〔泣く　食べる　読める〕のうち、可能動詞は[　　]である。

(8) 形容詞「美しい」の未然形は「美し[　　]ウ」、形容動詞「元気だ」の連体形は「元気[　　]トキ」である。

A. (1)ウ段・い・だ (2)ウ・ア・イ (3)落ち・上一段 (4)未然・仮定 (5)カ行変格・サ行変格 (6)補助の関係・補助（形式） (7)読める (8)かろ・な

PART 3

高校入試実戦力アップテスト

動詞・形容詞・形容動詞【活用する自立語】

時間：30分
配点：100点
目標：80点
解答：別冊3ページ
得点：　　点

1 次の各問いに答えなさい。（9点×2）

(1) 次の文の中に、動詞はいくつあるか。漢数字で答えなさい。［沖縄県］

●おれの目をしずかに見て、それきりもう何も言わないのだった。

［　　　］

(2) 次の文の中から、動詞をそのまま書き抜《ぬ》きなさい。［岐阜県］

●リーダーシップがあって足が速い。

［　　　］

2 よく出る！ 次の各問いに答えなさい。（9点×4）

(1) 次の文の――線部「避《さ》け」は動詞であるが、その活用の種類と活用形の組み合わせとして適切なものを、**ア**〜**エ**から選びなさい。［三重県・改］

●詳《くわ》しい内容を紹介《しょうかい》することは避けますが、いろいろと示唆《しさ》に富む作品です。

ア 上一段活用 ― 未然形
イ 上一段活用 ― 連用形
ウ 下一段活用 ― 未然形
エ 下一段活用 ― 連用形

［　　　］

(2) 次の文の――線部の活用の種類と活用形は何か。活用の種類は、あとの①の**ア**〜**オ**から選びなさい。活用形は、あとの②の**a**〜**f**から選びなさい。［滋賀県］

「ありがとう、友よ。」二人同時に言い、ひしと抱《だ》き合い、それからうれし泣きにおいおい声を放って泣いた。

（太宰治《だざいおさむ》「走れメロス」より）

①活用の種類
ア 五段活用　**イ** 上一段活用　**ウ** 下一段活用
エ カ行変格活用　**オ** サ行変格活用

②活用形
a 未然形　**b** 連用形　**c** 終止形
d 連体形　**e** 仮定形　**f** 命令形

①［　　　］　②［　　　］

ミス注意

(3) 次の文の――線部の動詞の活用形と同じ活用形の動詞を含《ふく》む文を、ア〜エから選びなさい。［奈良県］

●古代においては、知を愛し探求することは、なんでも哲学《てつがく》とされていた。

ア 午後六時にコンサートが始まります。
イ 空にひときわ明るく輝《かがや》くのは金星だ。
ウ 四月には校庭の桜の花が一斉《いっせい》に咲《さ》く。
エ 明日はいつもより少し早く起きよう。

［　　］

アドバイス 「こと」のような名詞（体言）が接続する活用形は、連体形。動詞の連体形を含む文を探そう。

3 次の各問いに答えなさい。（9点×4）

(1) 次の文から、形容詞をそのまま書き抜きなさい。［岐阜県］

●このときに途中《とちゅう》で、前の図形と区別できる図形を見せると、がぜん注視時間が長くなる。

［　　］

(2) 次の文の――線部「大切な」の品詞名を漢字で答えなさい。また、――線部「大切な」の活用形として適切なものを、ア〜エから選びなさい。［愛媛県・改］

●人間にとって大切なことは、その選択であり、選択を支える思慮《しりょ》深《ぶか》さである。

ア 未然形　イ 連用形
ウ 終止形　エ 連体形

品詞名［　　］　活用形［　　］

よく出る！

(3) 次の文の――線部と同じ品詞であるものを、ア〜エから選びなさい。［茨城県］

●現在の掲示物《けいじぶつ》は、丁寧《ていねい》に説明しようとして、いらない情報まで描《えが》きすぎていると思います。

ア 彼《かれ》は貴重な人材だ。
イ 彼らは悲しみにくれている。
ウ 私は困っている人を助けたい。
エ 彼女《かのじょ》は明るい性格だ。

［　　］

アドバイス 品詞を考えるときには、まず、その単語が活用するかしないかを考えよう。

4 ハイレベル

次の文の――線部「表れる」の品詞について説明した［　　］の文の［Ⅰ］、［Ⅱ］にそれぞれ入る言葉の組み合わせとして適切なものを、ア〜エから選びなさい。［岡山県］（10点）

●自分の中にあったものが、熟成し、咀嚼《そしゃく》されて形を変えてゆっくり表れるのです。

「表れる」は動詞であり、動作の対象を必要と［Ⅰ］ので、［Ⅱ］である。

ア Ⅰ しない　Ⅱ 自動詞
イ Ⅰ しない　Ⅱ 他動詞
ウ Ⅰ する　Ⅱ 自動詞
エ Ⅰ する　Ⅱ 他動詞

［　　］

アドバイス 「動作の対象」とは、「〜を」を表す修飾語《しゅうしょくご》。――線部の語が、「〜を」という修飾語によって修飾できるかどうかを考えよう。

TEST

PART 4

単語の区別①

［助詞］

POINT

格助詞「の」の用法、接続助詞の接続のしかたをつかむ！

学習日 ／

必ず出る！ 要点整理

単語	用法	例文	見分け方
の〈格助詞〉➡「が」と言い換《か》えられれば主語	主語	●彼《かれ》**の**作った模型だ。	「彼が」と言い換えられる
	体言の代用	●海で泳ぐ**の**が好きだ。	「泳ぐこと」と言い換えられる
	連体修《しゅう》飾《しょく》語	●公園**の**砂場で遊ぶ。	体言（──線部）にはさまれている
で ➡動詞の音便形に付けば接続助詞「て」の濁音《だくおん》化《か》	格助詞	●図書館**で**本を借りる。	体言（──線部）に付いている
	接続助詞「て」の濁音化	●かぜ薬を飲ん**で**いる。	動詞の音便形（──線部）に付いている
	形容動詞語尾《ごび》	●この話は退屈《たいくつ》**で**ある。	「退屈な話」と言い換えられる
	断定の助動詞	●兄は大学生**で**ある。	「兄は大学生だ。」と、文として言い切れる
ばかり〈副助詞〉➡「だけ」と言い換えられれば限定	程度	●一年**ばかり**前の話だ。	「一年ほど」と言い換えられる
	限定	●コーヒー**ばかり**飲む。	「コーヒーだけ」と言い換えられる
	状態	●泣かん**ばかり**の表情。	「今にも泣きそうな」と言い換えられる
	直後	●買った**ばかり**の洋服。	「買って間もない」と言い換えられる

●**言い換えと位置で区別**…「が」と言い換えられれば**主語**、「もの・こと」と言い換えられれば**体言の代用**。体言の間にはさまれていれば**連体修飾語**。

●**言い換えや接続で区別**…「〜な」の形にして体言に続けられれば、**形容動詞**。「だ」に言い換えて文として言い切れれば、**助動詞**。その他は付いている語で区別。

●**言い換えて区別**…程度は「ほど・くらい」に、**限定**は「だけ」に、**状態**は「今にも〜（し）そう」に、**直後**は「〜て間もない」に、それぞれ言い換えられるかどうかで判断。

くわしく！

助詞の特徴《とくちょう》

助詞は活用しない付属語。文節の関係を示したり、意味を付け加えたりする。

格助詞・接続助詞・副助詞・終助詞の四種類がある。

発展

その他の単語の区別

が

①**格助詞**
・橋が架《か》かる。

②**接続助詞**
・眠《ねむ》いが、寝《ね》ない。

③**接続詞**
・眠い。が、寝ない。

区別法

体言に付けば**格助詞**、活用語に付けば**接続助詞**。単独で文節になっていれば**接続詞**。

ほど〈副助詞〉

①**程度**［およその程度］
・五分ほど休む。

入試問題 この手で攻略!!

「の」の用法を見分ける問題

➡**主語は「が」、体言の代用は「こと・もの」に言い換えて区別。**

値段**の**安い品。（「が」に言い換えてみる）➡値段**が**安い品。（主語を示す格助詞）…**主語**

安い**の**を選ぶ。（「こと・もの」に言い換えてみる）➡安い**もの**を選ぶ。（体言）…**体言の代用**

例題 次の──線部と同じ用法のものを選びなさい。

●呼吸の合うまで、何度も練習しよう。

ア 姉の欲しがっていた本を贈《おく》る。

イ 幼なじみと会えるのが楽しみだ。

解き方 **「の」を言い換えてみる**

「呼吸の」は「呼吸が」と言い換えられることに注目。「**姉が**」と言い換えられる**ア**が同じ**主語**の用法。**イ**は体言の代用の用法。

答 ア

1章 文法

に ➡「〜ために」と言い換えられれば目的		
格助詞 目的	●映画を見に出かける。	「見るために」と言い換えられる
接続助詞「のに」の一部	●寒いのに外で遊ぶ。	「のに」を「けれど」と言い換えられる
形容動詞語尾	●教室では静かにする。	「静かな教室」と言い換えられる

●**言い換えて区別**…「〜ために」と言い換えられれば**格助詞**。「けれど」と言い換えられれば**接続助詞**。「〜な」の形にして**体言**に続けられれば**形容動詞**。

と ➡「と」の前を「 」でくくれれば引用		
格助詞 引用	●遊ぼうと声をかける。	『「遊ぼう。」と』のように「 」でくくれる
格助詞 その他の用法	●友達と山登りに行く。	体言(――線部)に付いている
接続助詞	●走ると足が痛む。	活用する語(――線部)に付いている

●**接続や「 」でくくれるかで区別**…「 」でくくれれば**引用の格助詞**。体言に付けば**格助詞**。活用する語に付けば**接続助詞**。

②**比較**《ひかく》［比較の対象］
・ここは外**ほど**寒くない。
③**比例**［程度の高まりに比例することを示す。］
・読む**ほど**に興味がわく。

区別法
「**くらい**」と言い換えられれば**程度**、「**より**」と言い換えられれば**比較**、「**〜につれてますます**」と言い換えられれば**比例**。

「と」の用法を見分ける問題

➡「と」の前が「 」でくくれず、**活用語に付いて条件を表していれば接続助詞。**

風が吹《ふ》く**と**、木が揺《ゆ》れる。（活用語（動詞）／条件を表している）…**接続助詞**

例題　次の――線部のうちから接続助詞を選びなさい。
ア 姉と買い物に行く。
イ プールに行きたいと思う。
ウ ボタンを押《お》すと、ランプがつく。

解き方　**条件を表すものを探す**
イ、**ウ**は、どちらも**活用語**に付いているが、**イ**は「**プールに行きたい**」とくくれるので**引用を示す格助詞**。前の部分が、「**ランプがつく**」ための**条件を表している**ウが**接続助詞**。

答　**ウ**

Q. 基礎力チェック問題

解答はページ左下

(1) 「鳥の鳴く声。」の「の」は「が」に言い換えられるので、〔主語　体言の代用　連体修飾語〕を表す格助詞である。

(2) 「魚を川で釣《つ》る。」の「で」は、「〜な」の形にできず、「〜だ。」と文として言い切れないので、〔形容動詞の活用語尾　格助詞　接続助詞　断定の助動詞〕である。

(3) 「果物ばかり食べる。」の「ばかり」は、「〜だけ」と言い換えられるので、〔程度　限定　状態　直後〕を表す副助詞である。

(4) 次の各文の――線部「に」のうち、格助詞は［　　］である。
ア 星がかすかに光る。
イ 天体の観測に行く。

(5) 「がんばろうと決めた。」の「と」は、「がんばろう」の部分を「 」でくくれるので、［　　］を表す格助詞である。

(6) 次の各文の――線部「が」のうち、接続助詞は［　　］である。
ア 苦しかったが、我慢《がまん》した。
イ 苦しかった。が、我慢した。

(7) 「彼ほど背が高くない。」の「ほど」は、「より」と言い換えられるので、〔程度　比較　比例〕を表す副助詞である。

A. (1)主語　(2)格助詞　(3)限定　(4)イ　(5)引用　(6)ア　(7)比較

PART 4

高校入試実戦力アップテスト

単語の区別① [助詞]

時間：30分　配点：100点　目標：80点

解答：別冊4ページ

得点：　　点

1

よく出る！

次の文の――線部「が」と同じ意味で用いられている「が」を含《ふく》む文を、ア～エから選びなさい。[神奈川県]（11点）

●新しい電子辞書が欲しい。

ア　彼《かれ》は足も速いが力も強い。

イ　友達を訪ねたが留守だった。

ウ　授業で我が国の歴史を学ぶ。

エ　先月公開された映画が見たい。

[　　]

2

次の文の――線部「と」と同じ意味で用いられている「と」を含む文を、ア～エから選びなさい。[奈良県]（11点）

●古代ギリシアの哲学者《てつがくしゃ》たちは、一般《いっぱん》に「自然哲学者」と呼ばれている。

ア　兄と姉は出かけている。

イ　私も君の考えと同じだ。

ウ　子どもを陽一《よういち》と名づける。

エ　友人と近くの公園で遊ぶ。

[　　]

3

次の文の――線部「と」のうち、同じ働きをするものの組み合わせとして適切なものを、ア～エから選びなさい。[神奈川県]（11点）

●友だちと[a]山道を登っていくと[b]山が紅葉に彩《いろど》られており、山頂から遠くの景色を眺《なが》めると[c]、晴れ晴れと[d]した気分になった。

ア　aとb　　イ　aとd

ウ　bとc　　エ　cとd

[　　]

4

ミス注意

次の文の――線部「の」と同じ意味・用法で用いられている「の」を含む文を、ア～オから選びなさい。[福島県・改]（11点）

●人間であるかぎり、それぞれが自分の願望や欲望のかなうことを望んでいるわけである。

ア　大きな声で歌うのは気持ちがよい。

イ　花の名前を祖母から教わる。

ウ　ここにある白い自転車は兄のだ。

エ　明日は何時から練習するの。

オ　父の訪れた旅館が雑誌で紹介《しょうかい》された。

[　　]

5

よく出る！

次の文章の＝線部「の」と同じ意味（用法）であるものを、ア～エから選びなさい。〔18 埼玉県〕（11点）

野鳥を観察するのが友人の趣味《しゅみ》だ。学校からの帰り道に、公園ア の近くまで来ると、鳥イ の鳴く声が聞こえた。探してみると、珍《めずら》しい鳥を見つけた。「あの鳥の名前は何と言うウ の。」と私が尋《たず》ねると、友人は「シラコバトだよ。野鳥を観察して、鳥の名前を調べるエ のも楽しいよ。」と教えてくれた。

アドバイス ＝線部「の」は格助詞。「観察するのが」が「観察することが」と言い換《か》えられることから、用法をとらえよう。

［　　　］

6

次の文の――線部「の」と同じ意味・用法で用いられている「の」を含む文を、ア～エから選びなさい。〔秋田県〕（11点）

●だが、最近テレビの情報番組を見ていると、「この店には、各国の要人が頻繁《ひんぱん》にいらっしゃるそう」「あの店のシェフは気が置けない人だそう」などと、これまでとは違《ちが》う意味で「そう」が使われ始めたのに違和感《いわかん》をもつ。

ア　私の植えた木だ。
イ　二十世紀の宝だ。
ウ　君も行くの。
エ　歌うのが好きだ。

［　　　］

7

次の文の――線部「に」の品詞として適切なものを、Ⅰ群のア～エから選びなさい。また、――線部「に」と同じ意味・用法で「に」が用いられているものを、Ⅱ群のカ～ケから選びなさい。〔京都府〕（11点×2）

●歌舞伎《かぶき》役者の場合、基本的に代々の家系によって受け継《つ》がれ、幼いころからその特殊《とくしゅ》な環境《かんきょう》に身を置きながら、伝統を体現していくことが求められていく。

Ⅰ群
ア　動詞　　イ　形容動詞
ウ　助動詞　　エ　助詞

Ⅱ群
カ　春なのにまだ寒い。
キ　彼女《かのじょ》は湖のほとりに住んでいる。
ク　彼《かれ》は新しい靴《くつ》をうれしそうに履《は》いた。
ケ　さわやかに風が吹《ふ》いている。

Ⅰ群［　　　］　Ⅱ群［　　　］

アドバイス 文節「環境に」は、連文節「身を置きながら」の場所を表す修飾《しゅうしょく》語になっている。

8

ハイレベル

次の文の――線部「ながら」の働きとして適切なものを、ア～エから選びなさい。〔山形県〕（12点）

●そう考えながら、純粋《じゅんすい》に子供への想《おも》いを馳《は》せる、そんな主人公の姿が見える。

ア　順接　　イ　逆接
ウ　並列・同時　　エ　原因・理由

［　　　］

アドバイス 「ながら」は接続助詞。前後の語句をどのように接続しているかを考えよう。

PART 5 単語の区別② ［助動詞］

POINT

助動詞「れる・られる」、「ない」の用法の識別は必出！

学習日 ／

必ず出る！要点整理

単語	用法	例文	言い換え
れる・られる〈助動詞〉➡「～される」と言い換《か》えられれば受け身	可能	●まだ着**られる**。	「着ることができる」と言い換えられる
	受け身	●両親からほめ**られる**。	「ほめることをされる」と言い換えられる
	尊敬	●お客様が話さ**れる**。	「お話しになる」と言い換えられる
	自発	●故郷が思い出さ**れる**。	「自然に思い出される」と言い換えられる
ない ➡「ぬ」と言い換えられれば助動詞	否定の助動詞	●全く雨が降ら**ない**。	「降らぬ」と言い換えられる
	形容詞（補助形容詞）	●この建物は古く**ない**。	「古くはない」と「は」を補える
	形容詞の一部	●まだ弟はおさ**ない**。	「おさぬ」とは言えず、「は」も補えない
ようだ〈助動詞〉➡「らしい」と言い換えられれば推定	例示	●彼《かれ》の**ように**生きたい。	「例えば彼のように」と言える
	推定	●雨はやんだ**ようだ**。	「どうやらやんだらしい」と言える
	比喩《ひゆ》（たとえ）	●白くて雪の**ようだ**。	「まるで雪のようだ」と言える

●**次のように言い換えて区別**
①**可能**…～ことができる
②**受け身**…～ことをされる
③**尊敬**…お～になる
④**自発**…自然に～（ら）れる

●**言い換えや補充《ほじゅう》で区別**…「ぬ」と言い換えられれば**助動詞**。直前に「は・も」を補えれば**補助形容詞**。どちらでもなければ**形容詞の一部**。

●**補充で区別**…**例示**は「例えば」、**推定**は「どうやら」、**比喩**は「まるで」を前に補えるかどうかで判断。**推定**は、「らしい」にも言い換えられる。

くわしく！

助動詞の特徴《とくちょう》

助動詞は活用する付属語。他の単語に付いて意味を付け加えたり、話し手や書き手の判断を表したりする。

発展

その他の助動詞の区別

う・よう〈助動詞〉

①**推量**
・外は寒かろう。

②**意志**
・僕《ぼく》が話そう。

③**勧誘《かんゆう》**
・一緒《いっしょ》に遊ぼう。

区別法

「たぶん」を前に補えれば**推量**（たぶん寒かろう）。「～**つもりだ**」と言い換えられれば**意志**（話すつもりだ）。他の人に**誘《さそ》いかける意味**なら**勧誘**。

入試問題 この手で攻略!!

「れる・られる」の用法を見分ける問題
➡**別の表現に言い換えて区別。**

すぐに寝《ね》**られる**
➡**寝ることができる**……**可能**

友達に笑わ**れる**
➡**笑うことをされる**……**受け身**

先生が書か**れる**
➡**お書きになる**………**尊敬**

昔のことが思い出さ**れる**
➡**自然に思い出される**……**自発**

例題　次の――線部と同じ用法のものを選びなさい。

●周囲の意見に流される。

ア　先生が帰られる。
イ　名前を呼ばれる。

解き方　**別の表現に言い換えてみる**
例文は「流す**ことをされる**」と言い換えられるので、**受け身**。**イ**が「呼ぶ**ことをされる**」で同じ用法。**ア**は**尊敬**。

答　**イ**

らしい

➡「どうやら～(の)ようだ」と言い換えられれば助動詞

推定の助動詞	●あの人影《ひとかげ》は男**らしい**。	「どうやら男のようだ」と言い換えられる
形容詞を作る接尾語《せつびご》	●男**らしい**態度をとる。	「実に男らしい」と言い換えられる
形容詞の一部	●めず**らしい**話を聞く。	「らしい」を取ると意味をもたない

●**言い換えや補充で区別**…「どうやら～(の)ようだ」と言い換えられれば**助動詞**。前に「実に・いかにも」が補えれば**接尾語**。

だ

➡音便形に付けば過去の助動詞

断定の助動詞	●今日はいい天気**だ**。	「天気な今日」とは言えない
形容動詞語尾	●彼はとても正直**だ**。	「正直な彼」と言える
過去の助動詞「た」の濁音化《だくおんか》	●湖でボートをこい**だ**。	動詞の音便形(――線部)に付いている

●**言い換えや接続で区別**…「～な」の形にして体言に続けば**形容動詞の語尾**、続かなければ**断定の助動詞**。**過去の助動詞**は接続で判断。

そうだ〈助動詞〉

①**伝聞**

・運動会は延期になる**そうだ**。

②**推定・様態**

・運動会は延期になり**そうだ**。

区別法

活用語の終**止形**に付いていれば**伝聞**、**連用形**か語幹に付いていれば**推定**(**様態**)である。

「ない」の用法を見分ける問題

➡「ない」を「ぬ」と言い換えられれば、否定の助動詞。

答えがわから**ない**。➡わから**ぬ**…**助動詞**
(「は・も」を補えない／「ぬ」と言い換えられる○)

答えは難しく**ない**。➡難しく**ぬ**…**形容詞**
(「は・も」を補える(または入っている)／言えない×)

例題　次の――線部のうちから助動詞を選びなさい。

ア　問題はない。

イ　電話がかかってこない。

解き方　**「ぬ」と言い換えてみる**

イは「かかってこぬ」と言い換えられるので、**助動詞**。**ア**は「ぬ」と言い換えられず、単独で述語になっているので、形容詞。

答　**イ**

Q. 基礎力チェック問題

解答はページ左下

(1)「知人に住所を尋《たず》ねられる。」の「られる」は、「～ことをされる」という意味で、〔可能　受け身　尊敬　自発〕の用法である。

(2) 次の各文の――線部「ない」のうち、「ぬ」と言い換えられる［　］が助動詞である。

ア　この花は美しくない。

イ　この花の名前は知らない。

(3)「まるでお城のような家だ。」の「ような」は、〔例示　推定　比喩〕の用法である。

(4)「あの人はどうやら大学生らしい。」の「らしい」は、〔推定の助動詞　形容詞を作る接尾語〕である。

(5) 次の各文の――線部「だ」のうち、断定の助動詞は［　］である。

ア　今日は波がおだやかだ。

イ　あの白い建物は市役所だ。

(6)「さあ、一緒に山へ行こう。」の「う」は、〔推量　意志　勧誘〕の用法である。

(7) 次の各文の――線部「そうだ」の用法は、〔**ア**　推定・様態　**イ**　伝聞〕のどちらか。

①テストがありそうだ。(　)

②テストがあるそうだ。(　)

A. (1)受け身　(2)イ　(3)比喩　(4)推定の助動詞　(5)イ　(6)勧誘　(7)①ア　②イ

PART 5

高校入試実戦力アップテスト

単語の区別② ［助動詞］

時間：30分　配点：100点　目標：80点

解答：別冊5ページ　得点：　点

1

よく出る！

次の文章の——線部「ない」と同じ品詞であるものを、ア～エから選びなさい。

〔17 埼玉県〕（12点）

清《きよ》がものをくれるときには、必ずおやじも兄もいないときに限る。俺《おれ》は何が嫌《きら》いだと言って、人に隠《かく》れて自分だけ得をするほど嫌いなことはない[ア]。兄とはむろん仲がよくない[イ]けれども、兄に隠して清から菓子《かし》や色鉛筆《えんぴつ》をもらいたくはない[ウ]。なぜ、俺一人にくれて、兄さんにはやらない[エ]のかと清にきくことがある。

（夏目漱石《なつめそうせき》「坊《ぼっ》ちゃん」より）

アドバイス　「ない」の品詞の識別は、「ない」だけで文節に区切れるかどうかがポイント。

〔　　〕

2

次の文の——線部「ない」と同じ意味・用法の「ない」を含《ふく》む文を、ア～エから選びなさい。

〔鳥取県〕（12点）

●そして、まだ部員たちの前で指揮を披露《ひろう》したことのない詠子《えいこ》先生に、こんなお願いをした。

ア　遊びに行く時間がない。

イ　昨年に比べ今年は雪が少ない。

ウ　友達がいるから寂《さび》しくない。

エ　誰《だれ》にも会わないで休日を過ごす。

〔　　〕

3

ミス注意

次の文章の——線部ア～オから、受け身の意味（用法）で用いられている助動詞を二つ選びなさい。

〔19 埼玉県〕（8点×2）

来週の日曜日、市民ホールで、地元出身のピアニストのコンサートが開催《かいさい》される[ア]。情感が満ちあふれる[イ]彼女《かのじょ》の演奏を聴《き》くと、自分の幼い頃《ころ》が思い出される[ウ]。そして、いつも涙《なみだ》がはらはらと頬《ほお》を伝って流れる[エ]。有名なコンクールで最優秀賞を受賞した功績をたたえ、近々、彼女に市民栄誉《えいよ》賞が授与《じゅよ》される[オ]ようだ。

アドバイス　まず、「れる」が助動詞として単語に区切れるかどうかを確かめよう。そして、「れる」によって表されている意味をとらえよう。助動詞「れる」が受け身の意味で用いられている文は、「～ことをされる」に言い換えることができる。

〔　　〕〔　　〕

4 よく出る!

次の文の――線部「られる」と同じ意味で用いられている「られる」を含む文を、ア～エから選びなさい。［神奈川県］(12点)

● 待ち時間が長く感じられる。

ア 空梅雨で水不足が案じられる。
イ 観光客から道を尋《たず》ねられる。
ウ 好き嫌いなく食べられる。
エ 社長が出張先から戻《もど》って来られる。

［　　］

5

次の文の――線部「た」と同じ意味で使われているものを、ア～エから選びなさい。［千葉県］(12点)

● 秋の体育祭のときにクラスメートと撮《と》った写真を見て、やる気を奮《ふる》い立たせてきました。

ア 空にかかった虹《にじ》の美しさに見とれる。
イ たった今家を出たと電話で連絡《れんらく》する。
ウ 昨日見た番組について友だちと語る。
エ 風景が描《えが》かれたカレンダーをかざる。

［　　］

6

次の文の――線部「だ」と文法的に同じ意味・用法のものを、ア～エから選びなさい。［栃木県］(12点)

● 私は花が好きで、どれも花を詠《よ》んでいるものだと思ったからです。

ア 明日は雨が降るそうだ。
イ 朝の商店街は静かだ。
ウ 友人と会話を楽しんだ。
エ これは弟の自転車だ。

［　　］

7 ハイレベル

次の文の――線部「よう」と同じ使われ方をしているものを、ア～エから選びなさい。［香川県］(12点)

● だから、正太郎《しょうたろう》がやることに関して、口を出すのはやめようって、正太郎が水泳やめたときに決めたんだって。

ア まるで他人事のように言う。
イ 来月になれば雪も消えよう。
ウ 明日はどうやら雨のようだ。
エ 早めに宿題をしようと思う。

［　　］

8 ミス注意

次の文の――線部「ようだ」と文法的に同じ意味・用法のものを、ア～エから選びなさい。［栃木県］(12点)

● 兄は連日の試合で疲《つか》れているようだ。

ア この夜景はちりばめた星のようだ。
イ おじは昨日から外出中のようだ。
ウ 冬の山はまるで眠《ねむ》っているようだ。
エ 彼女の笑顔はひまわりのようだ。

［　　］

アドバイス 助動詞「ようだ」だけにとらわれず、文全体の意味を考えよう。

PART 6

敬語

POINT
尊敬語と謙譲語《けんじょう》との使い分けに要注意!

学習日

必ず出る！ 要点整理

敬語

▼敬語とは…相手や第三者に対する、**話し手の敬意や丁寧《ていねい》な気持ち**を表す言葉。

敬語の種類

❶ **尊敬語**…動作・行為《こうい》をする人に対して敬意を表す言葉。表現の型には次の三つがある。

(1) お(ご)…になる(なさる)型	**出かける** ➡先生が**お出かけになる**。	**出発する** ➡皆様《みなさま》が**ご出発なさる**そうです。
(2) 助動詞「れる・られる」型	**書く** ➡恩師が自伝を**書かれる**。	**来る** ➡市長が学校に**来られる**。
(3) 特別な動詞	**食べる** ➡お客様が食事を**召《め》し上がる**。	**くれる** ➡社長が表彰状《ひょうしょうじょう》を**くださる**。

❷ **謙譲語《けんじょう》**…話し手が自分や自分の身内の動作などをへりくだることによって、動作・行為の受け手に対して敬意を表す言葉。表現の型には次の二つがある。

(1) お(ご)…する(いたす)型	**招く** ➡皆様を家に**お招きする**。	**説明する** ➡私が**ご説明いたします**。
(2) 特別な動詞	**見る** ➡校長先生の写真を**拝見する**。	**もらう** ➡先生からアルバムを**いただく**。

くわしく!

「お」や「ご」の使い方

「お」や「ご」は、次のような場合に用いられる。

①**相手の物や動作に付ける場合**
例 先生のお帽子《ぼうし》・皆様のご意見

②**自分のことでも相手に関わる物事の場合**
例 皆様へのご報告

③**丁寧語として習慣化している場合**
例 おかず・おしぼり・ご飯

※これらは、敬意を表す相手がいるわけでなく、話し手や書き手が自分自身の言葉を美しく表現するもので、**美化語**と呼ぶ場合がある。

発展

尊敬・謙譲を表す接頭語

名詞全般《ぜんぱん》に付く「お」「ご」の他に、特定の名詞に付く次のようなものがある。

入試問題 **この手で攻略!!**

敬語表現の問題

➡動作主が自分以外、特に目上の人であれば、尊敬語。

先生が 辞書を **くださる。**
動作主＝相手（目上の人）　「くれる」の尊敬語

例題 次の――線部を敬語表現に改めなさい。

●考えることが大切だと先生が言っていましたね。

解き方 **動作主は「誰《だれ》か」をおさえる**

「言って」いたのは「誰か」を探すと、「先生」が動作主だとわかる。**先生＝目上の人**なので、**尊敬語**に直せばよい。「言う」の尊敬動詞「**おっしゃる**」か、尊敬の助動詞「**れる・られる**」を用いて直す。

答 **おっしゃって**（言われて）

重要！

尊敬・謙譲の意味の主な特別な形の動詞

〔一部の動詞は、「〜してくださる」のように、補助動詞としても用いる。〕

普通《ふつう》の表現	尊敬語	謙譲語
する	なさる	いたす
行く	いらっしゃる	参る・伺《うかが》う
来る	いらっしゃる	参る
いる	おいでになる いらっしゃる	おる
くれる	くださる	
もらう		いただく ちょうだいする
言う	おっしゃる	申す・申し上げる
食べる	召し上がる	いただく
会う		お目にかかる
見る	ご覧になる	拝見する
思う		存じる
知る		存じ上げる
聞く		伺う 承る

③ 丁寧語…話し手の丁寧な気持ちを表す言葉。文末を「…です」「…ます」とする。

助動詞「です・ます」型	
私の家だ。 ➡私の家です。	学校へ行く。 ➡学校へ行きます。

〔文末を「…でございます。」とする場合もある。例こちらでございます。〕

●**尊敬語** 御社《おんしゃ》・貴社《きしゃ》・芳名《ほうめい》・尊父《そんぷ》

●**謙譲語** 弊社《へいしゃ》・拙宅《せったく》・愚弟《ぐてい》・粗品《そしな》

発展

動作の受け手を必要としない謙譲語

謙譲語の中には「**参る・おる・申す・いたす・存じる**」のように、敬意を表すべき動作の受け手を、特に必要とせず、自分や自分の側の人の動作をへりくだって言うことで聞き手に敬意を示すものがある。このような謙譲語を「**丁重語《ていちょう》**」と呼ぶことがある。

謙譲語を見分ける問題

➡動作主が自分や自分の身内であれば、謙譲語。

私が（動作主＝自分） **そちらへ** **参ります。**（「行く」の謙譲語 丁寧）

例題 次の——線部のうちから謙譲語を選びなさい。

ア お客様が料理を召し上がる。

イ 明日は晴れるでしょう。

ウ 僕《ぼく》は優秀賞《ゆうしゅう》をいただいた。

解き方 **動作主が自分の側かどうかを確かめる**

イは、**丁寧な断定**の助動詞「**です**」の未然形。**ア**の動作主は「**お客様**」で、自分や身内の側ではない。「召し上がる」は「食べる・飲む」の**尊敬語**。**ウ**は動作主が「**僕**」なので**自分の側**。「**いただく**」は「もらう」の謙譲語。

答 **ウ**

Q. 基礎力チェック問題

解答はページ左下

(1) 次の各文の——線部は、〔**ア** 尊敬語 **イ** 謙譲語 **ウ** 丁寧語〕のどれに当たるか。

①午後から出かけます。〔 〕

②父が申すとおりです。〔 〕

③先生がご覧になる。〔 〕

(2) 「先生が話す。」の——線部を尊敬語に直す場合、「お…になる」を使うと〔 〕、「れる・られる」を使うと〔 〕となる。

(3) 「社長の荷物を持つ。」の——線部を「お…する」を使って謙譲語に直すと〔 〕となる。

(4) 「食べる・いる」の尊敬を表す特別な形の動詞は〔 〕・〔 〕、謙譲を表す特別な形の動詞は〔 〕・〔 〕である。

(5) 「作文を書いた。」の——線部を、丁寧の意味を表す助動詞を使って丁寧語に直すと〔 〕となる。

(6) 「母は、もうじきいらっしゃいます。」の文は、「母」が動作主なので、——線部を〔 〕と謙譲語を使った言い方に改める必要がある。

A. (1)①ウ ②イ ③ア (2)お話しになる・話される (3)お持ちする (4)召し上がる・いらっしゃる（おいでになる）・いただく・おる (5)書きました (6)参ります

PART 6

高校入試実戦力アップテスト

敬語

時間：30分
配点：100点
目標：80点
解答：別冊6ページ
得点：　点

1 よく出る！

次の文の——線部の敬語の種類として適切なものを、ア〜ウから選びなさい。

［石川県］（12点）

●園長は、過程を評価する仕組みを作りたい……そうおっしゃいましたよね。

ア 尊敬語　**イ** 謙譲語《けんじょう》　**ウ** 丁寧語《ていねい》

［　　］

2

次の文章は、総合的な学習の時間の授業で調べたことを発表するための原稿《げんこう》の一部である。——線部を、発表を聞いている人に対する敬意を表す表現に改めなさい。

［静岡県・改］（12点）

もう一つの例としてピクトグラムを紹介《しょうかい》します。ピクトグラムとは、何らかの情報や注意を示すための絵文字のことです。皆《みな》さんも一度は、非常口のピクトグラムを見たことがあると思います。

［　　　　］

アドバイス 「見た」を、「発表を聞いている人」の動作として敬語にするには、どの種類の敬語を用いればよいかを考えて、この文に適切な言い方で改めよう。

3 よく出る！

次の文章は、中学二年生のひかるさんが観光協会職員の比嘉《ひが》さんにインタビューした際の記録の一部である。——線部「言った」を、この場面にふさわしい敬語に改めたものとして適切なものを、ア〜エから選びなさい。

［沖縄県・改］（12点）

ひかる　沖縄を訪れる観光客の数は、年間でどれくらいですか。
比嘉　はい、年間の観光客数ですね。では、まず、「入域観光客数の推移」のグラフを見てみましょう。このグラフからわかるように、沖縄を訪れる観光客数は、平成28年度に初めて800万人台を記録し、国内客、外国客ともに過去最高を記録したんですよ。
ひかる　すごいですね。グラフを見ると、比嘉さんが言ったことがよくわかります。

ア うかがった
イ いらっしゃった
ウ 申し上げた
エ おっしゃった

［　　］

4

次は、礼子《れいこ》さんがインタビューで話しかけるときの言葉です。①・②に入れるのに最も適切なものを、あとのア〜カからそれぞれ選びなさい。〔島根県〕(10点×2)

礼子「こんにちは。私たちは今、A寺通り商店街での歩き食べ問題について、ご意見を①いるところです。あなたの考えを②ください。」

ア うかがって　イ おっしゃられて
ウ 申して　エ お聞かせ
オ お聞きになって　カ 聞かれて

①［　　］　②［　　］

5 ミス注意

次の文の——線部の敬語の説明として最も適切なものを、ア〜エから選びなさい。〔静岡県〕(12点)

●理由がわからず困っていると、保育士さんが、目の高さに注意して、ゆっくり話をするといいよと、声をかけてくださいました。

ア「くれる」の尊敬語で、「保育士」に対する敬意を示す表現。
イ「くれる」の尊敬語で、「聞き手」に対する敬意を示す表現。
ウ「くれる」の謙譲語で、「保育士」に対する敬意を示す表現。
エ「くれる」の謙譲語で、「聞き手」に対する敬意を示す表現。

［　　］

アドバイス「くださる（くれる）」は補助動詞なので、直前の文節「声をかけて」が誰《だれ》の動作かを考えよう。

TEST

6 ハイレベル

次の文の——線部の「申し」は、敬語の「申す」と言う動詞が活用した語であるが、ここでの敬語としての使い方が適切ではない。この場面において「申す」を使うことが適切でない理由を、「主語」「謙譲語」の二つの言葉を必ず使って、一文で答えなさい。〔高知県〕(20点)

●先生が私たちに「明日は遠足ですね。」と申しました。

［　　］

7 ミス注意

次の会話は、ある中学校の文化祭で、来賓《らいひん》として訪れた川田《かわだ》さんと受付係の生徒である山中《やまなか》さんが話した内容の一部である。——線部ア〜オから、敬語の使い方が正しくないものを選びなさい。〔福島県〕(12点)

川田さん「こんにちは。受付はここですか。」
山中さん「はい、こちらです。私は、受付をア担当いたします三年の山中です。恐《おそ》れ入りますが、お名前をイうかがってもよろしいでしょうか。」
川田さん「川田製作所の川田です。」
山中さん「ようこそおいでくださいました。こちらが本日のプログラムです。どうぞウ拝見してください。控室《ひかえしつ》は、校長室です。昼食もそちらでエ召《め》し上がってください。」
川田さん「ありがとう。」
山中さん「それでは、案内係の生徒がオおりますので、校長室までご案内します。」

［　　］

アドバイス「川田さん」の動作には尊敬語を用いることに注意しよう。

PART 7

部首・画数・筆順

必ず出る！ 要点整理

部首

▼部首とは…漢字の意味を表している部分。その漢字の表す意味を考えて、部首を判断する。

主な部首と意味

部首	名前	意味	例
阝	こざとへん	丘《おか》	降 陽
阝	おおざと	住む場所	都 邦
刂	りっとう	刀	剣 別
宀	うかんむり	住居	室 家
灬	れんが れっか	火・熱	然 烈
疒	やまいだれ	病気	病 療
辶	しんにょう（しんにゅう）	行く・進む	道 進
門	もんがまえ	入り口	関 間

画数

▼画数とは…漢字を組み立てている一つ一つの線や点の数のこと。漢字の点画は、複雑に折れ曲がった線でも、一続きで書く部分はすべて一画となる。

重要！

筆順をおさえて、画数も覚える。

阝 3画（㇇ ㇋ 阝）　及 3画（ノ 乃 及）　水 4画（亅 刁 才 水）
辶 3画（丶 ⻌ 辶）　己 3画（フ コ 己）　比 4画（一 ト 上 比）
弓 3画（フ コ 弓）　口 3画（丨 冂 口）　糸 6画（𠃋 幺 幺 糸 糸 糸）

筆順

くわしく！

部首の種類は七つ

① **偏《へん》**…漢字の左側の部分。
② **旁《つくり》**…漢字の右側の部分。
③ **冠《かんむり》**…漢字の上の部分。
④ **脚《あし》**…漢字の下の部分。
⑤ **垂《たれ》**…上から左に垂れる部分。
⑥ **繞《にょう》**…左から下にかけて付く部分。
⑦ **構《かまえ》**…周りを囲んでいる部分。

くわしく！

筆順の主な原則

① **横画と縦画が交差するとき**…横画が先　例 一 十 土
② **外側を囲むとき**…外が先　例 冂 国 国
③ **中と左右で、左右が二画のとき**…中が先　例 亅 小 小
④ **字全体を貫く縦画があるとき**…縦画が最後　例 𠮛 写 事

POINT

画数・筆順は楷書《かいしょ》でしっかりおさえる！

学習日　／

入試問題 **この手で攻略!!**

部首を見つける問題

➡漢字は、おおむね音《おん》を表す部分と意味を表す部分(部首)に分けられる。部首は漢字の意味から探る。

泳
↓
氵＝水（意味）
└部首（さんずい）
永＝エイ（読み）

例題 「松」と同じ部首をもつものを、行書で書かれた次のア～エの漢字から選びなさい。

ア 神　**イ** 秋
ウ 板　**エ** 拍

解き方 **行書で書かれた漢字を楷書で書いてみる**

「松」の意味「木のマツ」から、**部首**は「木（きへん）」だとわかる。選択肢《せんたくし》の行書を楷書で書くと、**ア**「神」、**イ**「秋」、**ウ**「板」、**エ**「拍」。

答 **ウ**

❶ 原則をおさえる…筆順の大原則は「**上から下へ**」「**左から右へ**」。

(1) **上から下へ**

言 丶 亠 亖 言 言 言

(2) **左から右へ**

側 ノ 亻 亻 仴 仴 伹 俱 俱 側

❷ 原則から外れるものをマーク…筆順の原則から外れるものを、重点的におさえておく。

● **横画があと**…丨 冂 冂 田 田

● **外側があと**…一 フ ヌ 区

● **中央があと**…丶 丷 忄 性

● **貫《つらぬ》く横画が先**…一 十 廾 廿 世

❸ 書体と筆順…楷書《かいしょ》・行書《ぎょうしょ》・草書《そうしょ》で、**筆順が変わる**漢字がある。

(1) **楷書** 草 ↓ 一 十 艹 昔 草

(2) **行書** 草 ↓ 丷 丷 艹 草

(3) **草書** 草 ↓ 丷 丷 艹 草

⑤ **左払《ひだりばら》いと右払いが交わるとき**…左はらいが先 例 八 ク 父

⑥ **字全体を貫く横画があるとき**…横画が最後 例 ㇆ 母 母

⑦ **縦画が上下に突《つ》き出ないとき**…上→縦→下の順 例 口 日 甲 里

発展 **筆使いの呼び方**

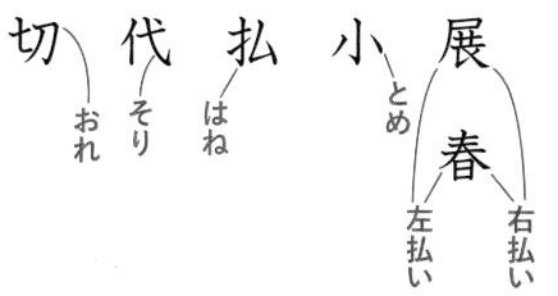

画数を答える問題

↓部首の画数は、整理して覚えておく。

引 3画　建 3画　道 3画　幼 3画　降 3画　級 6画

筆順とともに覚えておくようにしよう。

例題 「速」を楷書で書いたときの総画数は何画か。数字で答えなさい。

解き方 **一続きの部分はすべて1画**

「速」の部首は「辶」で、**画数は3画**である。「束」の筆順は「一 𠃍 𠃍 𠃍 申 申 束」で、**画数は7画**である。よって「速」の総画数は10画。

答 10(画)

Q. 基礎力チェック問題

解答はページ左下

(1) 漢字の部首は、漢字の［　　］を表すものである。

(2) 「病」の部首名は［　　］で、その意味は［住居　歩く　病気］である。

(3) 「降」の部首名を［　　］といい、「郎」の部首名を［　　］という。

(4) 「弟」の総画数は［　　］画。

(5) 「進」の部首の部分は、筆順では「隹」より［　　］に書く。

(6) 次のうち、「水」の筆順で正しいのは［　　］である。

ア ㇇ 才 才 水

イ 亅 才 才 水

ウ 亅 亅 氺 水

(7) 「母」の筆順で、貫く横画は、［最初　中間　最後］に書く。

(8) 楷書と行書で筆順の変わるものは、［うかんむり　うしへん　くさかんむり］である。

(9) 「穫」の「禾」という部首の名前は［りっしんべん　のぎへん　まだれ］である。

A. (1)意味 (2)やまいだれ・病気 (3)こざとへん・おおざと (4)7 (5)あと (6)イ (7)最後 (8)くさかんむり (9)のぎへん

PART 7

高校入試実戦力アップテスト

部首・画数・筆順

時間：30分
配点：100点
目標：80点
解答：別冊6ページ
得点：　　点

1 次の各問いに答えなさい。

（7点×4）

(1) 次の行書で書かれた漢字の部首の名称を、ひらがなで書きなさい。［高知県］

箱

［　　　］

(2) 「課」の偏を行書で書いたものを**ア**～**エ**から選びなさい。［三重県］

ア 　**イ** 　**ウ** 　**エ** 

［　　　］

ミス注意

(3) 次はある字の偏を行書で書いたものである。この偏をもつ字を**ア**～**エ**から選びなさい。［山口県］

ア 詠　**イ** 扱　**ウ** 裕　**エ** 場

［　　　］

よく出る！

(4) 次の行書のうち、「花」と同じ部首の漢字はどれか。**ア**～**エ**から選びなさい。［栃木県］

ア 栄　**イ** 雲　**ウ** 笑　**エ** 葉

［　　　］

アドバイス 「花」の部首は、草花に関係があることを表している。

2 次の各問いに答えなさい。

(1) 「深」は総画数十一画の漢字である。楷書で書いたときの総画数が同じ十一画になる漢字を**ア**～**エ**から選びなさい。［三重県］（7点）

ア 記　**イ** 烈　**ウ** 兼　**エ** 習

［　　　］

アドバイス 選択肢《せんたくし》はすべて行書で書いてあるので注意。

(2) 「乾」を楷書で書いたときの総画数は何画か。数字で答えなさい。［山口県］（7点）

［　　　］画

よく出る！

(3) ①・②の漢字の総画数と、楷書で書いたときの総画数が同じになるものを、それぞれ**ア**～**エ**から選びなさい。（7点×2）

① 創［愛媛県］

ア 稿　**イ** 補　**ウ** 詰　**エ** 漁

［　　　］

② 掘［岩手県］

ア 港　**イ** 都　**ウ** 烈　**エ** 話

［　　　］

(4) 次の□のA〜Dの漢字について、楷書で書いた場合、同じ総画数になる組み合わせを、あとの**ア〜エ**から選びなさい。［和歌山県］（9点）

A	B	C	D
泳	紀	雪	祝

ア AとB　**イ** AとC　**ウ** AとD
エ BとC　**オ** BとD　**カ** CとD

［　　　］

3

次の各問いに答えなさい。

(1) 次の「放」を楷書で書いたものの黒塗りの部分は何画めになるか。数字で答えなさい。［山口県］（7点）

［　　　］

よく出る！

(2) 次の行書体の漢字について、楷書で書いた場合と筆順の変わるものを**ア〜エ**から選びなさい。［沖縄県・改］（9点）

ア 給　**イ** 則
ウ 車　**エ** 及

［　　　］

アドバイス　画がつながっているところに注目して、書く順番を見きわめよう。

4

次の各問いに答えなさい。

(1) 次は「無」を行書で書いたものである。◯で囲まれた部分に見られる特徴を**ア〜エ**から選びなさい。［三重県］（7点）

ア 楷書と比べ、筆順が異なっている。
イ 楷書と比べ、点画が省略されている。
ウ 楷書ではらう部分を、はねている。
エ 楷書ではねる部分を、とめている。

［　　　］

ハイレベル

(2) 次の□は、杉《すぎ》田《た》久女《ひさじょ》の「紫陽花《あじさい》に秋冷《しゅうれい》いたる信濃《しなの》かな」という俳句を短冊《たんざく》に行書で書いたものである。また、表は、ある生徒が短冊を見て、その行書の特徴をA、Bの部分と短冊全体についてまとめたものである。表中の［　］a〜cに当てはまる語の組み合わせを、**ア〜エ**から選びなさい。［和歌山県］（12点）

表

	特徴
Aの部分	○点画の連続 ○［ a ］の変化
Bの部分	○点画の丸み ○点画の［ b ］や形の変化
短冊全体	○上下左右の余白を取る ○行の中心をそろえる ○仮名は漢字より［ c ］書く

ア a 点画　b 数　c 小さく
イ a 筆圧　b 長さ　c 大きく
ウ a 筆順　b 方向　c 小さく
エ a 筆脈　b 払い　c 大きく

［　　　］

TEST

PART 8

熟語の構成・使い方

必ず出る！ 要点整理

二字熟語

▼ 二字熟語の構成…主に次の五つの種類がある。

要点！

	関係	例	訓読み	その他の例
(1)	上と下が似た意味になる関係	温暖	温かい＝暖かい	存在《そんざい》　価値《かち》　援助《えんじょ》　出発《しゅっぱつ》　新鮮《しんせん》
(2)	上と下が反対や対《つい》になる関係	明暗	明るい⇕暗い	公私《こうし》　上下《じょうげ》　勝負《しょうぶ》　往復《おうふく》　善悪《ぜんあく》
(3)	上と下が主語・述語の関係	頭痛	頭が（主語）→痛い（述語）	地震《じしん》　国立《こくりつ》　日没《にちぼつ》　人造《じんぞう》　雷鳴《らいめい》
(4)	上が下を修飾《しゅうしょく》する関係	親友	親しい→友	曲線《きょくせん》　必要《ひつよう》　予想《よそう》　徐行《じょこう》　暖流《だんりゅう》
(5)	下が上の目的・対象になる関係	消火	消す←火を	読書《どくしょ》　登山《とざん》　就職《しゅうしょく》　失礼《しつれい》　乗車《じょうしゃ》

三字熟語

▼ 三字熟語の構成…「一字＋二字」「二字＋一字」という構成のものが多い。

修飾・被《ひ》修飾の関係

- 新大陸 → 新しい大陸
- 天文学 → 天文の学問

二字熟語に接頭語・接尾《せつび》語が付く

- 無得点 → 無（接頭語）＋得点
- 科学的 → 科学＋的（接尾語）

三字が対等に並ぶ

- 松竹梅
- 真善美
- 天地人

くわしく！

その他の二字熟語の構成

- **接頭語が付く**…下の漢字の意味を打ち消す語が付くことが多い。
  御殿《ごてん》　不足《ふそく》　未来《みらい》　無限《むげん》
  非常《ひじょう》　否定《ひてい》
- **接尾語が付く**…上の漢字に、いろいろな意味をそえる。
  物的《ぶってき》　強化《きょうか》　洋式《ようしき》　必然《ひつぜん》
  知性《ちせい》
- **同じ字が重なる**…「畳語《じょうご》」ともいう。「々（踊《おど》り字）」を使って表すことが多い。
  我々《われわれ》　人々《ひとびと》　数々《かずかず》　刻々《こくこく》
- **長い熟語の省略**
  国連《こくれん》 ⬅ 国際連合
  衆院《しゅういん》 ⬅ 衆議院

POINT

二字熟語の構成は頻出《ひんしゅつ》事項《じこう》。
四字熟語の意味も要チェック！

学習日　／

入試問題

この手で攻略!!

✓ **二字熟語の構成の問題**
➡漢字を訓読みしたり、言葉を補ったりして、文の形にしてみる。

雷鳴…雷《かみなり》が（主語）⬇鳴る（述語）
〈主語・述語の関係〉

登山…登る⬆山に（目的・対象）
〈下が上の目的・対象になる関係〉

例題　「着陸」と同じ構成の二字熟語を、ア～エから選びなさい。

ア　市営　　イ　再会　　ウ　挙手
エ　絵画

解き方　**文の形にしてみる**

「着陸」は「陸に着く」で、**下が上の目的・対象**。ウも「手を挙げる」で同じ。アは「市が営む」で主語・述語の関係、イは「再び会う」で修飾・被修飾の関係、エは似た意味になる関係である。

答　ウ

四字熟語

▼ 四字熟語の構成と意味…「二字熟語＋二字熟語」と考え、その構成を「二字熟語の構成」に当てはめてとらえる。構成を手がかりにして意味もつかめる。

(1) 上下の二字熟語が類義語の関係
公明正大《こうめいせいだい》 公明＝正大
〔公平でやましい部分がなく、誰《だれ》が見ても正しくて立派な様子。〕
日進月歩《にっしんげっぽ》 →日に日にどんどん進歩すること。
千変万化《せんぺんばんか》 →さまざまに変わること。

(2) 上下の二字熟語が反対や対の関係
有名無実《ゆうめいむじつ》 有名↕無実
〔名前だけで実質が伴《ともな》わないこと。見かけだおしなこと。〕
質疑応答《しつぎおうとう》 →質問とそれに対応する回答。
半信半疑《はんしんはんぎ》 →半ば信じ、半ば疑って迷うこと。

(3) 上下の二字熟語が主・述の関係
意味深長《いみしんちょう》 意味（が）深長
〔意味が深く、含《ふく》みがあること。言外に意味があること。〕
用意周到《よういしゅうとう》 →準備が行き届き、落ち度がないこと。
理路整然《りろせいぜん》 →議論などの筋道がきちんと通っていること。

(4) 上下の二字熟語が修飾・被修飾の関係
永久不変《えいきゅうふへん》 永久（に）不変
〔永久に変化しないこと。〕
自画自賛《じがじさん》 →自分で自分を褒めること。
相互扶助《そうごふじょ》 →お互《たが》いに助け合うこと。

くわしく！

主な四字熟語の意味

一喜一憂《いっきいちゆう》［状況《じょうきょう》が変わるたびに喜んだり悲しんだりすること。］
首尾一貫《しゅびいっかん》［初めから終わりまで考えや行いが筋道立っていて変わらないこと。］
大器晩成《たいきばんせい》［大物は若い頃《ころ》は目立たず、年をとってから力を発揮《はっき》して立派になること。］
単刀直入《たんとうちょくにゅう》［前置きを抜《ぬ》きにしてすぐに本題に入ること。］
本末転倒《ほんまつてんとう》［物事の大切なこととささいなことを取り違《ちが》えること。］
臨機応変《りんきおうへん》［その場の状況に合わせて、適切に対処すること。］

四字熟語の構成と意味
↓構成を「二字熟語＋二字熟語」として考え、意味をとらえる。

暗中模索《あんちゅうもさく》
暗中（暗闇《くらやみ》の中）
模索（手探りで探す）
修飾語→
暗中で模索する

例題 「言行一致《いっち》」の意味を**ア**～**ウ**から選びなさい。
ア 目的地への行き方が同じこと。
イ 発言と行動に食い違いがないこと。
ウ 誰もが同じことを言うこと。

解き方 **上下の二字熟語の関係を検討**
「言行一致」は「言行が一致する」で、主・述の関係の四字熟語。「言行（言うことと行い）」が「一致する（＝同じになる）」という意味。

答 **イ**

Q. 基礎力チェック問題

解答はページ左下

(1) 似た意味の漢字が並んでいる構成の熟語は、〔家屋　家賃　屋根〕である。

(2) 上と下が反対や対になっている構成の熟語は、〔得点　国立　損益〕である。

(3) 「地震」を、言葉を補って文の形にすると、〔震《ふる》える地　地が震える　地を震わせる〕である。

(4) 「生家」は、〔上下が主・述の関係　上が下を修飾　下が上の目的・対象〕という熟語の構成になっている。

(5) 「読書」の熟語の構成は、「下が上の目的・対象になる関係」であるが、これを「消火」⇩「火を消す」と同じに表すと、「［　　］を［　　］む」となる。

(6) 「我々・人々」など、同じ字を重ねた熟語を〔重語　畳語　単語〕という。

(7) 「まだ開かれていないこと」という意味の熟語にするには、「開」の上に〔未　非　不〕を付ける。

(8) 「質疑応答」という四字熟語は、「〔質問　性質　質素〕とそれに対する回答」という意味。

A. (1)家屋 (2)損益 (3)地が震える (4)上が下を修飾 (5)書・読 (6)畳語 (7)未 (8)質問

PART 8

高校入試実戦力アップテスト

熟語の構成・使い方

時間：30分
配点：100点
目標：80点
解答：別冊7ページ
得点：　　点

1 次の各問いに答えなさい。（8点×6）

(1) 「語源」について、①熟語の構成を説明したものとして最も適切なものを**ア**〜**エ**から選びなさい。また、②「語源」と同じ構成の熟語を**カ**〜**ケ**から選びなさい。［京都府］

① **ア** 上の漢字と下の漢字が似た意味を持っている。
イ 上の漢字と下の漢字の意味が対になっている。
ウ 上の漢字が下の漢字を修飾している。
エ 下の漢字が上の漢字の目的や対象を表している。［　　］

② **カ** 抑揚　**キ** 握手
ク 装飾　**ケ** 実行　［　　］

アドバイス　熟語の意味を考えて文の形にすると、「語の源」となる。

よく出る！

(2) ①〜③の熟語と、構成が同じものをそれぞれ**ア**〜**エ**から選びなさい。

① 推測　［沖縄県］
ア 砂丘　**イ** 縮小　**ウ** 問答　**エ** 帰宅　［　　］

② 後者　［愛媛県］
ア 穏和　**イ** 緩急　**ウ** 就職　**エ** 筆跡　［　　］

③ 想像　［栃木県］
ア 抜群　**イ** 海底　**ウ** 削除　**エ** 未来　［　　］

(3) 次の**ア**〜**エ**の中で、熟語の構成が他と異なるものを一つ選びなさい。［富山県］

ア 災害　**イ** 安易　**ウ** 技術　**エ** 一面　［　　］

アドバイス　似た意味の関係のものの中に、修飾《しゅうしょく》・被《ひ》修飾の関係のものが一つまじっている。

2 次の各問いに答えなさい。（8点×3）

(1) 「利便性」は、二字の熟語に漢字一字の接尾語が付いて構成されている三字熟語である。「利便性」と同じ構成の三字熟語が用いられているものを**ア**〜**オ**からすべて選びなさい。［京都府］（完答）

ア 不公平な決定を批判する。
イ あの人はあまりに悲観的だ。
ウ 集団の決まりを明文化する。
エ 人間にとって衣食住は大切だ。
オ その選手は無気力だった。

［　　］

よく出る！

(2)「ほんの少しの間」と同じ意味を表す四字熟語として、最も適切なものを**ア**〜**エ**から選びなさい。〔19 埼玉県〕

ア 一朝一夕　**イ** 縦横無尽
ウ 深謀遠慮　**エ** 日進月歩

〔　　〕

(3)「脇目もふらず集中して」と同じ意味になる四字熟語を使った表現として最も適切なものを**ア**〜**エ**から選びなさい。〔静岡県〕

ア 悪戦苦闘して　**イ** 一心不乱に
ウ 一念発起して　**エ** 悠々自適に

〔　　〕

3 次の各問いに答えなさい。

ハイレベル

(1) 次の文の空欄部には四字熟語が入る。あとの□に合うように漢字三字を書き、その語を完成させなさい。〔兵庫県〕（9点）

●生態系における生命は、互いに食う食われるの□の関係にありつつ、一方的に他方が殲滅《せんめつ》されることはない。

□□□食

アドバイス 「生態系」「食う食われる」に着目して考えよう。

ミス注意

(2) 次の各文中の――線をつけた四字熟語の中で、使い方が正しくないものを**ア**〜**オ**から選びなさい。〔福島県〕（9点）

ア 美辞麗句を並べただけでは、人の心には響かない。
イ 話を最後まで聞けず、一部始終の理解にとどまった。
ウ どの提案も大同小異であり、よい解決策は出なかった。
エ 両チームとも互いに譲らず、一進一退の攻防が続いた。
オ 友人の助言を参考に、起承転結を意識しながら書き直した。

〔　　〕

(3) 次の文章は、お礼状の下書きの一部である。□に、直前の一文の内容を含む四字熟語を用いて表現するとき、最も適切なものを**ア**〜**エ**から選びなさい。〔山口県〕（10点）

特に心に残ったのが、特産品についての説明です。特産品には、地域の風土に合わせた、先人の知恵と技が生かされていることが分かり、感動しました。昔のことを見つめ直すことで、今まで知らなかった考え方や知識を得ることができました。□

ア いつも未来をしっかり見つめ、自分の目標に向かって「日進月歩」の精神で成長していきたいと思います。
イ 「一喜一憂」せずに取り組んだ先人のように、何事にも平常心を保って取り組んでいきたいと思います。
ウ 状況に応じて適切な行動をとることができるように、「臨機応変」な対応を心がけていきたいと思います。
エ 「温故知新」という言葉があるように、これからも歴史から学ぶ姿勢を大切にしていきたいと思います。

〔　　〕

PART 9

ことわざ・故事成語・慣用句・類義語・対義語

必ず出る！ 要点整理

ことわざ・故事成語・慣用句

❶ **ことわざとは**…昔から言いならわされてきた言葉で、**批評や風刺《ふうし》、教訓や生活の知恵《ちえ》を含《ふく》む。**

馬《うま》の耳《みみ》に念仏《ねんぶつ》…馬の耳に念仏を聞かせても何もわからない。⬇**いくら言っても、効き目がないこと。**

石橋《いしばし》をたたいて渡《わた》る…頑丈《がんじょう》な石橋をさらにたたいて安全を確かめる。⬇**物事を行うときに、用心の上にも用心を重ねること。**

❷ **故事成語とは**…昔から伝えられている、**いわれのある事柄《ことがら》(故事)**からできた言葉。**中国の古典**に由来するものが多い。

漁夫《ぎょふ》の利《り》…貝と鳥が争っているすきに、漁師に両方とも捕《と》らえられてしまったという故事から⬇**当事者が争う間に第三者が利益を得ること。**

矛盾《むじゅん》…どんな盾《たて》も突《つ》き通す矛《ほこ》で、どんな矛も防ぐ盾を突くとどうなるかと問われ、答えにつまった商人の故事から⬇**つじつまが合わないこと。**

❸ **慣用句とは**…二つ以上の言葉が**いつも決まった形**で使われるもので、もとの意味を離《はな》れ、**全体で特定の意味を表す言葉。体の一部**を用いたものが多い。

要点！

もとの意味との違《ちが》いに注意！

骨が折れる
→ 本来の意味＝骨折する
→ **慣用句＝物事をするのに苦労が多い。**

慣用句の種類
体に関係…腹を割る／**動植物に関係**…馬が合う／**衣食住に関係**…油を売る／**演芸に関係**…二の舞《まい》／**その他**…筆が立つ・裏をかく

POINT

慣用句・ことわざ・対義語の順で、入試頻出《ひんしゅつ》！

学習日 ／

入試によく出る慣用句

人体に関するもの	
肝《きも》に銘《めい》じる	忘れないように心に深く刻みつける。
舌《した》が肥《こ》える	味のよしあしがわかる。
手《て》に汗《あせ》を握《にぎ》る	心配したり興奮したりして、はらはらする。
手《て》に負《お》えない	扱《あつか》いきれない。＝**手《て》に余《あま》る**
手《て》を尽《つ》くす	できるかぎりの手段を試みる。
歯《は》に衣着《きぬき》せない	心に思っていることを率直に言う。
鼻《はな》にかける	自慢《じまん》する。
へそを曲《ま》げる	機嫌《きげん》を悪くする。＝**つむじを曲《ま》げる**
寝耳《ねみみ》に水《みず》	不意の出来事に驚《おどろ》く。
耳《みみ》をそばだてる	心を集中させて、聞こうとする。＝**耳《みみ》を傾《かたむ》ける**
目鼻《めはな》を付《つ》ける	物事の大体の見通しをつける。
目《め》が利《き》く(高《たか》い)	人や物の本質を見抜《みぬ》く力がある。＝**目《め》が肥《こ》える**
その他	
言語《げんご》に絶《ぜっ》する	あまりの甚《はなは》だしさにあきれて、言葉で言い表せない。
お茶《ちゃ》を濁《にご》す	いい加減なことを言って、その場をごまかす。
棚《たな》にあげる	(あることにわざと)ふれないでおく。打ち捨てておく。
手塩《てしお》にかける	自分で面倒《めんどう》をみて大切に育てる。
二《に》の句《く》がつげない	あきれかえって、次の言葉が出ない。
相《あい》づちを打《う》つ	相手の話に調子を合わせて返事をしたり、うなずいたりする。
一目置《いちもくお》く	自分より相手の能力が上だと認めて、敬意を払《はら》う。

類義語・対義語

❶ 類義語とは…意味が同じ、または似ている二つの言葉。

❷ 対義語とは…反対の意味をもつ二つの言葉。

例　表⇔裏　高い⇔低い

欠点＝短所⇔長所
（欠点＝短所：類義語　短所⇔長所：対義語）

くわしく！ 入試に出やすいことわざ

① **石《いし》の上《うえ》にも三年《さんねん》**
［苦しみをたえしのべば、いつかは報われる。］
＝待《ま》てば海路《かいろ》の日和《ひより》あり

② **急《いそ》がば回《まわ》れ**
［成果を急ぐなら、遠回りでも着実な方法で行うほうがよい。］
＝せいては事《こと》を仕損《しそん》ずる

③ **歳月《さいげつ》人《ひと》を待《ま》たず**
［年月は人の都合に関係なく過ぎていき、とどまることがない。］
＝光陰矢《こういんや》のごとし

④ **猫《ねこ》に小判《こばん》**
［価値のあるものも、持つ人によっては役に立たない。］
＝豚《ぶた》に真珠《しんじゅ》
＝念《ねん》には念《ねん》を入《い》れよ
＝石橋《いしばし》をたたいて渡《わた》る

⑤ **転《ころ》ばぬ先《さき》のつえ**
［失敗しないように、前もって気をつける。］

⑥ **立《た》つ（飛《と》ぶ）鳥《とり》あとをにごさず**
［立ち去るときはあとが見苦しくないようにするべきだ。］

⑦ **猿《さる》も木《き》から落《お》ちる**
［名人でも時には失敗することがある。］
＝かっぱの川流《かわなが》れ
＝弘法《こうぼう》にも筆《ふで》の誤《あやま》り
＝上手《じょうず》の手《て》から水《みず》が漏《も》れる

入試によく出る故事成語

杞憂《きゆう》	無駄《むだ》な心配。取り越《こ》し苦労。
塞翁《さいおう》が馬《うま》	人生の幸・不幸は予測できないということ。
杜撰《ずさん》	いい加減なこと。
推敲《すいこう》	詩文の文句を何度も練り直すこと。
蛇足《だそく》	よけいな付け足し。不要なもの。
四面楚歌《しめんそか》	周りをすべて敵に囲まれた状態。
五十歩百歩《ごじっぽひゃっぽ》	多少の違《ちが》いはあっても大差のないこと。
他山《たざん》の石《いし》	他人のつまらない言動でも、自分の役に立つこと。
背水《はいすい》の陣《じん》	決死の覚悟《かくご》で敵に立ち向かうこと。

入試によく出る対義語

苦手《にがて》⇔得意《とくい》　増加《ぞうか》⇔減少《げんしょう》　形式《けいしき》⇔内容《ないよう》　相対《そうたい》⇔絶対《ぜったい》
浪費《ろうひ》⇔節約《せつやく》　動的《どうてき》⇔静的《せいてき》　原因《げんいん》⇔結果《けっか》　拡大《かくだい》⇔縮小《しゅくしょう》
既知《きち》⇔未知《みち》　肯定《こうてい》⇔否定《ひてい》　創造《そうぞう》⇔模倣《もほう》　消極《しょうきょく》⇔積極《せっきょく》
単純《たんじゅん》⇔複雑《ふくざつ》　和語《わご》⇔漢語《かんご》　供給《きょうきゅう》⇔需要《じゅよう》　必然《ひつぜん》⇔偶然《ぐうぜん》
具体《ぐたい》⇔抽象《ちゅうしょう》　密集《みっしゅう》⇔散在《さんざい》　危険《きけん》⇔安全《あんぜん》　楽観《らっかん》⇔悲観《ひかん》
進化《しんか》⇔退化《たいか》　既決《きけつ》⇔未決《みけつ》　可決《かけつ》⇔否決《ひけつ》　主観《しゅかん》⇔客観《きゃっかん》

Q. 基礎力チェック問題

解答はページ左下

(1) 次のことわざとよく似た意味のことわざを、あとからそれぞれ選びなさい。
a せいては事を仕損ずる　［　］
b 光陰矢のごとし　［　］
c 豚に真珠　［　］
d 弘法にも筆の誤り　［　］
ア 猫に小判　イ 猿も木から落ちる
ウ 急がば回れ　エ 歳月人を待たず

(2) 「いい加減なこと」という意味で使われる故事成語は、〔杞憂　杜撰　推敲〕である。

(3) 「矛盾」の意味として適切なものを、次から選びなさい。
ア 取り越し苦労。
イ つじつまが合わないこと。
ウ 詩文の文句を練り直すこと。　［　］

(4) 「骨が折れる」は、そのままでは「［　］する」という意味であるが、慣用句では「［　］が多い」という意味になる。

(5) 「物の本質を見抜く力がある」という意味の慣用句は、〔目が利く　目鼻を付ける　一目置く〕である。

(6) 「偶然」の対義語は〔悠然《ゆうぜん》　必然　自然〕である。

A. (1)aウ bエ cア dイ (2)杜撰 (3)イ (4)骨折・例苦労 (5)目が利く (6)必然

PART 9

高校入試実戦力アップテスト

ことわざ・故事成語・慣用句・類義語・対義語

時間：30分
配点：100点
目標：80点
解答：別冊8ページ
得点：　　点

よく出る！

1 次の各問いに答えなさい。（6点×4）

(1) 次の文の□に入れるのに最も適切な言葉を、あとの**ア**〜**ウ**から選びなさい。［大阪府A］

● □鳥あとをにごさずという言葉があるように、卒業式の前に教室をきれいに掃除した。

ア 食う　**イ** 立つ　**ウ** 鳴く　［　　］

(2) 次のインタビューの一部の□に入ることわざとして最も適切なものを、**ア**〜**エ**から選びなさい。［千葉県］

> 松本さん　高校を選ぶための資料は、担任の先生から、たくさんいただきましたが、やはり自分で足を運び、確かめるのがいいですね。文化祭などに行くと、高校の雰囲気などがよくわかると思います。
>
> 山内さん　まさに、□ということわざのとおりですね。

ア 百聞は一見にしかず　**イ** 目は口ほどにものを言う
ウ 木を見て森を見ず　**エ** ひとのふり見て我がふり直せ　［　　］

(3) 「勝ち目はない」と近い意味のことわざとして最も適切なものを、**ア**〜**エ**から選びなさい。［青森県］

ア 悪事千里を走る　**イ** 多勢に無勢
ウ 出る杭《くい》は打たれる　**エ** 弘法《こうぼう》にも筆の誤り　［　　］

アドバイス 「勝ち目はない」は、「負けそうだ」という意味で使われる。

(4) 「杞憂」の意味として最も適切なものを、**ア**〜**エ**から選びなさい。［石川県］

ア 丁寧な観察　**イ** 単純な誤解
ウ 明確な理解　**エ** 無用な心配　［　　］

2 次の各問いに答えなさい。

(1) 「どちらが優れているか決められない」を簡潔に慣用句で表す場合、その慣用句として最も適切なものを、**ア**〜**エ**から選びなさい。［高知県］（6点）

ア 右に出る者がない　**イ** 背に腹はかえられぬ
ウ 類は友を呼ぶ　**エ** 甲乙つけがたい　［　　］

アドバイス 評価に使われる言葉が入っている選択肢《せんたくし》に着目。

よく出る!

(2)「身を縮める」が表す様子として最も適切なものを、**ア**～**エ**から選びなさい。　［岩手県］（6点）

ア　目立たないために、みすぼらしくする様子。
イ　恐れなどから、体や心を小さくさせる様子。
ウ　苦労などいとわずに、一心につとめる様子。
エ　自分を犠牲にして、人のために尽くす様子。

［　　　］

(3)次の文の□に入る適切な漢字一字を書きなさい。　［兵庫県］（8点）

●（ボランティア活動について）興味はあるのに、参加方法がわからず、□の足を踏んでいる人もいるかも知れません。

□

(4)「固唾《かたず》を呑《の》む」の意味として最も適切なものを、**ア**～**エ**から選びなさい。　［佐賀県］（6点）

ア　事のなりゆきがどうなるかと、じっとしているさま。
イ　人の弱みを見抜き、それにつけこもうとするさま。
ウ　他人の不幸を、人ごとでないと感じているさま。
エ　裏切られた思いで、ひどく落ち込んでいるさま。

［　　　］

3　次の各問いに答えなさい。（7点×2）

(1)「貢献」の類義語として最も適切なものを、**ア**～**エ**から選びなさい。　［福岡県］

ア　介入　**イ**　寄与　**ウ**　躍動　**エ**　直結

［　　　］

ミス注意

(2)次の熟語の組み合わせのうち、二つの熟語の関係が類義語となっているものを、**ア**～**エ**から選びなさい。　［高知県］

ア　親切―厚意　**イ**　天然―人工
ウ　難解―平易　**エ**　保守―革新

［　　　］

4　次の各問いに答えなさい。（9点×4）

(1)「偶然」の対義語を漢字で書きなさい。　［山口県］

□□

(2)「拡大」の対義語を漢字で書きなさい。　［秋田県］

□□

(3)「具体」と「抽象」の意味における関係と同じ関係にある語の組み合わせを、**ア**～**オ**からすべて選びなさい。　［岡山県］（完答）

ア　創造―模倣　**イ**　一般―普遍　**ウ**　促進―抑制
エ　計算―勘定　**オ**　熱中―没頭

［　　　］

ハイレベル

(4)次の――部と……部とが反対の意味になるように、あとの**ア**～**オ**の漢字を組み合わせてそれぞれ二字の熟語をつくる。このとき□に用いない漢字を一つ選び、記号で答えなさい。　［18 埼玉県］

●私の提案は、説明が十分ではなかったために班員から□□されてしまった。しかし、根拠を明確にして丁寧に説明を重ねたら、今度は無事に□□を得ることができた。

ア　賛　**イ**　拒　**ウ**　諾　**エ**　否　**オ**　承

［　　　］

TEST

PART 10 歴史的仮名遣い・語句の省略・係り結び

必ず出る！ 要点整理

歴史的仮名遣い

重要！

古文の仮名遣《かなづか》いを**歴史的仮名遣い**（旧仮名遣い）という。

①**語頭以外の「ハ行」の音⬇「わ・い・う・え・お」**と読む。
※語頭の「ハ行」の音はそのまま読む。

②**ワ行の「ゐ・ゑ・を」⬇「い・え・お」**と読む。

③**「ぢ・づ」⬇「じ・ず」**と読む。

④**「くわ・ぐわ」⬇「か・が」**と読む。

⑤**母音が「au・iu・eu・ou」⬇「ô・yû・yô・ô」**と読む。

- 言ふ→言う　にほひ（匂ひ）→におい
- ゐる→いる　こゑ→こえ（声）　をのこ→おのこ
- はぢ（恥）→はじ　よろづ→よろず
- くわじ（火事）→かじ　ぐわん（願）→がん
- かうべ kaube→こうべ kôbe（首・頭）

語句の省略

❶ **主語・述語の省略**…**主語**（動作主*）が省略されているときは、動作をする人が「**誰《だれ》**」なのか、**述語**が省略されているときは、「**どうする・どんなだ**」を文脈からとらえる。

*動作主＝その動作をしている人物。

（翁《おきな》が）〔主語〕**あやしがりて、寄りて見るに……。**
〔翁が不思議に思って近寄って見ると……。〕

春はあけぼの（をかし）〔述語〕**。**
〔春は明け方が趣《おもむき》がある。〕

❷ **助詞の省略**…古文では、助詞「**は・が・を・の**」などが省略されることが多い。

竹取《たけとり》の翁といふもの（が）〔助詞〕**ありけり。**
〔竹取の翁という者がいた。〕

POINT

歴史的仮名遣《かなづか》いは必ずおさえる！

くわしく！

歴史的仮名遣いのその他の読み方

●促音《そくおん》・拗音《ようおん》の「っ・ゃ・ゅ・ょ」は古文では小さく書かないが、**促音・拗音として読む。**

●**助詞の「なむ」、助動詞の「む・けむ」などの「む」**は、「ん」と読む。

くわしく！

読みを二段階で直すもの

●**二つの原則を組み合わせ**て、現代仮名遣いに直す場合がある。

例 **けふ**
⬇けう（keu）…①
⬇keu ⬇kyô …⑤
⬇きょう

重要！

この手で攻略!!

入試問題

歴史的仮名遣いを現代仮名遣いに直す問題

⬇原則を覚え、それに従って直す。

- いふ⇩いう（言う）
- おはす⇩おわす
- ゐる⇩いる
- こゑ⇩こえ
- 恥《は》ぢて⇩恥じて
- 出《い》づ⇩出ず
- まうづ⇩もうず（詣ず）
- けふ⇩きょう（今日）

例題　次の――線部を現代仮名遣いに改めて、すべて平仮名で書きなさい。

●ひとき**は**心も浮《う》き立つ。

解き方　**語頭以外の「ハ行」の音は、「わ・い・う・え・お」と読む。**
語頭以外の「は」は「わ」にする。

答　ひときわ

学習日　／

係り結び

▼ **文末の結びの特別な形**…文中に係りの助詞「**ぞ・なむ・や・か・こそ**」があると、**文末が決まった活用形**になる。疑問や反語、強調を表す。強調の場合、特に訳さなくて構わない。

ぞ・なむ	**連体形**	**強調**	**山の陰《かげ》にぞありける。**（山の陰にあった。）
や・か	**連体形**	**疑問**	**いづれの山か、天に近き。**（どの山が天に近いか。）
		反語	**近き火などに逃《に》ぐる人は、「しばし」とや言ふ。**（近くの火事などで逃げる人は、「しばらく待とう」と言うだろうか。（いや、言わない。））
こそ	**已然形《いぜん》**	**強調**	**恋《こひ》こそまされ。**（恋《こい》の思いがいっそう増してくる。）

発展

已然形は、古文特有の活用形

已然形は、古文にだけ出てくる活用形で、「すでにそうなっている」ことを表す。

例 おはしけり（終止形）
おはしけれ（已然形）

くわしく！

反語とは

はっきりとした結論がありながら、疑問の形をとった表現。「～だろうか。いや、～ではない。」と訳す。

係り結びをとらえる問題

➡「ぞ・なむ・や・か」は連体形、「こそ」は已然形で結ぶ。

① 「ぞ・なむ・や・か」→**連体形**
何事かありけむ（連体形）

② 「こそ」→**已然形**
尊くこそおはしけれ（已然形）

例題　次の文の□に当てはまる係りの助詞を、**ア～オ**から選びなさい。

●あやしう□ものぐるほしけれ。

ア ぞ　**イ** なむ　**ウ** や
エ か　**オ** こそ

解き方 **「こそ」の結びは已然形**
「ものぐるほしけれ」は、「ものぐるほし」の已然形。結びが已然形になる係りの助詞は、「こそ」。

答 **オ**

Q 基礎力チェック問題

解答はページ左下

(1) 次のa～cの――線部を現代仮名遣いに直しなさい。

a よろづのことを泣く泣く……。［　　］

b 立てば立つ、ゐればまたゐる……。［　　］

c やうやう白くなりゆく……。［　　］

(2) 「月日は百代《はくたい》の過客にして」の――線部を現代仮名遣いで読むと、〔かかく　くわかく　すぎるきゃく〕である。

(3) 古文では、「誰が」に当たる［　　］や、「どうする」に当たる［　　］が省略されることがある。

(4) 「竹取の翁といふものありけり」で省略されている助詞は［　　］である。また、その働きは、〔主語　述語　修飾語《しゅうしょくご》〕である。

(5) 係り結びでは、「ぞ・なむ・や・か」がくると、文末の結びが［　　］形になり、「こそ」がくると、［　　］形になる。

A. (1) aよろず　bいればまたいる　cようよう　(2)かかく　(3)主語・述語　(4)が・主語　(5)連体・已然

高校入試実戦力アップテスト

歴史的仮名遣い・語句の省略・係り結び

時間：30分　配点：100点　目標：80点　解答：別冊9ページ　得点：　点

1 よく出る！

次の——線部の語句を現代仮名遣《かなづか》いに直して、すべて平仮名で書きなさい。（8点×4）

(1) 孔子《こうし》に問ひまうすやう、［　　］［沖縄県］

(2) あひ向かひたるに劣りてやはある。［　　］［高知県］

(3) あながちに問はせ給《たま》ひければ、［　　］［埼玉県］

(4) かのものいふべきやうはなし。［　　］［三重県］

アドバイス　(4)「やう」は、「au→ô」の原則に従って、「yau→yô」と直すよ。

2 **次の文章を読んで、あとの問いに答えなさい。**［和歌山県］

やまとうた（和歌は、）は、人の心を種として、万《よろづ》の言の葉とぞなれりける（言葉となったものだ。）。①世の中にある人、ことわざ繁《しげ》き（関わる事柄やするべきことが多いので、）ものなれば、心に思ふことを、見るもの聞くものにつけて（託して、）、②言ひ出《い》だせるなり。

（「古今和歌集《こきんわかしゅう》　仮名序《かなじょ》」より）

(1) ——線部①「世の中にある人」を現代語訳するとき、「人」のあとにどんな助詞を補えばよいか。次のア～エから選びなさい。（9点）

ア に　**イ** を　**ウ** は　**エ** で　［　　］

(2) ——線部②「言ひ出だせるなり」を現代仮名遣いに直して、すべて平仮名で書きなさい。（8点）［　　］

3 **次の文章を読んで、あとの問いに答えなさい。**［愛媛県］

この頃*関先民《せきせんみん》の宅を問ひし時、いたく古びたる巻軸の、紙も所々破《や》れたる画《ゑ》を見せたり。白き鷹《たか》の図なり。名もなければ「誰《た》がかきし。」と問ひしに、「こは先《せん》に由《よし》ある人の得させていと正しきものなるが、*大猷院《たいいうゐん》様の*遊ばされしなり。」と言ふ。この君の御画*かくまでめでたく遊ばされんとは、思ひかけねば、めづらかにてしばしまもりゐたるに、先民また言ふ、「この君は鷹の御画には*わけて巧みにいらせられしと聞きしなり。されども後には*たえて画を遊ばされず。その子細は、ある時御近臣を召《め》して、世の人鷹の画と言へばきそうきそうと言ふなるが、きそうとはいづくいかなる人ぞと問ひ給ひしに、『これは*宋《そう》の世の徽宗《きそう》皇帝と申す天子に*おはします。』と御答へ申せしかば、『予は今日よりして鷹の画かくことをやめぬべし、世の人きそうきそうと呼び捨てぬればいやしき人とこそ思ひつれ、予がきつる画も後の世にはかかる*たぐひにやなりなん。』とのたまひて、これより後はたえて御画を遊ばされざりし。」とぞ。いとたふとき御こころざしなりけり。（「みみと川」より）

＊関先民…人名。　＊大猷院…江戸幕府第三代将軍である徳川家光《とくがわいえみつ》のこと。
＊遊ばされしなり…おかきになったのである。
＊かくまでめでたく…これほどまですばらしく。
＊わけて…とりわけ。　＊たえて…まったく。　＊宋…中国の王朝名。
＊おはします…いらっしゃる。　＊かかる…このような。

ミス注意
(1) ══線部「たふとき」を現代仮名遣いに直し、すべて平仮名で書きなさい。（8点）［　　］

ミス注意
(2) ──線部「言ふ」とあるが、このとき言ったのは誰《だれ》か。次のア〜エから選びなさい。（9点）［　　］
　ア　関先民　イ　大猷院　ウ　近臣　エ　筆者

4 次の文章を読んで、あとの問いに答えなさい。

［栃木県］

浜の町といふに、島原屋《しまばらや》一左衛門《いちざゑもん》とかやいひし者あり。十二月初め、雪降り積もれる朝、用ありてとく出《い》で（ア）、浜なる路《みち》をゆくに、雪のひまにあやしき物見えけるを、立ち寄り引き上げつるに、したたか重き袋にて、内に白銀*大なるが三包ばかりとおぼしきあり。おどろきて、いかさま*主有るべきなれば、やがてぞ尋ね来なましと、所を去らで二時《ふたとき》ばかり待ち居たれど問ひ来る人もなければ、いかさま旅人の落とせしならんと、そこらの町くだり*、旅人の宿す家ごとに尋ね行きて（イ）、旅人のもの失ひ（ウ）たまへるなどやあるとあふ人ごとに問ひ（エ）しに、その日の夕つかた、からうじて主にめぐりあひぬ。

（「長崎夜話草《ながさきやわぐさ》」より）

＊白銀…銀貨。「銀」も同じ。　＊いかさま…きっと。
＊町くだり…町の中心部から離れたところ。

ミス注意
(1) ══線部「からうじて」を現代仮名遣いに直して、すべて平仮名で書きなさい。（8点）［　　］

ハイレベル
(2) ──線部ア「出で」、イ「尋ね行き」、ウ「失ひ」、エ「問ひ」の中で、主語に当たる人物が異なるものはどれか。次のア〜エから選びなさい。（9点）［　　］

5 次の文章を読んで、あとの問いに答えなさい。

［青森県］

いへたか*の二位の云《い》はれしは《言われた》、歌はふしぎ《不思議》のものにて候《さうらふ》なり《ございます》。きと《ちょっと》うち見るに、面白く悪《あ》しからずおぼえ候《さうら》へども、次の日又又見候へば、ゆゆしく《ひどく》見ざめ《見劣り》のし候。これを善《よ》しと思ひ候ひけるこそふしぎに候へ《思われ》、などおぼゆるものにて候云々《うんぬん》、とぞ云はれける。誠にさる事なり《もっともなことである》。

（「玉勝間《たまかつま》」より）

＊いへたかの二位…藤原家隆。『新古今和歌集』をまとめた一人。二位は、朝廷の役人の地位・序列を示す。

(1) ══線部「思ひ」を現代仮名遣いに直し、すべて平仮名で書きなさい。（8点）［　　］

(2) ──線部「こそ」とありますが、この語の他に用いられている係りの助詞を、本文中から一字でそのまま書き抜きなさい。（9点）［　　］

アドバイス　45ページで紹介《しょうかい》した五つの係りの助詞をしっかり頭に入れておこう。

TEST

PART 11

古語・口語訳・敬語

必ず出る！　要点整理

POINT　現代語と同じ形か似た形で意味の違《ちが》う古語に注意！

学習日　／

古語

①古文特有の語

重要！

いと	たいそう。
いみじ	（程度が）はなはだしい。りっぱだ。ひどい。
つきづきし	似つかわしい。
くまなし	陰《かげ》がない。ゆき届いている。
げに	本当に。まったく。
つれづれなり	手持ちぶさただ。
むくつけし	気味が悪い。不気味だ。
うし	つらい。憂鬱《ゆううつ》だ。
つゆ	（下に打ち消しの語を伴《ともな》い）少しも。

②現代語と同じ形か似た形で意味の異なる語

	古語の意味	現代語の意味
あやし	不思議だ。	気味が悪い。疑わしい。
むつかし	機嫌《きげん》が悪い。気味が悪い。面倒《めんどう》だ。	簡単ではない。難しい。
ありがたし	めったにない。難しい。	感謝の気持ちでいっぱいだ。

③現代語と共通の意味と、現代語にない意味との両方をもつ語

	古語特有の意味	共通の意味
あはれなり	しみじみとした趣《おもむき》がある。	かわいそうだ。みじめだ。
をかし	趣がある。見事だ。	滑稽《こっけい》だ。変だ。
うつくし	かわいらしい。	きれいだ。
おどろく	はっと気づく。目を覚ます。	びっくりする。
めでたし	すばらしい。立派だ。	喜ばしい。祝うべきだ。

発展

古文に出てくる助詞・助動詞

◎**助詞「ば」**

例　雨降らば＝雨が降るなら（仮定）

雨降れば＝雨が降るので（理由）

◎**助動詞**

ぬ ＝～た（完了《かんりょう》）	秋来《き》ぬと…。 ＝秋が来たと…。
けり ＝～た（過去）	男ありけり。 ＝男がいた。

参考

その他の覚えておきたい重要古語

- **いたづらなり** ＝むだである。むなしい。
- **ゆかし** ＝見たい。知りたい。聞きたい。心が引かれる。
- **やがて** ＝すぐに。そのまま。
- **やうやう** ＝だんだんと。しだいに。

入試問題　**この手で攻略!!**

口語訳の問題

➡まず文章全体を読み、言葉の意味や省略された語句を補って考える。

①言葉の意味…古語を現代語に置き換《か》える。**多義語**（多くの意味をもつ語）や意味のわかりにくい言葉は、前後の文脈から意味を判断する。

②省略された語句…**主語**（誰《だれ》が・何が）や修飾語《しゅうしょくご》（誰に・何を）などがよく省略されるので、全体を読んで補って考える。また、**助詞「は・が・を・の」**などを補い、自然な文にする。

例題　次の――線部の意味を、あとの**ア～エ**から選びなさい。

●（仁和寺《にんなじ》にいる法師が、念願の石清水《いわしみず》への参拝を終えて帰宅し、仲間に向かっ

敬語

▼ **古文の敬語**…現代語の敬語と同じように、次の**三種類**がある。（□古語、現代語。）

	種類	古語	現代語
(1)	**尊敬語** 動作・行為《こうい》をする人に対して敬意を表す言葉。	**のたまふ** **おはす**	**おっしゃる** **いらっしゃる**
(2)	**謙譲語《けんじょう》** 自分の動作などを**へりくだること**で、相手に対して敬意を表す。	**たてまつる** **まゐる**	**差し上げる** **参上する**
(3)	**丁寧語《ていねいご》** 相手への**丁寧**な気持ちを表す。	**はべり** **さうらふ・さぶらふ**	**…ます** **…ございます**

現代語訳や注などを参考にして、身分の高い人物が登場しているかどうか確認し、登場人物どうしの関係に注目して、どんな敬語が使われているかをとらえる。また、**作者（筆者）が文章中の人物に対して敬語を用いる**ことも多いので、注意する。

発展

古文によく出る指示語や接続語

◎**指示語**

・**かかる**＝このような。

・**かく**＝こう。このように。

・**さ**＝そう。そのように。

例 さ言ふ＝そのように言う。

◎**接続語**

	順接	逆接
現	だから	しかし
古語	されば しからば	されども しかるに

て言うことには、〉参りたる人ごとに山へ登りしは、何事かありけん、ゆかしかりしかど神へまゐ《イ》るこそ本意《ほい》なれと思ひ《イ》て、山までは見ず。

（「徒然草《つれづれぐさ》」より）

ア むなしい　**イ** 喜ばしい

ウ 聞きたい　**エ** 知りたい

解き方 **多義語の意味は、前後の文脈から判断する**

前の「参拝した人がみな山へ登ったのは、何事があったのだろうか」を受けていることから考える。「ゆかし」には「見たい。聞きたい。知りたい。心が引かれる。」という複数の意味があるが、ここでは、山へ参拝者が登っているのを不思議に思って、その理由を「知りたい」と思ったのである。

答 **エ**

Q. 基礎力チェック問題

解答はページ左下

(1) 「いとをかし」の「いと」を現代語に直すと、〔そのまま　たいそう　りっぱだ〕となる。

(2) 次の——線部の意味をあとから選びなさい。

a 野山にまじりて竹を取りつつ、よろづのことに……。

（「竹取物語《たけとりものがたり》」より）

ア 非常　**イ** さまざま

ウ 一日中　**エ** ほどほど

［□］

b いとうつくしき児《ちご》さへいできにければ……。

（「堤中納言物語《つつみちゅうなごんものがたり》」より）

ア きれいな　**イ** いやしい

ウ かわいらしい　**エ** ちいさい

［□］

(3) 「秋来《き》ぬ」の「ぬ」の意味は、〔完了《かんりょう》　推量　打ち消し〕である。

(4) 「のたまふ」のように、直接相手の行為を敬う敬語を、［□］語という。

(5) 「参る」のように、自分がへりくだることで相手を敬う敬語を、［□］語という。

(6) 「居《を》り侍《はべ》り・求め候《さうら》ふ」のように、相手への丁寧な気持ちを表す敬語を、［□］語という。

A. (1)たいそう　(2)aイ　bウ　(3)完了　(4)尊敬　(5)謙譲　(6)丁寧

PART 11

高校入試実戦力アップテスト

古語・口語訳・敬語

時間：30分　配点：100点　目標：80点
解答：別冊10ページ　得点：　点

1

次の各問いに答えなさい。（14点×2）

(1) 次の――線部の二つの「年ごろ」に共通する意味として適切なものを、**ア**～**エ**から選びなさい。［石川県・改］

●年ごろあまりに貧窮なるが悲しければ、貧窮を、今は追はんと思ふなり

●年ごろ候《そうら》ひすれども、追はせ給《たま》へば、罷《まか》り出候ふ

（どちらも「沙石集《しゃせきしゅう》」より）

ア 昔　**イ** 長年　**ウ** 若い人　**エ** 年配の人　［　　］

ハイレベル

(2) 次の文章の――線部「いとかなしうしたまひけり。」とは、ここではどういう意味か。下の**ア**～**エ**から選びなさい。［島根県］

むかし、男ありけり。その母、長岡＊といふ所に住みたまひけり。子は京＊に宮仕＊へしければ、まうづとしけれど（母の所に参上しようとしたが、）、しばしばえまうでず。（男は）一つ子（一人っ子）にさへありければ、（母は）いとかなしうしたまひけり。

（「伊勢物語《いせものがたり》」より）

＊長岡…現在の京都府向日市《むこう》・長岡京市の辺り。
＊京…当時の都である平安京。今の京都市の中心部。
＊宮仕へ…宮中（皇居の中）で帝のもとに仕えること。

ア 少しかわいそうに思っていらっしゃった。
イ 少し寂しがっていらっしゃった。
ウ たいそう退屈に思っていらっしゃった。
エ たいそうかわいがっていらっしゃった。　［　　］

アドバイス 「かなし」は古語では「悲し・哀し」と書く場合と「愛し」と書く場合とで意味が異なる。ここではどちらの意味で使われているか、話の流れから考えてみよう。

2

次の文章を読んで、あとの問いに答えなさい。［長崎県］

ある時、きつね、餌食を求めかねて（見つけられず、）、ここかしこ（あちらこちら）さまよふ処《ところ》に、からす、肉を咥《くわ》へて木の上に居れり（止まっていた）。きつね、心に思ふやう（思うことには、）、「我、この肉を取らまほしく（手に入れたい）」覚えて（と思って、）、からすの居ける（止まっていた）木の本（根元）に立ち寄り、「いかに御辺（もしもしあなた様）。御身は万《よろず》の鳥の中に（あなた様はすべての鳥の中で、）、すぐれて美しく見えさせおはします（見えていらっしゃいます）。①然《しか》りといへども、少し事足りたまはぬ事とては（不足していらっしゃる事は、）、御声（お声が）の鼻声にこそ侍れ（であることです）。但《ただ》し、この程（近頃）②世上に申せしは、御声もことの外（とりわけ、）、よく渡らせたまふ（よくなられた）など申してこそ候へ（おります）。あはれ（ああ、）、一節聞かまほしう（一声聞きたく存じます。）

こそ侍れ」と申しければ《申し上げたところ、》、からす、この義を、実《げ》にとや心得て《このことを、本当にその通りだと了解したのか、》、「さらば、声を出さん」《そういうことなら、声を出そう》とて、口を開けける隙に、終《つい》に肉を落とし《落としてしまった。》ぬ。きつね、これを取りて逃《に》げ去りぬ《逃げ去った。》。

（「伊曾保物語《いそほものがたり》」より）

よく出る！

(1) ――線部①「然りといへども」の意味として適切なものを、次のア～エから選びなさい。（14点）

ア そのままなので　**イ** そうはいっても

ウ そのままならば　**エ** そうはいえないが

［　　］

(2) ――線部②「世上に申せしは」は「世間でうわさし申し上げていることは」という意味である。ここでの「うわさ」の内容として適切なものを、次の**ア**～**エ**から選びなさい。（16点）

ア からすは最も美しい姿の鳥だということ。

イ からすの唯一の欠点は鼻声だということ。

ウ からすの声がきれいになったということ。

エ からすの美しい声を聞きたいということ。

［　　］

3 次の文章を読んで、あとの問いに答えなさい。

［兵庫県］（14点×3）

いにしへの家の風こそうれしけれかかることのはちりくと思へば

後冷泉院《ごれいぜんゐん》の御時に《後冷泉天皇ご在位のとき》、十月ばかりに、月のおもしろかりけるに、＊女《にょう》房《ばう》達《女房たちを》《天皇が》あまた具して《連れて》、＊南殿に出《い》でさせおはしまして《お出ましになって》、遊ばせ給《たま》ひける《月見の宴をなさったときに》に、かへでのもみぢを折らせ給ひて、女房の中に、＊伊勢大輔《いせのたいふ》が孫のありけるに、①投げつかはして、「この中には、おのれぞせむ」とておほせられければ《おっしゃったところ》、程もなく、②申しける歌なり。これを聞こし召して《お聞きになって》、「歌がら《歌の品格》はさるものにて、疾《と》さこそ、おそろしけれ」とぞ、おほせられける。③されば、なほなほ《いよいよ》、少々の節はおくれたりとも、疾く詠《よ》むべしとも覚《おぼ》ゆ。

（源俊頼《みなもとのとしより》「俊頼髄脳《としよりずいのう》」より）

＊女房…宮中に使える女官。　＊南殿…宮中で公式の儀式を行う所。

＊伊勢大輔…平安《へいあん》時代の女流歌人。

ミス注意

(1) ――線部①「投げつかはし」、②「申し」の主語として適切なものを、次の**ア**～**オ**から選びなさい。

ア 後冷泉院　**イ** 伊勢大輔　**ウ** 伊勢大輔の孫

エ 他の女房　**オ** 筆者

①［　　］　②［　　］

よく出る！

(2) ――線部③「されば」の意味として適切なものを、次の**ア**～**エ**から選びなさい。

ア その場を離れると

イ そうはいっても

ウ それを抜きにしても

エ そういうわけで

［　　］

アドバイス 「されば」は「然れば」と表記し、前の文を受けて次の論を展開させるのに使う接続詞。

PART 12

会話・心情・大意・主題

POINT

会話文や、随筆《ずいひつ》・説話の主題は必ずおさえる！

学習日 ／

必ず出る！ 要点整理

重要！

会話文の指摘

「と」「とて」「など」に注目する…会話文の終わりには、「と」「とて」「など」がよく用いられ、「言ふ」「申す」「問ふ」などの動詞が続いていることに注目する。

下男目を覚まし、「何程かの」（どれほどですか）と
いふ。（『日本永代蔵《にっぽんえいたいぐら》』より）

子ども笑へば「さはれ植ゑてみん」（なにはともあれ）
とて……。（『宇治拾遺物語《うじしゅういものがたり》』より）

心情のとらえ方

❶ **直接的な表現からとらえる**…会話文などに着目し、**気持ちを直接表した**表現からつかむ。

「……この矢はづさせたまふな。」と心のうちに祈念《きねん》して、……。（『平家物語《へいけものがたり》』より）
どうしても、（扇《おうぎ》の的に）矢を射当てようとする必死の思い。

❷ **行動や情景描写《びょうしゃ》からとらえる**…人物の行動や情景が、**それとなく心情を**表していることがある。

……沖には平家《へいけ》、ふなばたをたたいて感じたり、陸《くが》には源氏《げんじ》、えびらをたたいてどよめきけり。（『平家物語』より）
「たたく」ほどの興奮や感嘆《かんたん》の気持ち。

くわしく！

心の中の言葉も会話の一つ

会話文の指摘《してき》と同様に、**心の中の言葉**を指摘させる問題も出る。

探すときは、会話文の場合と同じで、「と」「とて」「など」の他、「**と思ひて**」などを手がかりにする。

発展

会話文の前にある言葉

会話文の前には、次のような、会話の引用を示す言葉が置かれることもある。

・**言ふやう**（＝言うには）

翁《おきな》言ふやう、「我朝ごと夕ごとに見る竹の中におはするにて知りぬ。」とて……。

・**言ひけるは**（＝言ったことには）

入試問題

この手で攻略!!

主題をとらえる問題

①**随筆・説話では末尾に注目**…話の全体をまとめた作者（筆者）の感想や意見が文章の末尾にあったら、それをもとに主題にせまる。

②**作者の感想や意見と大意を照合**…感想（考え）をおさえたら、大意との結び付きに注意して、**主題**をとらえる。

例題　この文章で筆者が心を動かされたのはどんなことか。あとの文の□に入る言葉を、それぞれ漢字二字で書きなさい。

亀山殿《かめやまどの》の御池に、大井川《おほゐがは》の水をまかせ（お引き入れ）られんとて（になさろうと思われ）、大井の土民（住民）に仰せて、水車《みづぐるま》を造らせられけり。

多くの銭《あし》を賜《たま》ひて、数日《すじつ》に営み出《い》だし（数日かかって造り出して）て、掛けたりけるに（（大井川に）仕掛けたところ）、おほかた廻《めぐ》らざり（まったく回らなかったので）

大意のとらえ方

▼ **全体の内容を把握《はあく》してとらえる…**始まり・展開・結末に注目して、文章の内容をとらえる。特に、**主人公の言動や作者（筆者）の思いを表す言葉**に注目。

主題のとらえ方

❶ **作者（筆者）の考えに注目してとらえる…**作者（筆者）がその作品で**最も強く訴《うった》えようとしている考え**に、主題が表されていることが多い。

❷ **文章の後半や末尾《まつび》に着目してとらえる…**随筆《ずいひつ》・説話では、**文章の後半や末尾に作者（筆者）の感想**が書かれていることが多い。その**感想と大意を照らし合わせる**ことで、主題をとらえることができる。

世間の人の言ひけるは、「大伴《おほとも》の大納言《だいなごん》は、龍《たつ》の頸《くび》の玉や取りておはしたる。」……。

「申すやう」や「のたまひけるは」のように、「言ふ」が敬語になっても使い方は同じ。

参考

人物の言動がカギ

作者（筆者）の感想は、**人物の言動にそって**示される。主題をつかむには、人物の言動がカギとなる。

ければ、とかく直しけれども（あれこれ直したけれども）、つひに（とうとう）回らで（回らないで）、いたづらに立てりけり（役にも立たずに立っていたのであった）。さて（そこで）、宇治《うぢ》の里人を召して（宇治の里の住民をお呼びになって）、こしらへさせられければ（（水車を）造らせなさったところ）、やすらかに結《ゆ》ひて参らせたりけるが（やすやすと組み立て差し上げた水車が）、思ふやうに廻りて、水を汲《く》み入るること、めでたかりけり（素晴らしかった）。

よろづに（何事につけても）その道を知れる者は、やんごとなきものなり（たいしたものである）。

（「徒然草《つれづれぐさ》」第五十一段より）

● [①] 造りに詳《くわ》しくない者が成しえなかったことを、技術をもった [②] の里の住民はたやすくやってのけたこと。

解き方 **筆者の感想と大意を結びつける**

この文章の末尾には、「その道を知れる者」が「やんごとなきものなり」という**筆者の感想**が述べられている。その前のエピソードを受けて述べているものなので、水車を完成させるまでにどのような経緯《けいい》があったのかという**大意をつかむ**ようにしよう。

答 ①水車 ②宇治

Q. 基礎力チェック問題

解答はページ左下

●次の文章を読んで、あとの問いに答えなさい。

物ごとに①心をつくる人（気が回る人）の申されしは、当代、法度《はつと》なき（禁止されていない）とて、竹の子を根引《ねびき》にしてたくさんにもてあつかう事、惜《を》しき事ぢや。三年目には、見事の竹になるにと申されければ、みなみな聞きて、これは仰《おほせ》のごとく惜しきことぢやといはれける。又《また》②そばなる人のいふ、そうじて松茸《まつだけ》なども、むさと食《た》ぶるはいらざる事ぢや。二、三年おいたらば、大木にならふものをと申された。

（「きのふはけふの物語《ものがたり》」より）

(1) ――線部①・②の人が話しているところをそれぞれ探し、初めと終わりの三字を書き抜《ぬ》きなさい。

① [　　　]～[　　　]

② [　　　]～[　　　]

(2) 竹の子がたくさん取られてしまうことに対する感想は、どのように述べられているか。四字で書き抜きなさい。

[　　　　]

A. (1)①当代、～なるに ②そうじ～ものを (2)惜しき事

PART 12

高校入試実戦力アップテスト

会話・心情・大意・主題

時間：30分　配点：100点　目標：80点

解答：別冊11ページ

得点：　　点

1

次の文章は、丹後《たんご》（現在の京都府北部）の国司である藤原保昌《ふじわらのやすまさ》が任国（国司として任命された国）へ向かう途中で起きた出来事について書かれたものである。なお、保昌は武人としても名高い人物であった。これを読んで、あとの問いに答えなさい。〔香川県〕

丹後守《たんごのかみ》保昌、任国に*下向の時、与謝《よさ》の山にて、白髪の武士一騎あひたりけり。木の下に少しうち入りて、笠《かさ》をかたぶけて立ちたりけるを、国司の*郎等《らうどう》いはく、「この老翁、なんぞ馬より下りざるや。とがめ下ろすべし」といふ。ここに国司のいはく、「一人当千の馬の立てやうなり。ただものにあらず。あるべからず」と制止して、うち過ぐるあひだ、*三町ばかりさがりて、大矢右衛門尉致経《おほやうゑもんのじようむねつね》あひたり。国司に会釈《ゑしやく》のあひだ、致経いはく、ここに老翁や一人、あひ奉《たてまつ》りて候《さぶら》ひつらむ。あれは父*平五大夫《へいごだいふ》にて候ふ。堅固の田舎人にて、*子細を知らず、*さだめて無礼をあらはし候ふらむといひけり。致経過ぎてのち、国司、「されぱこそ、致頼《むねより》にてありけり」といひけり。保昌、かれが振舞を見知りて、さらに侮《あなづ》らず。郎等をいさめて、*無為なりけり。いみじき高名なり。

*下向…都から地方へ行くこと。　*郎等…家来。
*三町ばかりさがりて…三町ほど遅《おく》れて。町は距離《きょり》の単位。一町は約109メートル。
*平五大夫…致経の父である平致頼。武人として名高い。
*子細…詳しい事情。　*さだめて…きっと。　*無為…無事。

(1) ——線部「されぱこそ、致頼にてありけり」とあるが、これはどういう意味か。次のア～エから選びなさい。（16点）

ア　やはりそうだった。あれは致頼だったのだ。
イ　なぜそう思うのか。致頼であるはずがない。
ウ　そうだろう。致頼に似ていると思ったのだ。
エ　そうだったのか。致頼だとは思わなかった。

(2) 本文中には、「　」で示した会話の部分以外に、もう一箇所《いっかしょ》会話の部分がある。その会話の言葉はどこからどこまでか。初めと終りの四字を書き抜《ぬ》きなさい。（両方できて17点）

［　　　　］～［　　　　］

アドバイス　会話文の前後にある言葉に注目して探すようにする。

ミス注意

2

次の文章を読んで、あとの問いに答えなさい。〔京都府〕

*唐土《もろこし》*梁《りやう》の帝《みかど》、猟《かり》に出《い》で給《たま》ふ。白き*鴈《がん》ありて田の中に下りゐたり。帝みづから*弓に矢をはげ、これを射んとし給ふに、道行き人ありて、是《これ》を知らず白鴈を追ひたて侍《は》べり。①帝大いに怒りて、その人をとらへて殺さんとし給ふ所に、*公孫龍《こうそんれう》といふ臣下、いさめていはく、むかし*衛《ゑい》の*文公《ぶんこう》の時、天下大いに日照りする事三年なり。これを占はせらるるに、曰《いは》く、一人を殺して天に*まつらば雨ふるべしと。文公

の曰く、雨を求むるも民のため也《なり》。今これ人を殺しなば、不仁《ふじん》の行、いよいよ天の怒りを受けん。この上は、われを死して天に＊まつらん、とのたまふ。その心ざし＊天理にかなひ、たちまちに雨ふりて、＊五穀ゆたかに民＊さかへたり。今、君この白鴈を重んじて人を殺し給はば、これまことに＊虎狼《こらう》のたぐひにあらずや」②と申しければ、帝大いに感じて、公孫龍を＊たうとみ給ひけり。

（『浮世物語《うきよものがたり》』より）

＊唐土…昔、日本が中国のことを指して呼んだ名称。　＊梁…国名。
＊鴈…カモ科の水鳥。　＊弓に矢をはげ…矢を弓の弦《つる》にかけ。
＊公孫龍…梁の帝の家臣。　＊衛…国名。　＊文公…衛の君主。
＊まつらば…差し上げるならば。　＊まつらん…差し上げよう。
＊天理…天の道理。　＊五穀…五種の主要な植物。また、穀物の総称。
＊さかへたり…栄えた。　＊虎狼…トラとオオカミ。冷酷無情なもののたとえ。
＊たうとみ給ひけり…尊び重んじなさった。

(1) ――線部①「大いに怒りて」の理由を述べた文として適切なものを、次の**ア**～**エ**から選びなさい。（16点）

ア 道を通った人が、鴈を射ようとしている人物が梁の帝であることを知らずに、梁の帝を追い立てて道を譲らせようとしたから。

イ 田んぼの中の鴈を梁の帝が射ようとしていることを知らなかった通りすがりの人が、その鴈を追いたてたから。

ウ 梁の帝が自ら弓を取り、鴈を射ようとしていたときに、射るのを邪魔しようと鴈を追いたてた人がいたから。

エ 鴈を誰かが射ないように梁の帝は見張っていたが、道行く人に気づかなかった結果、その人に鴈を追いたてられたから。

ミス注意

(2) 本文中からは、――線部②「」」に対応して初めを示すかぎかっこ（「）が抜《ぬ》けている。このかぎかっこ（「）が入る箇所《かしょ》の直後の三字を文章中から書き抜きなさい。（17点）

［　　　］

3 次の文章を読んで、あとの問いに答えなさい。〔岐阜県〕

ハイレベル

昔、恵心僧都《ゑしんそうづ》＊、一日庭前《ていぜん》に草を食《じき》する鹿を《ある日庭先に下りてきて草を食べている鹿を》、人をして打ち《人に命じて打って》追はしむ《追い払わせた》。時に人有つて《そのときにいた人が》、問《い》うて云はく、「師、慈悲なきに似《慈悲の心がない人の》たり《ようです》。草を惜しんで《庭先の草を惜しんで》、畜生《ちくしやう》を《けものを》悩ます《苦しめなさる》。」

僧都云はく、「我、もしこれを打たずんば《打たなければ》、この鹿、人に馴《な》れて《人になれて》、悪人に近づかん時《悪意のある人に近づいたときには》、必ず殺されん《殺されてしまうだろう》。この故に打つなり。」

鹿を打つは慈悲なきに似たれども、内心の道理《心の中のお考えは》、慈悲余れ《あふれ》ること《ている》、かくの如《ごと》し。

（『正法眼蔵随聞記《しょうぼうげんぞうずいもんき》』より）

＊僧都…位の高い僧。

● ――線部「この故に打つなり」とあるが、次の［　］内の文は、僧都の考えをまとめた一例である。［A］、［B］に当てはまる適切な言葉を、それぞれ現代語で書きなさい。ただし、字数はそれぞれに示した字数とする。（17点×2）

> 庭先に来る鹿が［A（五字）］、悪意のある人に近づいて、［B（七字）］ことがないようにと考えている。

A ［　　　　　］

B ［　　　　　　　］

アドバイス　左の現代語訳も参考にしながら、古文の内容を正確にとらえる必要がある。現代文の指示語の問題と同様、直前の内容に注目しよう。

TEST

PART 13

漢文

必ず出る！ 要点整理

❶ 漢文の読み方

❶ **送り仮名《がな》**…漢文を訓読《くんどく》するときに、漢字の右下に付ける片仮名。

※漢文の送り仮名は、日本語の助詞や助動詞、用言の活用語尾《ごび》などに当たる。

花開ク。（花開く）

※送り仮名は、歴史的仮名遣《づか》いを用いる。

❷ **返り点**…読む順序を示すために、漢字の左下に付ける符号。

※句読点・送り仮名・返り点を**訓点《くんてん》**という。

重要！

(1) **レ点**…下の一字を先に読んで、上に返る。

②読ム㆑①書ヲ。（①→②：読む順序）〔書を読む。〕

(2) **一・二点**…下の二字以上を先に読んで、上に返る。

③与《あた》フ㆓①我ニ②書ヲ㆒。〔我に書を与ふ。〕

(3) **上・下点**…間に一・二点をはさんで、さらに上に返る。

⑥有《り》㆘①朋《とも》④自《より》㆓②遠③方㆒⑤来《タル》㆖。〔朋遠方より来たる有り。〕

❷ 漢詩の形式

❶ **絶句《ぜっく》**…四つの句（行）から成る詩。一句が五字の**五言《ごごん》絶句**と、一句が七字の**七言《しちごん》絶句**がある。「**起句《きく》・承句《しょうく》・転句《てんく》・結句《けっく》**」という構成。

絶句の構成

絶句　杜甫《とほ》

	起句	承句	転句	結句
絶句	江《かう》ハ碧《みどり》ニシテ鳥ハ逾《いよいよ》白ク	山ハ青クシテ花ハ欲《ほつ》ス㆑然《も》エント	今春看《みすみす》又《また》過グ	何《いづ》レノ日カ是《こ》レ帰年ナラン
各句の役割	詩の内容を歌い**起**こす。	「起句」を**承**《う》けて発展させる。	一**転**して別の内容を歌う。	全体をまとめて**結**ぶ。

POINT

返り点の知識は必ずおさえる！

発展　漢文独特の表現と意味

表現	意味
〜するなかれ	〜するな
未《いま》だ〜ず	まだ〜しない／まだ〜でない
将《まさ》に〜せんとす	今にも〜しようとする
また〜ずや	なんと〜ではないか
当《まさ》に〜すべし	〜するのが当然である

入試問題

この手で攻略!!

返り点の付け方の問題

➡読み方の順序を覚える。返り点の付いていない漢字→レ点や、一・二点→上・下点

⑥有《り》㆘①朋《とも》④自《より》㆓②遠③方㆒⑤来《タル》㆖。

⇩朋遠方より来たる有り。

例題　次の書き下し文に合う訓読文として、送り仮名や返り点が正しいほうを選びなさい。

●百聞は一見に如《し》かず。

ア　百聞ハ不㆑如カ㆓一見㆒。

イ　百聞ハ不㆑如カ㆓一見㆒。

解き方　**一・二点とレ点の混用に注目**

「一見」から「如」に返るので、「見」の左下に一点、「如」の左下に二点を付ける。また、「如」から「不」に返るので、「不」の左下にレ点を付ける。

答　**イ**

❷ **律詩《りっし》…八つの句**（行）から成る詩。一句が五字の**五言律詩**と一句が七字の**七言律詩**がある。律詩は、二句ずつ起・承・転・結の構成をとる。

漢詩の主な表現技法

❶ **対句《ついく》…構造・意味が対応する二つの句**を並べること。特に律詩には、第三・四句、第五・六句をそれぞれ対句にするというきまりがある。

地形	色彩《しきさい》	生物	色彩	
江 ⟷ 山	碧 ⟷ 青	鳥 ⟷ 花	逾 欲	白 ⟷ 然

❷ **押韻《おういん》…同じ韻**（**同じ響《ひび》きの音**）**をもつ字**を特定の句の末尾に置くこと。

江ハ碧ニシテ鳥ハ逾ヨ白ク
山ハ青クシテ花ハ欲スレ然エント → ネン（nen）
今春看ス又過グ
何レノ日カ是レ帰年ナラン → ネン（nen）

くわしく！

律詩の構成

春《しゅん》望《ぼう》　杜《と》甫《ほ》

国破レテ山河在リ
城春ニシテ草木深シ
（首聯《しゅれん》）
感ジテハレ時ニ花ニモ濺《そそ》ギレ涙《なみだ》ヲ
恨《うら》ンデハレ別レヲ鳥ニモ驚カスレ心ヲ
（頷聯《がんれん》）
烽《ほう》火《くわ》連ナリ二三《さん》月《げつ》ニ一
家書抵《あた》ル二万《ばん》金《きん》ニ一
（頸聯《けいれん》）
白頭搔《か》ケバ更《さら》ニ短ク
渾《す》ベテ欲《ほっ》スレ不《ざ》ラントレ勝《た》ヘレ簪《しん》ニ
（尾聯《びれん》）

※律詩は二句でひとまとまりの「聯《れん》（連）」になる。

心情をとらえる問題

↓起承転結を手がかりにする。

●**絶句は結句に注目**…結句には作者の心情が歌われることが多い。**表現技法の効果**を考え、背後に流れる作者の心情を探る。

例題　次の漢詩で表されているものを、**ア**・**イ**から選びなさい。

春《しゅん》暁《ぎょう》　孟《もう》浩《こう》然《ねん》

春《しゅん》眠《みん》暁《あかつき》を覚えず
処《しょ》処《しょ》啼《てい》鳥《ちょう》を聞く
夜来風雨の声
花落つること知る多少

ア　花を散らす夜の嵐《あらし》の到来《とうらい》に気づかないほどの、春の朝の眠《ねむ》りの心地よさ。
イ　春の眠りから目覚めて、昨夜の風雨で散った花を惜《お》しむ気持ち。

解き方　**結句に注目し心情を読み取る。**結句の「花はどれほど散ったろう」から考える。

答　**イ**

Q. 基礎力チェック問題

解答はページ左下

(1) 漢字の左下に付け、読む順序を示すものを〔返り点　訓読　書き下《くだ》し文〕という。
(2) 返り点で、「一・二点」と「上・下点」では、どちらを先に読むか。［　　］
(3) 下の一字を先に読み、上に返ることを示す返り点を何というか。［　　］
(4) 主な漢詩の形式には、［　　］と律詩がある。

(5) 絶句には、［　　］絶句と［　　］絶句がある。
(6) 律詩には、［　　］律詩と［　　］律詩がある。
(7) 絶句と律詩のうち、八行から成るほうが［　　］である。
(8) 絶句は「起句・承句・転句・結句」によって構成されているが、全体をまとめる句は［　　］である。

(9) 漢詩で、用語・組み立てがともにつり合った二つの句を並べる技法を、〔返り点　対句　押韻〕という。
(10) 同一、あるいは類似の韻をもつ字を、一定の箇所《かしょ》に使う漢詩の表現技法を何というか。［　　］

A. (1)返り点　(2)一・二点　(3)レ点　(4)絶句　(5)五言・七言（順不同）　(6)五言・七言（順不同）　(7)律詩　(8)結句　(9)対句　(10)押韻

PART 13

高校入試実戦力アップテスト

漢文

時間：30分　配点：100点　目標：80点

解答：別冊12ページ

得点：　　点

1

よく出る！

次の各問いに答えなさい。（10点×3）

(1) 「不《ず》㆓同《とも》ニ悲シマ㆒」の書き下し文として正しいものを、**ア～エ**から選びなさい。［栃木県］

ア 同にず悲しま　**イ** 同に悲しまず

ウ 悲しまず同に　**エ** 悲しま同にず

［　　］

(2) 「聖人終身言治」を書き下し文に改めると、「聖人終身治を言ふも」となる。書き下し文を参考にして、返り点を補いなさい。［山口県］

［聖　人　終　身　言フモ　治ヲ］

(3) 「木の長きを求むる者は、必ず其《そ》の根本を固くす。」と読めるように、返り点を付けなさい。［千葉県］

［求ムル　木　之《の》　長キヲ　者ハ、必ズ　固クス　其ノ　根　本ヲ。］

2

次の文章は、漢文を書き下し文に書き改めたものです。これを読んで、あとの問いに答えなさい。［群馬県］（10点×3）

＊夫《そ》れ善《よ》く＊游《およ》ぐ者は溺《おぼ》れ、善く騎《の》る者は堕《お》つ。各《おのおの》其《そ》の好む所を以《もつ》て、反《かへ》つて自ら禍《わざはひ》を為《な》す。是《こ》の故に□未《いま》だ嘗《かつ》て中《そこな》はれずんば（必ず傷つくことになり）あらず、利を争ふ者は未だ嘗て窮せずんばあらざるなり。（必ず行き詰まることになる）（「淮南子《えなんじ》」より）

＊夫れ…そもそも。　＊游ぐ…「泳ぐ」に同じ。

ミス注意

(1) 文章中の□に当てはまる、「好ム㆑事ヲ者ハ」の書き下し文を書きなさい。

［　　］

(2) ――線部「利を争ふ者」の意味として適切なものを、次の**ア～エ**から選びなさい。

ア 利害関係を無視する者　**イ** 利用方法に口をはさむ者

ウ 利益を勝ち取ろうとする者　**エ** 不利な状況にも屈しない者

［　　］

(3) この文章から読み取れることとして適切なものを、次の**ア～エ**から選びなさい。

ア 急いで何かをしようとすると、かえって時間がかかってしまうものだということ。

イ 他人に自慢したいと思う話題は、かえって他人から敬遠されるものだということ。

ウ 自分が無理をすることでかえって周りに迷惑をかけてしまうものだということ。

エ 自分が得意だと考えている事柄のほうが、かえって良くない結果を生むものだということ。

［　　］

アドバイス　「善く」「好む」などに注目して考えよう。

3 次の漢詩を読んで、あとの問いに答えなさい。

〈沖縄県〉〈10点×4〉

春日憶《おも》フ二李白ヲ一　杜甫

白《はく》也《や》詩ニ無シレ敵
*飄《ひょう》然《ぜん》トシテ思ヒレ不レ群ナラ
清《せい》新《しん》ナルハ*庾《ゆ》開《かい》府《ふ》
俊《しゅん》逸《いつ》ナルハ*鮑《ほう》参《さん》軍《ぐん》
*渭《い》北《ほく》春《しゅん》天《てん》ノ樹《き》
*江《こう》東《とう》日《にち》暮《ぼ》ノ雲
何《いず》レノ時カ一《いっ》樽《そん》ノ酒
重ネテ与《とも》ニ細《こま》ヤカニ論ゼンレ文ヲ

（書き下し文）

春日　李白を憶《おも》ふ　杜甫

白《はく》や　詩に敵無し
飄然《ひょうぜん》として①（　　　　）
清新《せいしん》なるは庾開府《ゆかいふ》
俊逸《しゅんいつ》なるは鮑参軍《ほうさんぐん》
渭北《いほく》　春天《しゅんてん》の樹《き》
江東《こうとう》　日暮《にちぼ》の雲
何《いず》れの時か一樽《いっそん》の酒
重ねて与《とも》に細《こま》やかに文を論ぜん

（現代語訳）

春の日、李白のことを思う　杜甫

李白よ　君の詩にかなうものはない
飄然《ひょうぜん》とした発想は　ほかに並ぶものがない
その詩の新鮮さは　かの開府《かいふ》の庾信《ゆしん》のようである
その才能の非凡さは　かの参軍《さんぐん》の鮑照《ほうしょう》のようである
渭水《いすい》の北で春の木々を見る私
江東《こうとう》の地で日暮れの雲を見る君
いつの日か　酒樽《さかだる》を前に
二人で　また詩について　語ることができるだろうか

*飄然…風があらゆるものを吹きぬけるように、平凡な発想を飛躍すること。
*庾開府…中国の高名な詩人、庾信。開府は中国の官位。
*鮑参軍…中国の高名な詩人、鮑照。参軍は中国の官位。
*渭北…黄河の支流である渭水の北側。　*江東…長江《ちょうこう》の下流にある地方。

（「新編　中国名詩選【中】」より。設問の都合上、一部改変してある）

ハイレベル

(1) ――線部「思ヒレ不レ群ナラ」を書き下し文に直しなさい。
［　　　　］

(2) この漢詩の形式を、次の**ア**～**エ**から選びなさい。

ア 五言絶句　**イ** 五言律詩
ウ 七言絶句　**エ** 七言律詩

［　　　　］

(3) 次の文章は、古典の授業でこの漢詩について鑑賞文を書いたときの、健太さんと明子さんのやりとりである。この文章を読んで、次の問いに答えなさい。

健太「杜甫と李白は唐を代表する詩人だけど、杜甫が李白の詩を『敵無し』と言うほど評価していたとは知らなかったなあ。」

明子「そうね。特に、三句目と四句目の『清新なるは～』、『俊逸なるは～』が印象的ね。比喩と、形の似ている二つの句を並べた A という表現方法によって、 B がより強調されているように感じるね。この表現からも、李白の詩に対する杜甫の思いを知ることが出来るね。」

① A に当てはまる語句を漢字二字で答えなさい。

□□

② B に当てはまる語句として適切なものを、次の**ア**～**エ**から選びなさい。

ア 李白の生き方への憧《あこが》れ
イ 李白との別離の悲しさ
ウ 李白の詩のすばらしさ
エ 二人で詩を論じた思い出

［　　　　］

アドバイス　この漢詩では、特に第三・四句に注目し、書き下し文や脚《きゃく》注《ちゅう》も参考に内容をとらえるようにする。

TEST

時間：30分　配点：100点　目標：80点　解答：別冊13ページ　得点：　点

1 次の古文A、漢文Bを読んで、あとの問いに答えなさい。 ［宮崎県］（20点×3）

A 大納言《だいなごん》俊明卿《としあきらきやう》（源俊明）、丈六《ぢやうろく》の仏を作らるる（約4・85mの仏をお作りになる）由《よし》聞きて、奥州《あうしう》の清衡《きよひら》（藤原清衡）、薄《はく》の料《れう》に（金箔《きんぱく》のために）金を奉《たてまつ》りける（献上したが）を、取らずして、返し遣はしけり。人、そのゆゑを問ひければ、「清衡は王地《わうち》を多く押領《あふりやう》して（王土をあちこち不当に占領して）、ただいま（今すぐにも）謀反《むほん》を発《おこ》すべきものなり。その時は追討使《ついたうし》を遣はさむこと（朝廷の敵を追討する使者の派遣をするようなこと）、定め申すべき身なり。これによりて、これを取らず」とのたまはへり（おっしゃった）。

（「十訓抄《じっきんしょう》」より）

B 君子防ギ二未然ニ一、不レ処ラ二嫌疑ノ間ニ一。瓜田ニ不レ納レ履ヲ、李下ニ不レ正サ二冠ヲ一。

（書き下し文）
君子《くんし》（すぐれた人）は未然に防ぎ、嫌疑《けんぎ》（疑い）の間《かん》に処《を》らず（いない）。瓜田《くわでん》（瓜《うり》のはたけ）に履《くつ》を納《い》れず（はき直さず）、李下《りか》（すももの木の下）に冠《かんむり》を正さず。

（「古楽府《こがくふ》」より）

(1) 古文A――線部「取らずして、返し遣はしけり」とあるが、なぜか。次の文は、その理由をまとめたものである。[1]、[2]に当てはまる言葉を書きなさい。ただし、[1]は古文Aの内容を参考にして十五字以内で書き、[2]は漢文Bの本文中から二字で書き抜《ぬ》きなさい。

> 俊明は[1]であり、金を受け取って、謀反に関係する者という[2]をかけられたくないから。

1 ［　　　　　　　　　　］
2 ［　　］

アドバイス　清衡はどのような人物で、それに対して俊明はどのような立場の人物なのかをとらえよう。

ハイレベル

(2) 古文A、漢文Bの説明として適切なものを、次のア～エから選びなさい。

ア　古文Aは複数の話から書き手が言動を評価していて、漢文Bは考えと例示を対比して説明している。
イ　古文Aは書き手が出来事を紹介していて、漢文Bは考えを提示したあとに例示を並べ挙げている。
ウ　古文Aは出来事と書き手の感想を明記していて、漢文Bは冒頭から例示を重ねて展開している。
エ　古文Aは書き手が話のあとに評価を提示していて、漢文Bは冒頭で提示した話題を例示で深めている。

［　　］

2

次の[I]（漢文書き下し文）と[II]（古文）を読んで、あとの問いに答えなさい。　〔大分県・改〕（20点×2）

[I]　*子《し》曰《い》はく、「*由《いう》、女《なんぢ》に*之《これ》を知るを誨《をし》へんか（お前に知るということを教えようか）。之を知るを之を知ると為《な》し、知らざるを知らずと為す。是《こ》れ知るなり。」と。

（「論語《ろんご》」より）

*子…先生。ここでは孔子《こうし》を指す。　*由…孔子の弟子である子路《しろ》の名。
*之…[I]で用いられている「之」について、ここでは現代語訳する必要はない。

[II]　故*少納言入道《せうなごんにふだう》、人にあひて、「*敦親《あつちか》はゆゆしき（すばらしい）博士かな。物をとへば知らず知らずといふ。」といはれけり。其《そ》れを問ひたる人、「知らずといはんは何のいみじからんぞ（何がすばらしいのか）。」といひければ、「身に才《さい》智《ち》あるものは知らずといふ事を恥ぢぬなり。実才《まことのざえ》なきものの、よろづ（すべて）の事を知りがほにするなり。すべて（総じて）学問をしては、皆の事を知りあきらむる（明らかにする）事と人の知れるは僻事《ひがごと》（間違い）なり。大小事《だいせうのこと》をわきまふる（大事と小事を見極める）までするを、学問のきはめとはいふなり。それを知りぬれば、*難儀《なんぎ》を問はれて知らずといふを恥とせぬなり。」とぞいはれける。

（「続故事談《ぞくこじだん》」より。一部表記を改めている。）

*少納言入道…藤原通憲《ふじわらのみちのり》。平安時代の学者。
*敦親…藤原敦親。学問や諸道に広く通じていた。
*難儀…難しい事柄や言葉の意味。

ハイレベル

● [I]・[II]の内容について、AさんとBさんが授業中に意見を交わしたものの一部を読んで、あとの問いに答えなさい。

TEST

Aさん　[I]は、知らないことに対して知ったふりをする弟子の子路を、孔子が戒めた話とされているようです。孔子の言葉には、対句が効果的に用いられています。
Bさん　[II]も、[I]の内容と通じるところがありますね。[II]では、少納言入道が敦親を高く評価しています。それは「身に才智ある」人物とみなしていたからでしょう。
Aさん　なるほど。ところで、なぜ敦親は、「知りがほ」をしなかった敦親は、知らないことを恥ずかしいと思わなかったのでしょうか。
Bさん　敦親は学問の本質をわかっていたからだと思います。[II]では、学問の本質とは[1]ことではなく、[2]ことであると述べられています。
Aさん　知らないことを恥ずかしく思う必要はないのですね。私たちの学習においても同じことが言えるかもしれません。

(1) [1]に当てはまる言葉として適切な言葉を、十一字以上十五字以内の現代語訳で書きなさい。

(2) [2]に当てはまる言葉として適切なものを、ア～エから選びなさい。

ア　わからないことを素直に認め、わからないことに対して謙虚な姿勢で学び続けようとする
イ　自分にどのくらいの能力があり、何ができて何ができないのかを理解したうえで学ぼうとする
ウ　何が重要で何が重要でないかを判断できるようになるまで、ものごとを追究しようとする
エ　難しい事柄や言葉の意味などの表面的な部分に惑わされずに、自分らしく生きようとする

［　　］

アドバイス　学問の本質の内容を答える問題なので、53ページの「主題のとらえ方」を思い出し、文章の後半に注目してみよう。

〈新傾向〉古文・漢文融合問題②

時間：30分　配点：100点　目標：80点　得点：　　点

解答：別冊13ページ

1

次に示すのは、文章Ⅰが「徒然草《つれづれぐさ》」の一節、文章Ⅱが「孔子家語《こうしけご》」の一節を書き下し文に改めたものである。これらを読んで、あとの問いに答えなさい。〔長野県〕

Ⅰ　A一道《いちだう》（一つの専門の道）に携《たづさ》はる人、あらぬ道（専門外の場に出席して）の筵《むしろ》に臨みて、「あはれ、わが道な（自分の専門の道であったら）らましかば、かくよそに見侍《みはべ》らじものを（こんなに傍観しますまいのに）」と言ひ、心にも思へる事、常のことなれど、①よにわろく覚ゆるなり（まことによくないことと思われる）。知らぬ道のうらやましく覚えば、「あな（ああ）うらやまし。などか習はざりけん（なぜ習わなかったのだろうか）」と言ひてありなん。

我が智《ち》（賢いこと）をとり出でて人に争ふは、角《つの》あるものの角を傾《かたぶ》け、牙あるものの牙を咬《か》み出だす類《たぐひ》なり。

人としては善（善行を）にほこらず、物（人）と争はざるを徳（美点）とす。他《た》に勝《まさ》ることのあるは、大きなる失（短所）なり。品《しな》（家柄や身分）の高さにても、才芸のすぐれたるにても、先祖の誉《ほまれ》（名誉）にても、人に勝れりと思へる人は、たとひ言葉に出でてこそ言はねども、内心にそこばく（多く）の咎《とが》（欠点）あり。慎《つつし》みてこれを忘るべし（のがよい）。痴《をこ》（ばかげたこと）にも見え、人にも言ひ消《け》たれ（非難され）、B禍《わざはひ》をも招くは、ただ、この②慢心なり。③一道にも誠《まこと》に長じぬる人（本当にすぐれた人）は、自ら明らかにその非（自分の欠点）を知る故に、志《こころざし》（向上心）常に満たずして、終《つひ》に物（人）に伐《ほこ》る（自慢する）事なし。

（「徒然草」より。問題作成上一部省略した箇所《かしょ》がある）

Ⅱ　*子路《しろ》進みて曰《い》はく、敢《あへ》て問ふ、満《まん》を持《ち》するに道有りや（満ちた状態を保つ方法はありましょうか）、と。*子《し》曰はく、聡明叡智《そうめいえいち》なれば（賢く知恵がすぐれていると）、之《これ》を守るに愚《ぐ》を以《もっ》てし（愚かな振りをし）、④功《こう》天下を被《おほ》は（功績が天下を覆い尽くすほどならば）ば、之を守るに譲《じゃう》を以てし（謙譲を行い）、⑤勇力《ゆうりょく》世に振《ふる》は（強い力が世の中を揺り動かすほどならば）ば、之を守るに怯《けふ》を以てし（臆病な振りをし）、富四海《とみしかい》を有《たも》たば（豊かな財産が天下を保持するほどならば）、之を守るに謙《けん》を以てす（謙虚を心がける）。此《こ》れ所謂《いはゆる》之を損《そん》して（満ちた状態を保つにはそれを抑えて、更に抑えるという方法）又《また》之を損するの道なり、と。

（「孔子家語」より。問題作成上一部省略した箇所がある）

*子路…孔子の弟子。　*子…孔子

よく出る!　ミス注意

(1) 文章Ⅰの〰〰線部A・Bの言葉を現代仮名遣《かなづか》いに直して、すべて平仮名で書きなさい。（10点×2）

A［　　　］　B［　　　］

よく出る!

(2) ——線部①「よにわろく覚ゆるなり」と筆者が述べている行いについて、次の文のようにまとめた。□に当てはまる言葉として適切なものを、次のア〜エから選びなさい。（15点）

> 自分の専門外の場に出席したときに、□ような行い。

ア 自分の専門分野の力が誇れず悔しがる
イ 自分の専門分野の知識を誇って満足する
ウ 自分の専門分野の経験が少なく不満に思う
エ 自分の専門分野の技術を自慢して得意になる　［　　］

アドバイス　前の部分を受けて——線部①のように述べていることをおさえる。

(3) ——線部②「慢心」の具体的な内容を、「思っている心」につながるように、文章Ⅰの本文中から六字で書き抜《ぬ》きなさい。（15点）

● □□□□□□思っている心。

(4) ——線部③「一道にも誠に長じぬる人は、……終に物に伐る事なし。」と筆者が述べているのは、人のどのような姿勢が理想的であると考えているからか。その考えを含《ふく》む一文を文章Ⅰの本文中から十五字以上二十五字以内で探し、最初の五字を書きなさい。（15点）

□□□□□

よく出る!

(5) ——線部④「功天下を被はば、之を守るに譲を以てし」は、「功被天下、守之以譲」を書き下し文に改めたものである。返り点を付けなさい。（10点）

［功　被　天　下、守　之　以　譲］

(6) ——線部⑤「勇力世に振はば、之を守るに怯を以てし、富四海を有たば、之を守るに謙を以てす。」に用いられている表現技法として適切なものを、次のア〜エから選びなさい。（10点）

ア 反復　**イ** 体言止め
ウ 係り結び　**エ** 対句　［　　］

ハイレベル

(7) 文章Ⅰと文章Ⅱに表されている考え方に関連のある言葉として適切なものを、次の**ア**〜**オ**から選びなさい。（15点）

ア 親しき仲にも礼儀あり
イ 針の穴から天をのぞく
ウ 虎の威を借る狐《きつね》
エ 木に縁《よ》りて魚《うお》を求む
オ 能ある鷹《たか》は爪《つめ》を隠す　［　　］

アドバイス　文章Ⅰも文章Ⅱも、いろいろな例を挙げて述べようとしている考え方を表そうとしている。左の現代語訳も参考にして、それぞれの内容をしっかりとらえたうえで考えよう。

> アドバイス　古文・漢文入試メモ
> 近年では、係り結びや古語の訳など、古典の知識を詳《くわ》しく問う問題よりも、古典の内容を理解したかどうかを確かめるものや、古文や漢文を読んだ生徒の会話文や解説文を読んで答えるものが目立つ傾向《けいこう》にあるよ。歴史的仮名遣いや古文・漢文の基礎《きそ》知識をおさえたら、現代文と同じく正確な読み取りができる力を養うことが求められる。
> また、14・15で掲載《けいさい》したような古文と漢文、その他、古文と解説文や古文の内容に関連のある論説文など、二つの文章を読んで比較《ひかく》する問題も増えている。類題に挑戦《ちょうせん》して力試しをしておこう。

PART 16

小説文の読み取り

［場面・情景・心情］

POINT

場面・情景のとらえ方、心情のとらえ方をおさえる！

学習日 ／

必ず出る！ 要点整理

場面・情景

▼場面・情景のとらえ方

(1) **出来事をつかむ** … いつ・どこで・誰《だれ》が・何をしたかをおさえる。

(2) **場面をつかむ** … 筋の流れを追いながら出来事をおさえ、**登場人物が置かれている立場や状況《じょうきょう》**をとらえる。

(3) **自然描写《びょうしゃ》などから判断** … 季節や場所を表現している**自然描写**から具体的につかむ。

(4) **頭の中で映像化する** … とらえた場面や情景の内容を映像化し、頭の中に具体的に思い浮《う》かべてみるようにする。

心情

重要！

心情をつかむには ➡ **登場人物の行動や様子、気持ちを表す言葉や情景描写**などからとらえる。

くわしく！

情景とは

情景は、見る人に、ある**心の動きを起こさせる景色やその場のありさま**という意味。小説では、主人公をはじめとする**登場人物の心情が投影《とうえい》されている**ことが多い。

発展

小説の背景

登場人物が活動している**時代や世の中の様子、事件**など、筋の裏側にあるものを背景という。**心情とも深く結び付いてくる**のでおさえておこう。

くわしく！

情景の明暗と心情の明暗

自然描写に心情が反映される場合、**暗い情景には暗い心情、明るい情景には明るい心情が暗示されている**場合が多い。

例・見上げた空は、どんよりとしていた。➡暗い心情

・暖かな日差しが降りそそいでいる。➡明るい心情

心情をとらえる問題

①心情の直接的な表現に着目 … 「悲しい」や「〜と思う」

けろっと忘れていたのだろう。ソフトボールの練習中に急に「試合しよう」という話になって、「じゃあ、俺《おれ》も行く」と安請《やすう》け合いしてしまったのだろう、どうせ。

入試問題

この手で攻略!!

など、**心情を直接表現した言葉**に目を向ける。

②人物の表情・態度（様子）・言動に着目…表情や言動の様子など、外面に表れ出ているものから心情をくみ取る。

③会話文に着目…口調や言葉遣《づか》いなどから心情を推測する。

④情景に暗示された心情に着目…比喩《ひゆ》（たとえ）の表現や自然描写などに心情が暗示されることがある。

例題　次の――線部のときの「少年」の心情として適切なものを、**ア〜エ**から選びなさい。　［佐賀県・改］

小学五年生の少年（トシユキ）は、南小学校から遠く離《はな》れたS市の小学校に転校した親友の三上《みかみ》くん（ケイジ）と手紙でやりとりをするなかで、夏休みに会うことを約束していた。夏休みになり、少年は約束通り三上くんの自宅を訪れた。

正午を回った頃《ころ》、やっと三上くんが帰ってきた。居間でテレビを観《み》ていた少年に、「おーっ、ひさしぶりぃ！」と笑顔《えがお》で声をかける。息が荒《あら》い。顔が汗《あせ》びっしょりになっている。自転車をとばして帰ってきた――早く会うために帰ってきてくれた、のだろうか。

一瞬《いっしゅん》ふわっとゆるんだ少年の頬《ほお》は、三上くんと言葉を交わす間もなく、しぼんだ。

三上くんはおばさんに「お昼ごはん、なんでもいいから、早く食べれるものにして」と言ったのだ。「一時から五組と試合することになったから」

おばさんは台所から顔を出して、「ケイジ、なに言ってんの」と怒《おこ》った。「トシくんと遊ぶんでしょ、今日は」

三上くんは、あっ、という顔になった。あわてて「わかってるって、そんなのわかってるって」と繰《く》り返したが、あせった目があちこちに動いた。

「ケイジ、あんたねえ、せっかくトシくんがわざわざ遊びに来てくれたのに、迎《むか》えもお母さんに行かせて、ずーっと待ってもらって……もうちょっと考えなさい」

しょんぼりと肩《かた》を落として「はーい……」と応《こた》える三上くんよりも、少年のほうがうつむく角度は深かった。おばさんが味方についてくれたのが、うれしくて、悔《くや》しくて、恥《は》ずかしくて、悲しい。

（重松清《しげまつきよし》「南小、フォーエバー」『小学五年生』〈文藝春秋〉より）

ア　三上くんが帰ってきて一緒《いっしょ》に楽しく食事をしていたが、母親に叱《しか》られて肩を落とした三上くんを見て寂《さび》しい気持ちになっている。

イ　三上くんが帰ってくるまでのんびりくつろいでいたが、遊ぶために急いで昼ご飯を食べようと促《うなが》されたので困惑《こんわく》している。

ウ　三上くんが自分に会うために急いで帰ってきたのだと喜んでいたが、午後からの試合のためだとわかり、がっかりしている。

エ　三上くんがうれしそうな顔で帰ってきたので安心したが、母親に言い訳ばかりしている様子に、嫌《いや》な気持ちになっている。

解き方　**人物の様子や行動と、場面とを結び付けてとらえる**

①人物の様子をつかむ…――線部は、**直前の三上くんの様子**から、「早く会うために帰ってきてくれた、のだろうか」と思って**うれしくなった表情が、すぐに消えてしまった**ことを表している。

②場面の展開に着目…――線部の直後の母親に対する三上くんの言葉や「**けろっと忘れていたのだろう。……どうせ。**」という少年の推測から、三上くんが「自転車をとばして帰ってきた」真相がわかる。

③場面と結び付けてとらえる…喜びもつかの間、三上くんが急いで帰ってきた真相がわかり、「**がっかり**」**している**のだ。**ア・イ・エ**は、少年や三上くんの行動の描写の部分が場面に合わない。　答 **ウ**

PART 16

高校入試実戦力アップテスト

小説文の読み取り【場面・情景・心情】

時間：50分
配点：100点
目標：80点
解答：別冊14ページ
得点：　　点

1

次の文章を読んで、あとの各問いに答えなさい。 ［愛媛県・改］

「東京會舘《かいかん》」の製菓部長の勝目《かつめ》は、事業部長から土産用のクッキーの開発を依頼されて試作品を作り、それを社長らが試食し、絶賛している。

東京會舘：大正時代に国際的な社交場として創業した、レストラン、ウェディングホールを有する複合施設。

「この柔らかさが箱売りには向かないと前に言っていたと思うが、崩れにくくする工夫は何か思いついたのか。」

「いいえ。」と勝目が答えると、社長がクッキーを食べる手を止めて、驚いたように勝目を見た。

「この口当たりを守るためには、材料の分量は変えられません。クッキーは相変わらず柔らかく崩れやすいままです。」

「では、土産用には……。」

「なので、ロスが出ることは仕方ないものと覚悟してください。」

勝目のきっぱりとした口調に、社長が目を見開いた。しかし、勝目のこの決断に迷いはない。堂々とした口調で言い切る。

「ガトーは、この厚さであることに意味があります。ガトーの厚さはガトーの命。この厚さでなければならない以上、合理的であるよりもおいしさを守り続けることを第一に考えたいと思います。ロスが出ることも考えのうちに入れながら、なるべくそれを出さないように、一つ一つを大事に扱う。手作りで、注意を払って作り続けていけば、商品化は不可能ではありません。」

ガトー：洋菓子。

「しかし、無駄が出ることを最初から……。」

「私のレシピは。」

レシピ：料理、菓子などの調理法。

社長が渋い顔をするのを見て、勝目は自分の目つきが鋭くなるのを止めることができなかった。勝手なことばかり言って、と相手をにらみそうになる。

「たくさん作るためのレシピではないんです。それは、この先、他のクッキーやケーキを作ったところで自然とそうなります。保存料も使いませんし、手作りのまま、おいしさを持ち帰っていただかなくては意味がありません。」

「しかし、こちらとしては人気商品となってもらいたいわけだから……。」

社長がなおも渋り、試作品のクッキーと勝目とを交互にちらちらと見る。

勝目は［　　］。職人の苦労を知らない側の勝手な言い分に、なぜ、自分の信条を曲げてまで付き合わなくてはならないのか。

頑固だと言われようと構わない。これが勝目にできるクッキーだ。

（辻村深月《つじむらみづき》「東京會舘とわたし」〈文藝春秋〉より）

よく出る！

(1) ［　　］に入る適切な言葉を、**ア**～**エ**から選びなさい。（7点）

ア 悩んでいた　**イ** おびえていた
ウ 怒っていた　**エ** 戸惑っていた
［　　］

アドバイス ［　　］のあとの勝目の心の中の言葉に注目しよう。

(2) 〰〰線部「社長が目を見開いた。」とあるが、このときの社長についての説明として適切なものを、**ア**～**エ**から選びなさい。（10点）

ア 勝目の話が、自分の思惑と一致していて満足している。
イ 勝目の話が、予想外だったことに驚きを強めている。
ウ 勝目の話を、不本意だが受け入れる覚悟を決めている。
エ 勝目の話を、到底許せないことだと思っている。
［　　］

2

次の文章を読んで、あとの各問いに答えなさい。（設問の都合により一部省略した箇所《かしょ》がある。）

夏実《なつみ》の家はトマト農家で、夏実も苗木の世話や除草を手伝っている。隣の家のコック志望の隼人《はやと》とも、ビニールハウスの中でよく話をした。

［富山県・改］

「夏実ちゃんは？　将来、なにになりたい？」

すぐには答えられなかった。幼稚園の頃はお姫様になりたかったし、オリンピックのテレビ中継を観《み》て女子サッカー選手にあこがれたこともある。でも、隼人が求めているのはそんな返事ではないだろう。

真剣なまなざしから逃れるように、夏実は視線をすべらせた。隼人の肩越しに、整然と並ぶトマトの苗木が目に入った。重なりあった葉の間から、大小の赤や緑の実がのぞいている。

「わたしは、ここでトマト作っとるかなあ」

「ほんと？」

隼人が目を輝かせた。

「じゃあ、いつか僕がレストランを開いたら、夏実ちゃんのトマトを使わせてくれる？」

夏休みに収穫を手伝い、真っ赤に完熟したもぎたての実を味わって以来、隼人は大のトマト好きになっていた。こんなにおいしいトマトは人生ではじめて食べた、と七歳児らしからぬ大仰な物言いで絶賛し、祖母たちを喜ばせた。

トマトは栽培する人間の個性が出やすい作物だといわれる。同じ品種でも、よその農家のものはどこか違う。人柄を映すんやよ、と祖母はもっともらしく教えてくれた。子どもが親を映すのとおんなじ。愛情と手間をたっぷりかけてやれば、それに応えて立派に育つぞいね（育つんだよ）。

「いいよ」

夏実は答えた。①大きく見開かれていた隼人の目が、ふっと細まった。

「やった。約束な」

収穫の季節が終わった後、隼人はしきりにさびしがっていた。

「あのトマトはもう食べられないんだね」

「また来年があるよ」

夏実は慰めた。まさか②来年がないなんて、想像してもみなかったから。

春先に、隼人の父親の転勤が急に決まった。収穫はおろか、新年度の定植も待たずに、桜田《さくらだ》家は引っ越していった。別れ際《ぎわ》、隼人ははじめて会った日と同じように、ひとことも喋《しゃべ》らずに下を向いていた。③夏実も涙が出そうだったけれど、かろうじてこらえた。隼人をよけいに悲しませてしまう。

隼人たちを乗せた車が走り去った後、夏実はがらんどうのビニールハウスに駆けこんで、ひとしきり泣いた。

（瀧羽麻子《たきわあさこ》「トマトの約束」『女神のサラダ』〈光文社〉より）

ミス注意

(1) ——線部①とあるが、ここでの隼人の気持ちの変化として適切なものを、ア～エから選びなさい。（7点）

ア　驚き→感謝　　イ　期待→安心

ウ　緊張→納得　　エ　不安→欲望

［　　］

(2) ——線部②とあるが、どういうことか。それを説明した次の文の□に入る言葉を、二十字以内で書きなさい。（14点）

●隼人が引っ越したので、□ということ。

［　　］

アドバイス　すぐ前の「また来年があるよ」は、「あのトマトはもう食べられないんだね」いう隼人の言葉に対して言ったもの。

ハイレベル

(3) ——線部③とあるが、夏実が涙をこらえたのはなぜか。隼人の様子からわかる心情に触れて、三十字以内で書きなさい。（14点）

［　　］

アドバイス　——線部③の直前に、隼人の様子の描写《びょうしゃ》があることに注目。

TEST

3

次の文章を読んで、あとの各問いに答えなさい。 〔栃木県・改〕

小学四年生の航輝《こうき》は、船乗りの父、母、小学一年生の妹の四人家族である。三か月間の航海から戻った父は、家族と久しぶりの夕食時、陸上勤務になり、一か月後には名古屋に引っ越さなければならなくなったことを発表する。突然のことに母や妹は動揺し、気まずい空気が流れる。

「お父さんは、それでよかったの。」

航輝の投げかけた質問に、父はやはり困ったような微笑を浮かべた。

「航輝も、お父さんと毎日会えるのがうれしくないのか。」

「ううん、ぼくはうれしいよ。それはとてもいいことだと思う。」

①母の視線が鋭くなった気もしたが、歯牙《しが》にもかけない（全く相手にしない。）。

「でもさ、それって家族のために陸上勤務を希望したってことだよね。お父さんは本当にそれでよかったのかな。本当に、船を降りてもいいと思っていたのかな。」

すると父は虚を衝《つ》かれた（備えのないところを攻められた。）ようになり、何も答えずにビールの缶を口に運んだ。しかしすでに飲みきっていたようで、缶を軽く振って食卓に置く。底が天板に当たってコン、と乾いた音がした。

「お父さんはそれでよかったのか、か……航輝も大人びたことを口にするようになったもんだな。」

おどけるように言った父は質問をかわしたかったらしいが、その企《たくら》みはうまくいったとは言いがたい。三人のときよりも口数の減った食卓で、②航輝はせっかくのごちそうの味も何だかよくわからなかった。

――お父さんはやっぱり、船に乗るのが好きなんだよな。

あれは二年ほど前のことだっただろうか。

小学校の授業で、自分の名前の由来を調べるというのがあった。航輝が家に帰ってさっそく母に訊《たず》ねると、お父さんに訊《き》いて、との返事。航輝の名前を考えたのは父だったらしい。

航輝はその晩、ちょうど休暇で家にいた父に、あらためて名前の由来を訊ねた。そのとき父は風呂上がりで、首にタオルをかけて扇風機の風に当たっていた。

――おまえの人生という名の航路が、輝きに満ちていますように。そう願って、《航輝》と名づけたんだよ。

説明は簡潔でわかりやすく、ただそのあとで父は、照れ隠しのように付け加えたのだった。お父さんはやっぱり、船に乗るのが好きなんだよな、と。

そのときの一言ほど、実感のこもった父の台詞《せりふ》を航輝は知らない。

（岡崎琢磨《おかざきたくま》「進水の日」『泣ける！ミステリー 父と子の物語』〈宝島社〉より）

よく出る！

(1) ――線部①「母の視線が鋭くなった気もした」とあるが、航輝がこのように感じた理由として適切なものを、**ア～エ**から選びなさい。（10点）

ア 航輝だけが父に味方するような発言をしたことで、母の機嫌を損ねたと思ったから。

イ 父を批判してきた母に航輝が反発を始めたことで、母を悲しませたと思ったから。

ウ 父に毎日会えることを喜ぶ態度を航輝が見せたことで、母が絶望したと思ったから。

エ 航輝が父を味方につけようとしたことで、母の怒りがさらに強まったと思ったから。

〔　　〕

ミス注意

(2) ――線部②「航輝はせっかくのごちそうの味も何だかよくわからなかった」とあるが、このときの航輝は、父に対してどのようなことを考えていたのか。――線部②に続く回想の場面をふまえて、五十字以内で書きなさい。（14点）

〔　　〕

アドバイス **回想の場面での出来事に目を向けよう。**

4

次の文章を読んで、あとの各問いに答えなさい。（設問の都合により一部省略した箇所《かしょ》がある。）

［佐賀県・改］

幼い頃から祖母に手芸の楽しさを教えられて育った高校生の松岡清澄《まつおかきよすみ》は、姉のために結婚式のドレスを作ろうと決意する。ある日の昼休み、清澄は級友の宮多《みやた》たちと食事をしている途中で、突然刺繍《ししゅう》の本を熱心に読み出し、宮多たちを驚かせた。近くにいた別のグループの一人は、清澄の行動を見てくすくす笑っていた。帰宅途中、スマートフォンに宮多からのメッセージが入る。昼休みのことを気にかけている内容だった。

刺繍：針と糸で布に模様や絵を表すこと。

いつも、ひとりだった。

教科書を忘れた時に気軽に借りる相手がいないのは、心もとない。ひとりでぽつんと弁当を食べるのは、わびしい。でもさびしさをごまかすために、自分の好きなことを好きではないふりをするのは、好きではないことを好きなふりをするのは、もっともっとさびしい。

文字を入力する指がひどく震える。

「ちゃうねん。ほんまに本読みたかっただけ。刺繍の本」

ポケットからハンカチを取り出した。祖母に褒められた猫の刺繍を撮影して送った。すぐに既読の通知がつく。

「こうやって刺繍するのが趣味で、ゲームとかほんまはぜんぜん興味なくて、自分の席に戻りたかった。ごめん」

ポケットにスマートフォンをつっこんだ。数歩歩いたところで、またスマートフォンが鳴った。

①「え、めっちゃうまいやん。松岡くんすごいな」

そのメッセージを、何度も繰り返し読んだ。

わかってもらえるわけがない。どうして勝手にそう思いこんでいたのだろう。

今まで出会ってきた人間が、みんなそうだったから。だとしても、宮多は彼らではないのに。

いつのまにか、また靴紐《くつひも》がほどけていた。しゃがんだ瞬間、川で魚がぱしゃんと跳ねた。波紋が幾重にも広がる。太陽の光を受けた川の水面《みなも》が風で波打つ。まぶしさに目の奥が痛くなって、じんわりと涙が滲《にじ》む。

どんな布を、どんなかたちに裁断して、どんな装飾をほどこせばいいのか。それを考えはじめたら、いてもたってもいられなくなる。

それから、明日。明日、学校に行ったら、宮多に例のにゃんこなんとかというゲームのことを、教えてもらおう。好きじゃないものを好きなふりをする必要はない。でも僕はまだ宮多たちのことをよく知らない。知ろうともしていなかった。

②靴紐をきつく締め直して、歩く速度をはやめる。

（寺地《てらち》はるな「水を縫う」〈集英社〉より）

ハイレベル

(1) ——線部①とあるが、その理由を、五十字以内で書きなさい。（14点）

［　　　　］

アドバイス ——線部①のあとで、清澄は自分の思い込《こ》みを反省していることに注目。

(2) ——線部②とあるが、これは、清澄のどのような心情の変化を表しているか。適切なものを、**ア～エ**から選びなさい。（10点）

ア 手芸には自信があり容易にドレスを縫えると軽く考えていたが、自分の甘さを思い知り気持ちを引き締めた。

イ 高校生になっても自分の趣味を認めてもらえず不満だったが、自分らしさを貫くために好きなことに没頭しようと決意した。

ウ ドレスの製作も友達づくりもあきらめずに挑戦することが大切で、それには自分自身も変わる必要があると前向きな気持ちになった。

エ 目立たないようにしてきたが、友人が自分の趣味を評価してくれたことで、もてはやされたいと思うようになった。

［　　］

アドバイス ——線部②の直前の清澄の気持ちを手がかりにしよう。

PART 17

小説文・随筆文の読み取り
[文体・人物像・主題]

POINT
小説や随筆《ずいひつ》の読解では、人物像と主題のとらえ方が重要ポイント！

学習日

必ず出る！ 要点整理

文体

▼ **文体とは**…その作品がもっている**文章表現のうえでの特色や傾向《けいこう》**。作品ごとの表現の特徴《とくちょう》であるといえる。文体が生み出す表現の効果をおさえる。

人物像

❶ **人物像とは**…登場人物の**外見・言動・性格・生き方**など。

❷ **人物像のとらえ方**

(1) **外面的特徴**…**年齢《ねんれい》・服装・職業**などに注目してつかむ。

(2) **内面的特徴**…ものの見方や考え方、性格などをつかむ。

(3) **他の人物との関係**…**他人に対する態度や相互《そうご》の関係**をつかむ。

(4) **生き方**…事件や出来事に対する行動や考え方からその**生き方**をつかむ。

主題

▼ **主題とは**…小説や随筆《ずいひつ》の書き手が、その作品を通して訴《うった》えようとしている、**中心的**な考え方や意図。

（書き手→小説では「作者」、随筆では「筆者」という。）

重要！

主題のとらえ方

小説…クライマックスや**登場人物の心情・人物像**に注目。

随筆…(1)**事実の部分と意見・感想の部分**とをはっきり区別する。
(2)意見・感想の部分から筆者の考え（思い）の中心をつかむ。

くわしく！

主題と要旨《ようし》の違《ちが》い

主題は、小説・随筆・詩など、文学的文章での書き手の中心的な考えのこと。
要旨は、説明文・論説文など、説明的文章での筆者の中心的な考えのこと。

くわしく！

内面的特徴の表れ方

人物の内面的特徴は、場面における**人物の表情や態度**、**物事に対する言動**に表れてくる場合が多い。

発展

作品のもつ表現の特徴を多面的にとらえる

①**語感や語り口**…文章中に多く使われている語が**漢語**ならかたい感じ、**和語**ならやわらかい感じが出る。

漢語は、「悲嘆《ひたん》・歓喜《かんき》」のように、漢字を音《おん》で読む言葉、和語は、「悲《かな》しみ・喜《よろこ》び」のように、訓で読む言葉だよ。

②**文の長短**…一文が長い文が多ければ**落ち着いてゆったりした感じ**に、短い文が多ければ**簡潔でテンポが速い感じ**になる。

③**表現技法**…主な技法とその効果をおさえる。

・**体言止め**➡文末を体言（名詞）で終える。**余韻《よいん》を残したり調子を強めたりする**。

・**比喩《ひゆ》**➡他のものにたとえることで**情景や心情が生き生きと伝わる**。

・**倒置法《とうちほう》**➡普通《ふつう》の言い方と語順を逆にすることで**リズムが生まれ、その部分が強調**される。

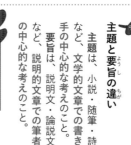

入試問題

この手で攻略!!

随筆の主題をとらえる問題

①事実と意見・感想の部分を区別する…各段落の内容を、体験・見聞と意見・感想の二つに分けてみる。

②意見・感想の部分に着目…筆者の意見・感想の中心となっている部分を見つけてまとめる。

例題　——線部とあるが、筆者は、どうすることが「本当に知ること」につながると考えているか。文章中の言葉を使って、簡潔に書きなさい。（設問の都合により一部省略した箇所《かしょ》がある。）［奈良県］

梅だ……。梅が咲《さ》いている。

ハッとした。

これが梅の香りというものか……！

今まで、梅の香りを詠《うた》った歌や文章をどれほど読んできただろう。自分でも、手紙の中で幾度《いくど》となく、「梅の香る頃《ころ》となりました。」と書いてきた。

なのに、知らなかった。この寒さの中でいじらしく咲く小さな花が、これほど甘《あま》くかぐわしく、あたり一帯を包み込《こ》むとは……。

その時から、梅は私の人生の内側で咲くようになった。人は心で受け入れて初めて、本当の色や香りに触《ふ》れる。

冬の空に向かって、ツンと伸《の》びた枝に、ポップコーンが爆《は》ぜたような白い花がポチッと一粒《ひとつぶ》咲く。それだけで私は、冷たい風の中に、ふくよかな甘い香りが一筋漂《ただよ》い始めるのを感じるようになった。たちまち鳥がやってくる。鶯色《うぐいすいろ》で目の縁《ふち》が白い。メジロである。まだ寒の戻《もど》りもあるが、あちこちで梅が三々五々開き始める。すると、目には見えない香りが、窓を閉めた部屋の中にも、どこからか忍《しの》び込《こ》んでくるのだ。

私はもうすぐ四十歳《さい》になろうという年だった。梅の香りを知るのに、ずいぶん長い歳月《さいげつ》がかかったものだ。

その時、思った。何かを本当に知ることは、一つ一つ時間がかかる。私は今まで、一体いくつのことを本当に知っただろう。たぶん、知ったつもりで素通りしたものがほとんどで、本当に知ったことは数えるほどしかないにちがいない。

だけど、それでいいと思った。数少なくとも、本当に知ったことだけを大切に味わいながら生きていきたいと……。

（森下典子《もりしたのりこ》「こいしいたべもの」〈文藝春秋〉より）

解き方　**感想の部分からとらえる**

①感想が中心となっている段落に着目

・**六段落目**⇩「人は心で……本当の色や香りに触れる。」

・**八段落目**⇩「梅の香りを知るのに、……かかったものだ。」

・**九段落目**⇩——線部

・**十段落目**⇩「数少なくとも、……生きていきたいと……。」

②——線部と結び付く段落に着目

——線部の「本当に知ること」の「本当」を使った表現が、**六段落目**にもあることに注目。「本当の色や香りに触れる」とは、**梅について「本当に知ること」**であり、それは**「心で受け入れて初めて」実現すること**だと言っている。

答　**心で受け入れること。**

高校入試実戦力アップテスト

小説文・随筆文の読み取り
[文体・人物像・主題]

時間：50分　配点：100点　目標：80点

解答：別冊15ページ

得点：　　点

1

次の文章は、清陰《せいいん》高校バレーボール部主将の「小田」が、校内球技大会の終了後、一年生の「灰島《はいじま》」と会話をする場面である。「小田」は、能力の高い「灰島」をぜひ入部させたいと考えていたが、「灰島」は、中学生のとき他の部員たちとの関係が上手《うま》くいかなかった経験から、「小田」の誘いを拒否していた。これを読んで、あとの各問いに答えなさい。

[岡山県]（12点×3）

体育館はがらんとしていたが、試合が行われていたステージ側コートにだけネットとポールがまだ残っていた。

まるでネットだけがまだ試合が終わったことを認めるまいとしているかのように。コートを包んでいた決勝の熱気も今はもう夕方の空気に冷やされて、急に物寂しく感じられた。

ネットの前に立っている人影があった。目の前のネットと同じくまだ試合を続けたがっているみたいに、身体《からだ》の横におろした両手のテーピング（けがの予防や治療のために、関節、筋肉などにテープを巻くこと。）はまだ解いていない。

灰島は顎を持ちあげてまっすぐな眼差《まなざ》しをネットの白帯に向けていた。窓から射《さ》す陽《ひ》も弱まって屋内はだいぶ薄暗くなっていたが、瞳の中には光が見えた。物足りなさを抑えきれないような、灰島自身の内に滾《たぎ》るぎらぎらした光が。

「部の打ちあげ行くで、六時半に校門に集合な。三年の奢《おご》りやで安心しろ」

「おれを数に入れないでください」

迷惑そうに言い返された。小田は溜《た》め息をつく。こんなにもわかりやすくバレーがやりたくてたまらないっていう渇望《かつぼう》を放出してるくせに、いったいなにがこいつの中のブレーキになっているのか。基本的に□で人の気持ちなど意にも介さなそうな奴《やつ》が、なにかが起こることをあきらかに怖がっている。

（壁井《かべい》ユカコ「2.43　清陰高校男子バレー部」〈集英社〉より）

よく出る！

(1) □に入る適切な言葉を、**ア**～**エ**から選びなさい。

ア　公明正大　　**イ**　優柔不断

ウ　傍若無人　　**エ**　温厚篤実

[　　　]

ミス注意

(2) ～～線部「まるでネットだけが……かのように。」とあるが、この部分の表現について説明した次の文の□Aに入る表現技法として適切なものを、**ア**～**エ**から選びなさい。また、□Bに入る言葉を十四字で抜き出しなさい。

●この部分には□Aが用いられており、体育館に残されたネットと、その前に立つ灰島の姿が重ねられることによって、灰島の□Bという気持ちが強調されている。

A　**ア**　隠喩法　　**イ**　擬人法

　　ウ　倒置法　　**エ**　対句法

[　　　]

B [　　　　　　　　　　　　　　]

アドバイス　**Bは、ネットの前に立つ灰島についての「ネットと同じくまだ試合を続けたがっているみたい」という描写《びょうしゃ》に目を向けよう。**

2 ハイレベル

次の文章を読んで、あとの問いに答えなさい。

［北海道・改］（14点）

これは、写真の同好会である「チーム300」に所属する「ぼく（礼央《れお》）」が、同じ同好会に所属する耳の聞こえにくい美駒《みこま》ちゃんを、活動場所のイチマルサンから駅まで送るために歩いている場面である。美駒ちゃんは、写真に対する「ぼく」の考え方を「いいと思うな」と言ってくれる。

駅に着き、二階の改札口に続くエスカレーターのふもとで別れた。美駒ちゃんはゆらゆらと手を振ってエスカレーターに乗って帰っていった。

イチマルサンに戻るぼくの足取りは軽かった。ややもするとスキップしてしまいそうになった。美駒ちゃんから褒められたのがうれしくてしかたなかったからだ。

「わたしに近い気がする」

美駒ちゃんはそう言っていた。ぼくは彼女に近づけた。新たな扉を開いたような心地がした。

写真を始めたばかりのぼくにとって、美駒ちゃんがくれた微笑《ほほえ》みは道しるべだ。写真の世界で何歩も、いや、何百歩も前を行く彼女に認められた喜びがある。それでいいよ、と背中を押してもらえた心強さがある。また、ヒロがいまだ気づけていない写真の境地に先にたどり着けた優越感もあった。

ヒロ――チーム300のメンバーの一人。

ふわふわとした心地で帰り道を歩く。公園に植えられたユキヤナギの白がまぶしい。時期が終わって地面にまき散らされた八重桜の花びらがやけにいとおしい。ゆっくりと薄らいでいく空の青が目にやさしくて好きだ。

道の角を曲がった。その途端、ひんやりとした風に全身を包まれた。ぼくはその冷たさの中で足を止めた。胸の内側にまで冷気が忍び込んでくる。浮かれていた心がいっきに冷やされた。

ぼくはうな垂れてアスファルトを見つめた。汚れたスニーカーの爪先が目に入る。

「浮かれている場合じゃないだろ」

自分に向かって言い放った。ぎゅっと両方のこぶしを握りしめる。

写真家として認められ始めている美駒ちゃんに褒められれば、そりゃあうれしい。ぼくだけでなくチーム300のメンバーは誰もが美駒ちゃんに褒められたがっている。ぼくもこの三か月間はシャッターを切る瞬間に、彼女から褒められる自分を想像した。

でも、そんなことでは駄目だ。ちょっと褒められたぐらいで有頂天になってどうする。ぼくは美駒ちゃんを越えていきたい。ぼくはヒロみたいに美駒ちゃんの信奉者になるつもりなどない。彼女に勝ちたいのだ。

中央線が高架の上を走っていく。美駒ちゃんが乗った列車かもしれない。彼女は電車に乗っていても写真を撮る。車窓を流れる景色を撮ってくる。車内でスナップを撮ってくる。

今日も帰りの車内でシャッターを切っているはずだ。灰色の東京の街を貫いて走るあの車両の中で。

「負けたくないな」

写真を撮りたい欲求が急速に膨れ上がってきた。

（関口尚《せきぐちひさし》「サニー・シックスティーン・ルール」〈中央公論新社〉より）

(1) この文章の表現上の工夫の一つをまとめた次の文の□に入る表現を、八字で抜き出しなさい。

「ぼく」が道の角を曲がったときに感じた□が、春の季節感を表すためだけでなく、「ぼく」の心情の変化のきっかけとしても用いられている。

□□□□□□□□

アドバイス　それまでの「ふわふわとした心地」が一変している場面を探そう。

TEST

3

次の文章を読んで、あとの各問いに答えなさい。 ［千葉県・改］（12点×2）

モンゴメリの名作『赤毛のアン』に登場する主人公アンの親友と同じ名を持つダイアナ。書店員である彼女は、敬愛する作家であり、父でもある「はっとりけいいち」のサイン会を手掛けた。父との再会の機会を作ってくれたのは、小学生の頃に本が大好きという共通点で意気投合した親友でありながら、中学進学を前に仲違《なかたが》いし、音信の途絶えていた彩子《あやこ》であった。彩子に促され、ダイアナはサイン会を終えて帰る父を駅まで見送った。店に戻ると、意外にも彩子がまだ残っていた。ダイアナは嬉《うれ》しかった。その彩子が、気分が前向きになるような本を探してくれないかと言う。

まかせて、とつぶやき、ダイアナは児童書のコーナーに彩子を誘う。迷うことなく『アンの愛情』（カナダの小説家モンゴメリの作品で、『赤毛のアン』『アンの青春』に続く三つ目の作品。）を見つけ出し、差し出した。彩子は怪訝《けげん》そうに首をひねる。

「『赤毛のアン』が面白いのは『アンの青春』（『赤毛のアン』の続編。『アンの愛情』へと続く。）までなんじゃなかったっけ。ダイアナ、あの頃そう言ってたよね。恋愛や結婚がメインになって面白くないって」

本の話をするだけで、十年のブランクが埋まっていくのが、なんだか魔法みたいだった。ダイアナはわざと仕事用の口調を選んだ。

「本当にいい少女小説は何度でも読み返せるんですよ、お客様。小さい頃でも大人になっても。何度だって違う楽しみ方ができるんですから」

優れた少女小説は大人になって読み返しても、やっぱり面白いのだ。はっとり先生が言ったことは正しい。あの頃は共感できなかった心情が手にとるようにわかったり、気にも留めなかった脇役が俄然《がぜん》魅力を持って輝き出すこともある。新しい発見を得ることができるのと同時に、自らの成長に気づかされるのだ。幼い頃はぐくまれた友情もまた、栞《しおり》を挟んだところを開けば本を閉じた時の記憶と空気が蘇《よみがえ》るように、いくつになっても取り戻せるのではないだろうか。何度でも読み返せる。何度でもやり直せる。何度でも出会える。再会と出発に世界中で一番ふさわしい場所だから、ダイアナは本屋さんが大好きなのだ。いつか必ず、たくさんの祝福と希望をお客さんに与えられるようなお店を作りたい。

『アンの愛情』に夢中になっている様子の彩子は、こちらを見ずに、しかし、しなやかな意志を感じさせる声でこう言った。

「ねえ、ダイアナ。あのさ、今日、仕事何時に終わるの？」

①お互いの心臓の高鳴りが聞こえる気がした。彩子の桜色に染まった指の中で、②真新しい白い紙がぱらぱらとめくれ、辺り一面に彩子とダイアナの愛してやまなかった匂いを花びらのようにまき散らしていた。

（柚木《ゆずき》麻子《あさこ》「本屋さんのダイアナ」〈新潮社〉より）

ミス注意

(1) ——線部①の表現に表れている二人の様子の説明として適切なものを、**ア**～**エ**から選びなさい。

ア 再び関係がこじれることに対する不安を感じている。

イ 互いの発言の意図をくみ取ることができない会話に緊張を強いられている。

ウ 友情が失われてはいなかったことに対する歓喜に浸っている。

エ 親密な関係に戻ることに対する期待が芽生えている。 ［　　］

アドバイス **彩子が店で待っていたことや、そのあとの二人のやりとりに注目。**

(2) ——線部②の表現の説明として適切なものを、**ア**～**エ**から選びなさい。

ア 読書の喜びを忘れていたが、かつての友人と本について語り合ううちに、本への純粋な愛情がよみがえるさまを象徴している。

イ 大人になって気が付いた相手の長所を新鮮な気持ちで受け止めることで、心に秘めていた友情があふれ出すさまを象徴している。

ウ かつて本を仲立ちにして育んだ友情が、今また互いの心を満たし、友人としての日々を新たに歩み始めていくさまを象徴している。

エ 二人の間のわだかまりが消えうせ、本を愛する者同士として相手を尊重する気持ちが生まれるさまを象徴している。 ［　　］

アドバイス **「彩子とダイアナの愛してやまなかった匂い」とは何かを「白い紙がぱらぱらとめくれ」に注目してとらえよう。**

4

次の文章を読んで、あとの各問いに答えなさい。（設問の都合により一部省略した箇所《かしょ》がある。）

〔静岡県・改〕

岬の中学校に赴任した紺野《こんの》先生のクラスの少年は、岬の目と鼻の先にある小さな島から、祖父の渡し船で通学していたが、強風の吹く日は必ず欠席した。学校の飼育器では、人工孵化《ふか》をしているチャボの卵がもうすぐ孵《かえ》るはずで、少年はその日の帰りも明日の天候を気にかけていた。

翌朝、紺野先生は早起きをした。入り江の架橋にある風向計のことが気になった。南西風が吹きつけ、勢いよく回転している。雲ひとつない快晴だったが、海面には白い角のような波が見えた。少年が案じていたとおり、船は渡れそうもない。次に、学校の理科室へ急いだ紺野先生は、飼育器の卵のようすを観察した。何ともいえないが、紺野先生の勘では今日中に孵化しそうである。その足で高台の気象観測所まで行き、岬の突端にあって見晴らしもよいその場から、少年の住む島を眺めた。

［つないである船が見える。近くに人影があるように思い、観測所の双眼鏡を借りてのぞいた。やはり、あの少年がいる。鞄《かばん》を手に、落ちつかないようすで船の付近を行きつ戻りつしている。舫《もや》い杭《ぐい》（船をつなぎとめるために立てた柱。）の近くに取りつけた風力計は、ちぎれて吹き飛ばされそうだった。風が強い。じきそこへ少年の祖父も姿を見せて、ふたりで何やら話をしている。に並んで家のほうへ歩きだした。］

その朝、飼育器の卵から、ひな鳥の鳴く声が聞こえた。皆がほかの授業を受けているときは紺野先生が見守っている。殻にひびが入ったら、知らせに行くと約束をした。その紺野先生のところへ、無線機を使った通信が入った。

「先生、ハッチ・アウト（孵化。）はどうです。始まりましたか。」

島に住む、あの少年である。

「まもなくだよ。」

ちょうど、ひびが入り始めたので、紺野先生は送信機を卵のすぐ近くへ置いて生徒たちを呼びに行った。紺野先生が戻り、ほかの授業をしていた生徒たちが飼育器のまわりに集まったとき、卵の殻にはすでに小さな穴があいていて、ひな鳥のくちばしの先が見えた。無線機の少年が言う。

「先生、もしかしたら、殻の破れる最初の瞬間に立ち合ったのはぼくだけですか。」

「そのようだね。声を聞いたかい。」

「ええ、もちろん。」明朗な声が答えた。その場にいた生徒たちが羨んだのは言うまでもない。それから、ひな鳥は休みながら少しずつ殻を破り、数十分かけてようやくクシャクシャの全貌をあらわした。やがて、ぬれてしぼんでいた羽がふくらみ、キャラコ（薄くて光沢のある綿布。）の毛糸のようになった。

（長野《ながの》まゆみ「夏帽子」〈河出書房新社〉より）

よく出る!

(1) 本文中の［　］で示した部分の表現の特徴として適切なものを、**ア**～**エ**から選びなさい。（12点）

ア　体言止めを多用し、簡潔で引き締まった印象を与えている。

イ　比喩表現を用いることで、「少年」の心情を効果的に表している。

ウ　短い文を多く用いて、臨場感を高める効果を持たせている。

エ　回想的な場面を挿入することで、何気ない日常と過去につながりを持たせている。

［　　　］

ハイレベル

(2) 〰〰線部の表現から、少年が喜んでいることと、その場にいた生徒たちが羨んでいることがわかる。少年が喜び、生徒たちが羨んでいるのは、どのような出来事があったからか。その出来事を、少年が喜ぶきっかけとなった紺野先生の行動を含めて、五十字程度で書きなさい。（14点）

［　　　　　　　　　　　　　　　　　　　　　　　　　　　　］

アドバイス　「**紺野先生の行動を含《ふく》めて**」を忘れないように。

TEST

PART 18

論説文の読み取り①
［指示語・接続語］

POINT

指示語の指示内容、接続語の空欄《くうらん》補充《ほじゅう》がよく出る！

学習日　／

必ず出る！要点整理

指示語

▼**指示語とは**：「**これ・それ・あれ・どれ**」などの、物事を指し示す言葉。言葉のはじめが「**こ・そ・あ・ど**」で始まることから、「**こそあど言葉**」ともいわれる。

接続語

▼**接続語とは**：語句・文・段落などをつなぎ、その関係や文章の意味の流れを示す言葉。普通《ふつう》、次の**六種類**に分けられる。

重要！

	種類	働き	例
(1)	**順接**	前が原因・理由となりあとにつなぐ。	だから・それで・すると
(2)	**逆接**	前後が逆の関係でつながる。	しかし・ところが・けれども
(3)	**並立・累加《るいか》**	前に並べたり付け加えたりする。	そして・また・しかも・なお
(4)	**対比・選択《せんたく》**	前と比べたりどちらかを選んだりする。	それとも・または・あるいは
(5)	**説明・補足**	前の内容を説明したり補ったりする。	つまり・なぜなら・すなわち
(6)	**転換《てんかん》**	話題を変えたり発展させたりする。	さて・ところで・いっぽう

くわしく！

指示語のいろいろ

事物	場所	方向	状態	指定
これ・それ・あれ・どれ	ここ・そこ・あそこ・どこ	こちら・そちら・あちら・どちら	こんな・そんな・あんな・どんな・こう・そう・ああ・どう	この・その・あの・どの

発展

指示内容があとにある場合もある

指示語の指示内容は、**普通はその指示語よりも前に**あるが、例外もある。

彼《かれ》は、こう言った。
今からでも十分間に合うはずだと。

「こう」は、すぐあとの文の〰〰線部を指している。
入試では、こうした文章も出てくるので注意する。

例外もあるけれど、原則は「指示語よりも前」だよ！

指示内容をとらえる問題

①直前の部分に着目…指示語を含《ふく》む文の内容を確かめ、**指示**

接続語の補充《ほじゅう》の問題⇩空欄《くうらん》の前後の関係に注目。

①前があとの原因や理由…**順接**の接続語。

語の直前から、前へ前へとさかのぼって探す。

②指示語の部分に当てはめて確認…指示語の指す内容を見つけたら指示語の部分にその内容を当てはめ、文意が通るか確認する。

例題　次の――線部「それ」は、何を指しているか。六字で抜《ぬ》き出しなさい。（設問の部分により一部省略した箇所《かしょ》がある。）　［石川県・改］

人は色々なことを分かろうとする。目の前にモノが置かれた時には「これは何だろう」と知ろうとするし、風邪《かぜ》をひいた時には「なぜ風邪をひいたのだろう」と分かろうとする。そういう時、目の前のモノの色や形や大きさなどを観察して、それと似たようなモノに関する自分の知識と照らし合わせて、目の前のモノについての情報と符合《ふごう》する知識が自分の中に見つかれば「それは○○だ」と分かるし、情報と知識が全く同じでなくてもだいたい同じであれば「それは○○だろう」というメッセージを得ることになる。このような、情報と知識を照らし合わせたり繋《つな》ぎ合わせたりして何らかのメッセージを得るプロセスが「思考」である。
（波頭亮《はとうりょう》「論理的思考のコアスキル」〈筑摩書房〉より）

解き方　**指示語の直前をさかのぼっていく**

何と似たようなモノかということを頭においてさかのぼっていくと、直前の部分に「目の前のモノ」という、**「モノ」という言葉が入っている六字の語句**が見つかる。また、――線部に続く部分にも、「**目の前のモノ**についての情報」とある。

指示語の部分に答えと考えられる六字を当てはめてみると、

目の前のモノと似たようなモノに関する自分の知識と……

となり、文意も通る。　答　**目の前のモノ**

②前後が逆の内容…逆接の接続語。

③あとが前のまとめや言い換《か》え…説明・補足の接続語。

④前に並べたり付け加えたりする…並立・累加の接続語。

例題　次の□に入る適切な言葉を、**ア**〜**エ**から選びなさい。　［富山県］

人類がすべての生き物の中で最もすぐれているなど疑う余地のないことだと信じられてきた。ヒトだけが考えることができ、ヒトだけが言葉を使え、ヒトだけが道具を扱《あつか》えるなどなど、ヒトとほかの動物との違《ちが》いを指摘《してき》する説は無数にある。□研究が進むにつれて、考える動物はいくらでもいる、というより考えない動物などいないのではないかということがわかってきた。言葉についても、言葉の定義にもよるが、個体間のコミュニケーションをとる動物は無数におり、その具体的な事例が報告されるようになった。道具を使う動物は限られるものの、やはりいて、人間だけの専売ではないことがわかっている。
（高槻成紀《たかつきせいき》「人間の偏見　動物の言い分」〈イースト・プレス〉より）

ア　また　**イ**　だが　**ウ**　だから　**エ**　つまり

解き方　**空欄の前後の関係をつかむ**

□の前では、「ヒトとほかの動物との違い」について、ヒトだけが考えることができ、言葉を使え、道具を扱えるなどの具体例を挙げて、**「人類がすべての生き物の中で最もすぐれている」**という、これまでの説を述べている。これに対して□のあとでは、**前の具体例をことごとくくつがえす内容**が報告されたりわかってきたりしたことを述べている。つまり、□の前後は**逆接の関係**である。逆接の接続語は**イ**。　答　**イ**

PART 18

高校入試実戦力アップテスト

論説文の読み取り①
[指示語・接続語]

時間：30分
配点：100点
目標：80点
解答：別冊16ページ
得点：　　点

1

ミス注意

次の文章を読んで、あとの問いに答えなさい。 [山口県・改]（25点）

「言いたいこと」がなかなか見出《みいだ》せないあなたには、どのような課題があるのでしょうか。

「言いたいこと」を見出すために、あなたは、おそらくまず「情報の収集を」と考えていませんか。情報がなければ、構想が立てられない、だから、まず情報を、というのがあなたの立場かもしれません。

しかし、この発想をまず疑ってみてください。

（細川英雄《ほそかわひでお》「対話をデザインする――伝わるとはどういうことか」〈筑摩書房〉より）

● 〰〰線部「この発想」が指す内容を説明した次の文の□に入る適切な表現を、文章中から五字で抜き出しなさい。

「言いたいこと」を見出すためには、□がまず必要であるという発想。

アドバイス　指示語の指す内容は、その指示語よりも前に注目。

2

次の文章中の〰〰線部「この問題」とは、具体的にはどのような問題か。適切なものをア～エから選びなさい。 [三重県・改]（25点）

チンパンジーの飼育係が、直径五十センチメートルほどの丸太を垂直に立てて固定し、真ん中に直径二センチメートルほどの穴を水平にあけ、中央にピーナッツを入れておいた。気付いた若オスが取ろうとするが指では届かず、細い枝でピーナッツを丸太の向こう側に落として食べることを思いついた。

数日後、その様子を見ていたおとなメスの一頭が、彼《かれ》が枝を持って丸太に近づくとすぐに反対側に座《すわ》り込《こ》んで、穴からピーナッツが落ちてくるのを待つようになったのです。彼は、いくら落としても彼女《かのじょ》に食べられてしまい、大騒《おおさわ》ぎをして追《お》い払《はら》おうとするのですが、彼女は知らん顔で、彼が枝を持って丸太に近づくときを待っていました。若オスは彼女に見つからないようにピーナッツ取りをしたいのですが、穴に枝を差《さ》し込むとすぐにやってきて反対側に座り込むのです。力ずくで追い払おうとしても、彼女は相手が若オスなので、喧嘩《けんか》になっても負ける心配はなく、執拗《しつよう》にその場所をキープして、目的を達成していました。

彼もいろいろと対策を練っていました。枝を差し込みながら、反対側の穴に手を当ててピーナッツを受け取ろうと試みたのですが、彼女に邪魔《じゃま》されて上手《うま》く取れないのです。その後何日かしてチンパンジー舎に様子を見に行くと、ついに彼はこの問題を解決していました。

（小菅正夫《こすげまさお》「動物が教えてくれた人生で大切なこと。」〈河出書房新社〉より）

ア　若オスが工夫《くふう》をしてピーナッツ取りに成功すると、すぐにおとなメスに見つかって大騒ぎをされてしまうこと。

イ　おとなメスが執拗に丸太の反対側に座り込んでピーナッツが落ちてくるのを待っているので、若オスは食べられないこと。

ウ　おとなメスが穴に口をつけてピーナッツを吸い込む方法を編み出したために、若オスは穴からピーナッツを取ることができないこと。

エ　若オスに追い払われたおとなメスは、穴に細い枝を差し込んでピーナッツを取る経験を重ねること。

［　　］

3 よく出る！

次の文章中の［　　］に入る接続語として適切なものを、ア～エから選びなさい。

［岐阜県］（25点）

共同・協力する力、一緒に困難を乗り切る力というのは、人間が人間として生き延びてきた原動力なのです。これは別の見方をすると、一緒に喜び合える力であり、この力があるからこそ、生きていて楽しいと思えるのです。これがやがては恋愛感情にもつながります。

［　　］、子どものころにやった、鬼ごっこやかくれんぼは、みんなで一緒にするからこそ楽しい遊びです。みんなで知恵を出し合って、新しい自分たちのルールを考えたら、遊びがもっと面白くなります。ときには、年齢の小さい子が交じっていて、「この子はおみそ」《力の弱い者の意。》などと言ってその子だけ鬼にならないように配慮して、小さな子たちも一緒に遊べるように工夫したかもしれません。

（汐見稔幸《しおみとしゆき》「人生を豊かにする学び方」〈筑摩書房〉より）

ア　たとえば　　**イ**　けれども

ウ　そのうえ　　**エ**　あるいは

［　　］

アドバイス　［　　］のあとに続く文の中の「みんなで一緒にする」と同じ内容が、前の段落に繰り返し出ていることに着目しよう。

4 よく出る！

次の文章中の［A］・［B］に入る接続語の組み合わせとして適切なものを、ア～エから選びなさい。

［大阪府B］（25点）

茶の庭については、有名な利休のエピソードがあります。

利休がまだ修業時代のころの話です。ある日、師匠に露地《茶室の庭園。》の掃除をいいつけられた利休は、庭に出てきれいに掃き清めた後、木の枝をゆすって、わざと二、三枚の葉を散らしたというのです。あとで点検に現れた師匠は、その散らされた二、三枚の落ち葉を見て、利休の風雅を理解する能力に驚きその将来を嘱目《期待して見守ること。》したといいます。

意外に多いのですが、庭などを「自然のまま」の姿がいちばんいいと思い込んでいる人がいます。［A］自然のままにしておくと、そこはたちまちにして草ぼうぼうで枝は伸び放題、枯れ葉も落ちたままという雑然としたものになってしまいます。

「森は人の手を加えることで、森らしくなる」とヨーロッパでは古くからいわれています。［B］下枝を打ち、下草を刈って、適度に人が手を入れることで、緑豊かな森になっていくのです。日本でもそれは同じでした。そして庭は、その自然のエッセンス《本質。》を表そうとするものなのですから、人の手を加えることで、いかに自然を自然らしく表現するか、という点に心を注いで作られているのです。

（勅使河原宏《てしがはらひろし》「私の茶道発見　日本の美の原点とは」〈光文社〉より）

ア　A　なぜなら　　B　つまり

イ　A　しかし　　B　つまり

ウ　A　なぜなら　　B　あるいは

エ　A　しかし　　B　あるいは

［　　］

アドバイス　Aだけ、Bだけで考えるのではなく、両方に目を向けるようにしよう。

PART 19

論説文の読み取り②

【語句・文脈・意見】

POINT

空欄《くうらん》補充《ほじゅう》による文脈把握《はあく》や、理由・根拠《こんきょ》を問う問題は頻出《ひんしゅつ》！

学習日 ／

必ず出る！ 要点整理

語句の意味

▼ **文章中での意味をつかむ**…文章中で使われている語句を**話題に沿ってとらえ**、**文脈に合った具体的な意味**を考える。

文脈をとらえる

▼ **論理的な構成をつかむ**…指示語・接続語をたどりながら、**文と文との関係や段落どうしのつながり**をつかみ、文脈をとらえる。

筆者の意見

重要！

❶ **事実と意見を読み分ける**…文末表現に着目し、**事実を述べている文**と**意見を述べている文**とを読み分ける。

❷ **理由・根拠《こんきょ》をとらえる**…理由や説明を示す言葉「**なぜなら・…からである**」などに着目し、筆者の意見の**理由・根拠**をとらえる。

くわしく！

事実と意見の読み分け方

文末表現の違《ちが》いに注目。

①「…と思う」「…ではないだろうか」など、筆者の判断が文末にきていれば→意見

②事例を挙げたり、筆者の判断以外の動詞で言い切ったりしていれば→事実

くわしく！

理由や説明を示す言葉の例

だから・したがって・つまり・なぜなら・すなわち・…ので・…からである・…ためである

発展

客観的な事実を述べた部分に解答の手がかりがある

入試でよく出る設問に、筆者の意見に対して、なぜそう考えたのかという、**意見の理由や根拠を問うもの**がある。

この場合、解答は事実を述べている文にあることが多い。関連する事実の中心となる部分に着目。

理由を述べる文の文末は、「……からだ。」などになっていることが多いよ。

語句の意味をとらえる問題

①話題をおさえる…筆者が話題にしている内容をおさえたう

語句や文を補充《ほじゅう》する問題

①前後の話題をおさえる……キーワード（文中に繰《く》り返し出

えで、**語句との関係**を見ていく。

②文脈に沿ってとらえる…使われている語句の意味を、**文脈に当てはめて**、意味を確かめる。

例題 次の――線部「絵の複雑さで伝わるものが変わる。」とは、『三体画譜《さんていがふ》』においてはどういうことか。［　］**A**・**B**に入る言葉を、**A**は二字、**B**は六字で抜《ぬ》き出しなさい。〔北海道・改〕

葛飾北斎《かつしかほくさい》に『三体画譜』という絵手本集がある。人びとや動物、植物、風景などを真《しん》・行《ぎょう》・草《そう》の三体で描《か》き分けたものだ。真は写実的に、行は少し崩《くず》して、草はさらに崩して描いたもの。この順に筆数が減り、単純化されている。真は極細の筆で細部の線の一本一本まで描きこまれ、図鑑《ずかん》のように詳細《しょうさい》がわかる。草でもそれほど大きな崩しはないが、詳細が省かれて太い筆の勢いがある。そのせいか、動きや雰囲気《ふんいき》が感じられる絵が多かった。

絵の複雑さで伝わるものが変わる。

（齋藤亜矢《さいとうあや》「ルビンのツボ――芸術する体と心」〈岩波書店〉より）

●真は［A］が伝わり、草は［B］が伝わること。

解き方 **文の流れに合わせて意味をつかむ**

――線部の前の段落で、『三体画譜』の「**真・行・草**」の**三体の描き分け**について説明している。三体の順に**筆数が減ることによってどう感じられるか**は、「真は……図鑑のように詳細がわかる。」「草でも……そのせいか、動きや雰囲気が感じられる」の部分に示されていることに注目。「わかる」「感じられる」が、［　］**A**・**B**を含《ふく》む文の「伝わり・伝わる」と同様の内容であることに気づくのがポイントだ。

答 **A詳細　B動きや雰囲気**

てくる言葉）を手がかりに、**話題を整理**する。

②空欄《くうらん》の前後のつながりをおさえる…前後の語句や文とのつながりを確かめる。

例題 次の［　］に入る適切な言葉を、**ア**〜**エ**から選びなさい。〔栃木県・改〕

（設問の都合により一部省略した箇所《かしょ》がある。）

今、あなたは、世界にたった一人の個人として存在しています。そして、このことによって、あなたが見る世界は、あなた自身の眼《め》によっているということもできるはずです。つまり、あなたのモノの見方は、すべてあなた自身の個人メガネを通したものでしかありえないということです。

あなたが、何を考えようが、感じようが、すべてが「自分を通している」わけで、対象をいくら［　］し、事実に即《そく》して述べようとしたところで、実際、それらはすべて自己を通した思考・記述でしかありえないということになります。

（細川英雄《ほそかわひでお》「対話をデザインする――伝わるとはどういうことか」〈筑摩書房〉より）

ア 情緒《じょうちょ》的に判断　**イ** 効果的に分析《ぶんせき》

ウ 主観的に認識　**エ** 客観的に観察

解き方 **前後の論理的なつながりをつかむ**

前の段落の内容を整理してみよう。

・あなたが見る世界は、あなた自身の眼によっている

・あなたのモノの見方は、すべてあなた自身の個人メガネを通したもの

これを受けて、「思考・記述」でも同じことがいえると述べている。［　］に続く「**事実に即して**」に**着目**しよう。これは、「自分を通している（＝主観によっている）」とは逆である。

答 **エ**

PART 19

高校入試実戦力アップテスト

論説文の読み取り②［語句・文脈・意見］

時間：50分　配点：100点　目標：80点

解答：別冊17ページ

得点：　　点

1

次の文章を読んで、あとの各問いに答えなさい。　［千葉県］

わたしたち人間が生きるということは、この地球上に命を与えられ、その命を維持していくということを意味している。生まれるということは、命を与えられるということである。与えられるということは［A］である。わたしたちは自らの誕生を選択することはできないからである。

他方、わたしたちは命をつなぐために、たくさんのことを選択する。「選択する」ということは、「選択肢をもつ」ということ、さらに、「選択することができる」ということも意味している。複数の選択肢のなかから選択することができるということは、選択の自由をもつということである。選択の自由があればこそ、わたしたちは、複数の選択肢から［B］でどれか一つを選ぶことができる。選択の存在こそ人間が自由であることの根幹に位置しているのである。

ただ、選択が望みの結果をもたらすかどうかは、選択の時点で分かっているわけではない。わたしたちは選択を誤ることもある。この場合の「誤る」[a]は、数学の解答を誤るという意味ではない。正しい答えを出せなかったということではない。わたしたちは「正しい選択」[b]というが、これは、数学の答えのような「正しさ」ではない。選択には、「よりよい選択」と「より悪い選択」、「どちらともつかない選択」がある。よりよい選択とは、わたしたちの願望の実現をもたらす選択、いわば幸福な状況をもたらす選択であり、そうでない選択が誤った選択、不幸をもたらす選択が悪い選択である。

さらに、よい選択をしたと思っても、選択の状況が変化するなかで不運が生じることもある。

（桑子敏雄《くわことしお》「何のための『教養』か」〈筑摩書房〉より）

よく出る！

(1) ［A］・［B］に入る言葉の組み合わせとして適切なものを**ア〜エ**から選びなさい。（アドバイス）☞［A］は、「**与えられる**」に注目。　（10点）

ア　［A］―受け身　［B］―自らの権力

イ　［A］―運命的　［B］―自らの技術

ウ　［A］―受け身　［B］―自らの意思

エ　［A］―運命的　［B］―自らの知性

［　　］

(2) この文章では、「選択」における誤る[a]、正しい[b]について、「数学」における「正しい」「誤る」とは異なるものとして述べている。「選択」における「正しい」「誤る」の説明として適切なものを、**ア〜オ**から二つ選びなさい。（5点×2）

ア　「選択」における「正しい」と「誤る」は、人類の共通の真理である。

イ　「選択」における「正しい」と「誤る」の間には、境界線を明確に引けない。

ウ　「選択」における「正しい」は、人間の自由な精神のあらわれである。

エ　「選択」における「正しい」は、固定されたものではなく、流動的なものである。

オ　「選択」における「誤る」は、選択者の努力が足りないために生じる。

［　　］［　　］

2 次の文章を読んで、あとの各問いに答えなさい。

［佐賀県・改］

しばしば、「自分の脳をもっと良くするにはどうすればよいですか？」という質問を受けることがあります。

ですが私は、この考え方はいかがなものかといつも感じていました。人間にとっては、一見すると「弱み」に見える資質が、逆説的に生存戦略上はメリットとして機能してきたからです。

逆説的…真理と反対なことを言っているようだが、よく考えると一種の真理を言い表している説。

たとえば①「合理性を欠く」という性質。これは一般的には無批判に「劣った性質」であり、人間の脳の機能的な「弱み」であるとみなされています。

合理的に考え、論理的な思考を持つ者こそ、知能が高く、人間社会のヒエラルキーにおいて上位に立つべき者である、という考え方が現代社会においては□です。

ヒエラルキー…ピラミッド型の階層組織。

しかし本来は、この「弱み」が現代まで引き続いている理由があるはずで、だからこそ人間はここまで生き延びてくることができた、と考えるのが自然ではないでしょうか。

実際、「合理性を欠く」という「弱み」から得ているメリットも、人間には多くあります。そもそも、人類の歴史が「弱み」を活《い》かしてきた工夫の連続だとも言えるのではないでしょうか。

人類の起源はアフリカと考えられています。豊かで気候の良い土地であり、生存にも生殖にも有利であったはず。条件の良い場所は個体数が増えればそれだけで競争が激化します。いつしかこの土地で生き延びること自体がレッドオーシャン（競争の激しい市場）化したのか、「負け組」たちはこの地を去りました。

他種の生物を殺してつくった衣服をまとい、同種の人類のあいだでも資源を奪い合うようになりました。そうしなければ生きていけないような、寒冷で厳しい環境へ移動、拡散を続けていったのです。

②こんな選択をしたのは、なぜでしょうか？ もちろん競争に勝てないほど弱かったから、負け組だったから、というシンプルな理由づけもできるでしょう。しかしここで、人間が合理性に基づかない判断をしたからだ、と考えてみることもできます。

人間には、ほかの霊長類たちと比べると、新しい環境のほうを選好する「新奇探索性」を強く持っている人たちがいます。このために、なまやさしい環境には満足できず、あえて厳しい環境へ、ドーパミンの刺激を求めて飛び込んでいかずにはいられない、というのです。そういう意味では、人間というのはなんとも業《ごう》の深い生物だとも言えます。

霊長類…ヒトやサルなど、動物界で最も進化したといわれる動物の一群。

ドーパミン…意欲や動機づけに関与する神経伝達物質。

業の深い…人は生まれながらに担っている運命や制約などに強く縛られており、逃れられないということ。

（中野《なかの》信子《のぶこ》「空気を読む脳」〈講談社〉より）

(1) □に入る適切な言葉を、ア～エから選びなさい。（10点）

ア 支配的　**イ** 批判的

ウ 革新的　**エ** 道徳的

［　　］

アドバイス **□の前で言っている「考え方」は、現代社会において広く通用している。**

ミス注意

(2) ――線部①とあるが、これはどういう性質か。適切なものを**ア**～**エ**から選びなさい。（10点）

ア 直感的な判断に頼らずに、つじつまの合うような選択をする性質。

イ 共存するために、無用な争いを起こさずすみ分けようとする性質。

ウ 生き延びる道を模索しつつも、自身が破滅することを望む性質。

エ 自分が不利益になるような、筋の通らない行動をしてしまう性質。

［　　］

アドバイス **この性質が、「人類の歴史」のうえでどうだったかということに注目。**

ハイレベル

(3) ――線部②について、筆者はその理由をどのように考えているか。次の□に入る言葉を、四十字以内で書きなさい。（12点）

●人間の中に□者がいたから。

［　　］

TEST

3 次の文章を読んで、あとの各問いに答えなさい。

〔岐阜県〕

　私たちの生活が、たくさんのそうした生活上の細々《こまごま》したルールから成り立っているということについて、ほんの一時期でも自宅へ外国からのお客さんを迎えて滞在してもらうとすぐに気づきます。外国人のお客さんは、一つひとつについて、どうすればよいのか、どういう意味か、日本語でなんというのか聞きます。聞かれてみて初めて、自分たちにとって当たり前のことが、日本に住んでいない人には決して当たり前でないことに気づきます。つまり、「文化」は、その文化を学びとった人以外の人びとにとっては少しも当たり前ではないのです。

　ところが、そのルールに従って生きている人にとっては①「文化」はいちいち意識されないことがとても重要です。ルールの一つひとつの意味が検討され、議論の対象にされ、多数決で決めなければならないとしたら、とってもたくさんの時間と労力が必要となり、生活をスムースに送ることなどできなくなります。

　一方、「文化」の、当たり前すぎて一つひとつ検討したり疑問に思ったりする必要などなく、私たちの生活を成り立たしめているルールとして働いているということが、②困った問題を起こすことがあります。それは文化を異にする人びとが、日本の文化のある部分にどうしても納得できなくて説明を求めてきた時、あるいは、その人たちの文化の中のある部分と、日本人の文化のある部分とが激しく対立した時、相手を説得したり、納得させるだけの説明ができないということです。当たり前であることに対して、私たちはそれが存在する理由など考えません。理論的に筋道だって、相手に説明する習慣もありません。もっと悪いことは、私たちにとって当たり前であり、それが一番良いことだと考えていることがらを、別の文化の人びとが批判することに対して、腹を立ててしまうことです。そして、相手が批判する依《よ》りどころとしている相手の文化を、逆に批判してしまうことです。そうなると、反感は増幅されて、憎しみまで生まれてしまいます。文化の一部を互いに批判し合っているうちに、その文化を担《にな》っている人間までも、批判し、否定し、憎んでしまうことになってしまいます。

（波平恵美子《なみひらえみこ》「生きる力をさがす旅　子ども世界の文化人類学」〈出窓社〉より）

よく出る!

(1) ——線部①とあるが、「文化」がいちいち意識されないことが重要である理由についてまとめた次の文の[A]・[B]に入る適切な言葉を、抜き出しなさい。ただし、Aは四字、Bは十字とする。（9点×2）

● 「文化」のルールに従って生きている人にとっては、[A]のこととして受け入れているルールの意味を一つひとつ議論していたら、とても[B]が必要となり、円滑に生活を送ることができなくなるから。

A［　　　　］　B［　　　　］

アドバイス A・Bを含《ふく》む文は、第一・第二段落の内容をまとめている。

ミス注意

(2) ——線部②とあるが、筆者は、どのような点が「困った問題」であると述べているか。ア〜エから選びなさい。（10点）

ア　文化を異にする人々が、互いに相手を説得しようとしても、相手を納得させるだけの文化の説明ができず、相手の文化の一部を批判し合う状態になってしまう点。

イ　文化を異にする人々が、互いに対立を避けるために、共通したルールを作ろうとする結果、自分たちの文化を否定してしまう点。

ウ　文化を異にする人々が、互いに論理的に筋道立った説明をすることをあきらめ、互いの文化の違いに疑問を抱かなくなってしまう点。

エ　文化を異にする人々が、互いの文化を理解するために時間をかけて話し合った結果、生活が成り立たないようなルールができてしまう点。

［　　］

アドバイス ——線部②のすぐあとの「それは」以下で説明している内容をおさえよう。

4 次の文章を読んで、あとの各問いに答えなさい。

［高知県・改］（10点×2）

よく考えると当たり前だけど、服は農産物・畜産物であり石油である。もちろん原材料がということだが、ふだん意識することはほとんどない。

それに気づかされる事件があった。数年前、インドやパキスタンで洪水が起き、中国でも干ばつがあったのを覚えている人もいるだろう。〔A〕ニュースはしばらくその災害の映像を流していたが、外国のことだからみんなすぐに忘れてしまった。しかしその後、生地屋さんから困った声で電話がかかってきた。「日本に糸が入ってこない！」と。

これらの国は綿の世界的な産地だ。この被害で収穫が減り、人口の多い自分の国の消費で精いっぱい。輸出を制限してしまい、日本に入る綿が激減して、糸の値段が一時高騰した。あの時僕らが着ているシャツや下着は、綿花の実からとれた農産物であり、ウールやシルクは、羊や蚕を育てて作る畜産物なんだと、あらためて痛感した。〔B〕デザインされた服はトレンドや美しいイメージで彩《いろど》られ、おしゃれなお店に並んでいるから、ファッションと農業なんて全く関係がないと思ってしまうけれど……。

「食料危機」が危惧されて久しい。二〇五〇年には世界人口は九〇億を突破すると言われている。〔C〕もし「食」が足りなくなるなら、「衣」もやはり危機だろう。「衣料危機」なんてまだ誰も言っていないが、それは食と同じレベルで人類の問題だ。人は服なしでは、生存できないのだから。

ところで日本の食料自給率は、なんとか六五％（二〇一七年生産額）を保っている。それに対して衣服の自給率をご存知だろうか？　なんと二・八％（二〇一六年）である。〔D〕つまり九七・二％は外国製なのだ。それはまだ製品の話で、綿や麻やウールなど原材料の自給率は、なんとほぼ〇％である。

つまり日本は「衣食住」という大切な生活の三つの基礎のうち、衣服を自分たちでまかなう力をもはや全く持っていないのである。なぜかメディアもほとんど報道しないが、これは驚くべきことではないだろうか？　最初に書いた「綿が洪水で激減した話」は、一般の人にはほとんど知られていないけれど、日本の立ち位置の危うさを如実《にょじつ》に示している。

先日知り合いのクリーニング屋さんからびっくりする話を聞いた。中年の女性がファストファッションで買ったダウンジャケットをもって来て、「クリーニング代はいくら？」と聞いてきたそうだ。価格を聞くと「あら、買った時よりも高いじゃないの！　じゃあ、もういいわ、また新しいの買うから」といって去ってしまった。クリーニング屋さんは、呆然《ぼうぜん》としてしまったそうだ。クリーニング代のほうが買値《かいね》よりも高いから、まだ着られる服を捨ててしまうような、現代の消費型ファッション。しかしこんな異常な時代が長く続くはずはない。近い将来、根本的に見直さなければならない時が来るだろう。


（堀畑裕之《ほりはたひろゆき》「言葉の服　おしゃれと気づきの哲学」〈トランスビュー〉より）

如実：現実のとおりであること。

よく出る！

(1) この文章には、次の一文が抜けている。〔A〕～〔D〕のどこに入れたらよいか。一つ選びなさい。

温暖化による気候変動や石油枯渇がそれに拍車をかける。

〔　　〕

アドバイス　抜《ぬ》けている文中の「それ」が指している内容を含む文を探そう。

ハイレベル

(2) ～～～線部とは、どういうことか。その内容として適切なものを**ア**～**エ**から選びなさい。

ア　日本は、食料と衣服とを直接関係のないものとしているが、実は密接に関係しており、別のものとして考えることは危険だということ。
イ　日本は、食料のほか衣服やその原材料を外国に依存しており、輸入できなくなれば生活が成り立たなくなる危険な立場にあるということ。
ウ　日本は、衣服の原材料の自給はあきらめているのに、これ以上の災害が起きると、物資を輸入できない状況に陥るということ。
エ　日本は衣服のほぼすべてを外国に依存しているが、このまま大量消費を続けると、世界の中で孤立する危険性があるということ。

〔　　〕

TEST

PART 20

論説文の読み取り③

［段落・構成・要旨］

POINT

文章の構成のとらえ方、要旨《ようし》のまとめ方をおさえる！

学習日

必ず出る！ 要点整理

段落

▼ **段落とは**…文章中の、あるまとまりをもった意味や役割を与《あた》えられた**内容上のひと区切り**。段落のはじめは改行され、書きだしは**一字下がり**になる。

文章の構成

❶ **文章の構成の基本**…序論（問題提起）→本論（説明）→結論（まとめ）という展開をする文章が多い。

❷ **文章の構成のとらえ方**

(1) **大きなまとまりに分ける**…各段落の要点をつかみ、**話題が共通している段落**をひとまとめにして、大きな意味のまとまりに分ける。

(2) **まとまり相互《そうご》の関係をつかむ**…前後のまとまりが、どのような関係でつながっているかをつかむ。**段落のはじめにある接続語**が手がかりになる。

〈注〉文章のあらまし・あらすじをまとめたものは、「大意」。

要旨

要点！

要旨《ようし》とは　筆者の考えや意見の中心となる事柄《ことがら》。結論・主張の要約。

▼ **要旨のまとめ方**

(1) **説明文**…各段落の要点をつなぎ合わせ、**要約**してまとめる。

(2) **論説文**…結論の段落（主に最終段落）を探し、その内容を中心にまとめる。

くわしく！

文章の構成の型

序論・本論・結論を基本に、結論の位置によって次のようなものがある。

① **尾括型《びかつがた》**

説明　説明　説明
↓
結論

② **頭括型《とうかつがた》**

結論
↓
説明　説明　説明

③ **双括型《そうかつがた》**

結論
↓
説明　説明　説明
↓
結論

発展

形式段落と意味段落

一字下げで始まり、次の一字下げの前までを**形式段落**、内容のうえから形式段落をいくつかまとめたものを**意味段落**という。

発展

中心文は、要点を把握《はあく》する手がかり

その段落で**中心的に述べようとしている話題**や、**最も強く伝えたかった事実**をまとめているのが中心文。普通《ふつう》、一文か二文でまとめられている。

段落の中での位置としては、はじめか終わりにあることが多い。

発展

段落のつながりは、段落のはじめの接続語に注目

となり合う段落どうしがどんな関係でつながっているかは、**段落のはじめに使われている接続語**が手がかりになることが多い。（➡76ページ六種類の接続語）

また、「**このように**」は、直前の段落に限らず、**それまで述べてきたことをまとめて指し示す**場合によく使われることを覚えておこう。

入試問題

この手で攻略!!

要旨をとらえる問題

①各段落の要点を把握…段落の**中心文**や**キーワード**を手がかりにする。

②中心段落の把握…筆者が考えを述べている段落をつかむ。

③結論の段落に着目…結論の段落の内容を中心にまとめる。**できるだけ文章中の言葉を使い、キーワードは必ず使う。**

例題　次の文章で、筆者は、散歩の歩き方と考えることにどのような共通点を見つけているか。本文の要旨をまとめた［　］の文の［　］に当てはまる内容を、「道路」「失敗」の二つの言葉を使って、四十字以上、五十字以内で書きなさい。（設問の都合により一部省略した箇所《かしょ》がある。）　［21 埼玉県・改］

散歩は、何であるか分からないものとの出会いを求めて歩く。自分が求めているものが何か分からず、何に出会うかも分からないが、出会ったときにはそれを必然と感じるような何かを探して歩いている。

散歩において見つけた、しばし留《とど》まるべき場所、これまでの自分とは異なった視野を与《あた》えてくれる丘《おか》の頂上、緑の生き物の内臓のような森、不健康なほどコバルト色の空が宇宙に届いている高原、風の足跡《あしあと》を残してうねる砂丘《さきゅう》、永遠にクロールしたくなるようなサンゴ礁《しょう》の海辺。これらの場所に到達《とうたつ》して私は変身する。そこに永らく座っていたくなるだろう。しかし自分が散歩の途中《とちゅう》であったことを思い出し、私たちは再び歩き出す。どこでもない目的地を探して。

こうした散歩の歩き方は、考えることに非常に似ていることにお気づきだろう。思考には、問題解決のためのありとあらゆる行動が含《ふく》まれている。それは、問いに始まり、どこにたどり着くかおぼつかない旅である。知的な探求は、踏《ふ》みならされた道路を進むことではありえない。

歩くこと、話すこと、考えることには、共通の構造がある。それは、＊ドロワによれば、「崩壊《ほうかい》しはじめ」、「持ち直し」、「また始める」という構造である。たしかに、ある方向に移動するという推進と、それを実現するための足と地面との調整の連続で歩行はできている。細かな失敗と修正を繰《く》り返して、私たちは歩むのだし、考えることも話すことも同じような過程で進んでいく。この点にはまったく同意できる。

（河野《こうの》哲也《てつや》「人は語り続けるとき、考えていない　対話と思考の哲学」〈岩波書店〉より）

＊ドロワ…ロジェ＝ポル・ドロワ。フランスの哲学《てつがく》者。（一九四九〜）

散歩の歩き方は、どこにたどり着くかおぼつかないが、［　］という点で、考えることに似ている。

解き方　**結論の段落に着目する**

①段落ごとに要点をとらえる

第一段落…散歩は、そのときには必然と感じるような出会いを求めて歩くものだ。

第二段落…私たちは、散歩においてこれまでの自分とは異なった視野に留まりたくなる。しかし散歩の途中だったことを思い出し、別の目的地を探し歩き出すのだ。

第三段落…散歩の歩き方は、考えることに非常に似ている。思考は問いに始まりどこにたどり着くかおぼつかない旅であり、その旅は、踏みならされた道路を進むことではないのだ。

第四段落…歩くこと、話すこと、考えることには、共通の構造がある。歩みは細かな失敗と修正を繰り返して進むが、考えることも話すことも同じような過程で進む。

②中心段落をつかむ…第一・第二段落は「散歩の歩き方」のみの説明。**「考えること」が登場する第三・第四段落**が中心段落。

③結論の段落に着目してまとめる…中心段落である第三・第四段落の内容をもとに、［　］の前後の語句を手がかりにまとめる。

答　**例踏みならされた道路を進まずに、細かな失敗と修正を繰り返しながら、どこでもない目的地を探し続ける（47字）**

PART 20

高校入試実戦力アップテスト

論説文の読み取り③【段落・構成・要旨】

時間：50分　配点：100点　目標：80点

解答：別冊18ページ

得点：　　点

1 よく出る！

次の文章で、筆者は紙に書かれた活字メディアの長所について述べている。それを要約し、あとの条件に従って、七十字以上八十字以内で書きなさい。［愛知県B・改］（15点）

本でなければ得られないものは何か。それは、知識の獲得の過程を通じて、じっくり考える機会を得ることにある――つまり、考える力を養うための情報や知識との格闘の時間を与えてくれるということだと私は思います。ほかのメディアとは異なり、本をはじめとする紙に書かれた活字メディアでは、受け手のペースに合わせて、メッセージを追っていくことができます。たとえば、今この本を手にしている皆さんは、めんどうくさいやと、一足飛びに別の章を開いたりすることも、斜め読みをして、もういいやとこの本を投げ出してしまうこともできます。あるいは、これまで読んできたところを、もう一度読み返して、この著者がこれから何を言おうとしているのか、予想を立てることもできるでしょう。活字メディアの場合、読み手が自分のペースで、文章を行ったり来たりしながら、行間を読んだり、論の進め方をたどったりすることができるのです。いいかえれば、ほかのメディアに比べて、時間のかけ方が自由であるということです。文章を行ったり来たりできることは、立ち止まってじっくり考える余裕を与えてくれることでもあります。もっともらしいせりふに出会っても、話しことばのようにそんなものかなといって十分吟味もしないで納得するのではなく、そのもっともらしさを疑ってかかる余裕が与えられるということです。つまり、ありきたりの常識に飲み込まれないための複眼思考を身につけるうえで、こうした活字メディアとの格闘は格好のトレーニングの場となるのです。

（苅谷剛彦《かりやたけひこ》「知的複眼思考法」〈講談社〉より）

〈条件〉「格闘」、「ペース」、「複眼思考」という三つの言葉をすべて使い、「活字メディアは、……」という書きだしで書くこと。三つの言葉はどのような順序で使ってもよい。文は、一文でも二文以上でもよい。

［　　　　］

アドバイス　「三つの言葉をすべて使い」という条件を必ず守ること。

2 ミス注意

次の文章の[2]・[3]段落は、文章の構成上、どんな役割をしているか。その説明として適切なものを、ア～エから選びなさい。［静岡県・改］（15点）

[1]植物は、大いなる野望や冒険心を抱いて種子を旅立たせるわけではない。環境は常に変化をする。植物の生える場所に安住の地はない。常に新たな場所を求め続けなければならないのだ。そして、分布を広げることを怠った植物は、おそらくは滅び、分布を広げようとした植物だけが、生き残ってきたのである。それが、現在のすべての植物たちが種子散布をする理由である。

[2]常に挑戦し続けなければいけないということなのだ。何かをするということは、失敗することである。たとえば、旅に出れば、バスに乗り遅れたり、道を間違えたり、忘れ物をしたりする。部屋の中にいれば、何も失敗することはないが、それでは面白くない。旅に出て失敗しても、後になってみれば良い思い出だ。

[3]チャレンジすることは、失敗することである。しかし、チャレンジす

ることで変わることができる。「Challenge & Change（チャレンジしてチェンジする）」である。雑草だって、スマートに成功しているわけではない。道ばたで泥臭く挑戦している姿を見てほしい。

4さらに、種子がさまざまな工夫で移動をする理由は、他にもある。それは、親植物からできるだけ離れるためなのである。

5親植物の近くに種子が落ちた場合、最も脅威となる存在は親植物である。親植物が葉を繁《しげ》らせれば、そこは日陰になり、やっと芽生えた種子は十分に育つことはできない。また、水や養分も親植物に奪われてしまう。あるいは、親植物から分泌される化学物質が、小さな芽生えの生育を抑えてしまうこともあるだろう。

（分泌…液が外ににじみ出ること。）

（稲垣栄洋《いながきひでひろ》「雑草はなぜそこに生えているのか」〈筑摩書房〉より）

ア 1の段落と対比した内容を示し、問題を提起している。

イ 1の段落の内容を、例を付け加えて言い換えている。

ウ 4の段落の結論を、理由とともに先に述べている。

エ 5の段落の結論のため、仮説を立てて説明している。

［　　］

3 ハイレベル

次の文章の段落構成を説明した文として適切なものを、ア～ウから選びなさい。（設問の都合により一部省略した箇所《かしょ》がある。）

［北海道・改］（15点）

1機会あるたびに絵葉書を集めて眺めていると、その表現にある共通した特色が認められることに気づく。それは、パヴィアの教会堂であれ、あるいはローマのコロセウムやパリの凱旋門《がいせんもん》であれ、西欧の名所絵葉書は、いずれも余計なものはできるだけ切り捨てて、対象そのものを正面から画面いっぱいに捉えるというやり方を採っていることである。絵葉書が観光名所の紹介を目的とするものである以上、そんなことは当たり前だと言われるかもしれないが、ことはそれほど簡単な話ではない。日本の観光絵葉書では、お寺でもお城でも、建物だけを捉えたものは稀《まれ》だからである。

（パヴィア…イタリア北部の都市。）

2事実、例えば京都の観光絵葉書を見てみると、建物も庭も白一色に覆われた「雪の金閣寺」とか、咲き誇る桜の花を前面に配した「清水寺の春」などのように、周囲の自然と一体になった建造物をモティーフとしたものが圧倒的に多い。そこでは、西欧の絵葉書では排除されている自然が大きな役割を演じているのである。

（モティーフ…作品をつくる際の題材となるもの。モチーフ。）

3そのことは、名所についての日本人の考え方、さらには自然観と密接に結びついているであろう。もともと日本人にとって名所とは、高雄の紅葉とか醍醐《だいご》の桜というように、自然景と一体になったものであった。写真の登場以前に今日の絵葉書と同じような役割を果たしていた浮世絵《うきよえ》の名所を思い出してみれば、その間の事情は明らかである。

4代表的な例としては、広重の晩年の名作《名所江戸百景》がある。これは文字通り江戸の名所を次々に版行して、全部で広重は百十八点の「名所」を残した。それを、広重の死後、版元が新たに一点と扉絵を追加して、総計百二十点の揃物《そろいもの》として売り出したのだが、その際、当初はばらばらに制作されていたものを、春夏秋冬の季節に分類して纏《まと》めたのである。

（広重…歌川広重。江戸末期に活躍した浮世絵師。）

5だが西欧の凱旋門や教会堂のようなモニュメントは自然の変化や時間の経過を越えて永続するものを目指してつくられた。それは、記憶の継承のための装置と言ってもよい。だが思い出は当事者がいなくなれば、時の経過とともに次第に忘れ去られる。そのような忘却に対抗するために、容易に失われることのない堅牢《けんろう》な石の建造物を造ったのである。

（高階秀爾《たかしなしゅうじ》「日本人にとって美しさとは何か」〈筑摩書房〉より）

ア 2では、1の内容の裏付けとして、筆者の伝聞したことが述べられている。

イ 3では、2で取り上げた具体例に続けて、筆者の考えが展開されている。

ウ 5では、4で述べた考え方を否定した上で、筆者の主張が整理されている。

［　　］

アドバイス 選択肢《せんたくし》で取り上げている各二つの段落の内容に目を向けよう。

4

次の文章を読んで、あとの各問いに答えなさい。（設問の都合により一部省略した箇所《かしょ》がある。）

［静岡県・改］

経験的に理解できると思うが月が低い位置にある時と、高い位置にある時では大きさが異なって見える。これは「月の錯視（視覚における錯覚。）」として古くから知られた現象である。これが幻であることは理解しているが何度経験しても不思議な風景である。

現実を歪《ゆが》めて捉えてしまう大きな理由に、私たちがものを見る時には、「眼《め》」の働きだけではなく、「心」が働くからである。心理学では、見るプロセスを「知覚」と「認知」の二つとして捉えている。「知覚」とは眼の場合は視覚であり、主に眼球の働きである。その他の五感においても耳や鼻や舌や肌の働きがあるが、これらの感覚器を通じて外の情報が入ってくるプロセス（過程。）が知覚と呼ばれるものである。その一方で「認知」とは、主に心や脳がもたらす心理的な働きと考えてもいいだろう。眼や耳で知覚して捉えた情報を、脳の中で処理するプロセスである。この両方のプロセスがないと〝見る〟ということには至らない。

私たちが見るすべては、ひとまず光として眼から入ってくる。それは山や空であろうと、ビルや車であろうとその区別はなく、すべて光としてまとめて眼に飛び込み網膜（眼球の内面を覆う膜。）に像を結ぶ。その像の情報は視神経を伝わって脳へ送られる。その情報が脳の中で記憶や感情とブレンド（異なったものを混ぜ合わせること。）され、処理されたものを認識した時に、私たちは初めて「見る」ということを経験する。

つまり私たちは何かを見る時に、純粋に眼から入る光を見ているわけではなく、同時に心のフィルター（物事を選び分ける際に、その判断のもととなる心情や観点。）を通して見ているのである。だから視界には入っているが、それが見えていない時というのは、〝心が認知できていない〟状態である。錯視や錯覚とは、眼で捉えたものと、心が捉えたものの間にズレがある場合に起こる。

私たちが見る風景というのは、むしろこの心のフィルターの方が強く影響する。だから全く同じ場所であっても、どのような想像力を込めるのかによって、まるで違った風景に見えることがある。

この心の中の風景というのは、実は視覚以上に本質的であるのかもしれない。なぜなら私たちは眠っている時でも「夢」という風景を見るからである。夢は視覚的な光のインプット（入力。）は全くなく、心の中の情報だけで見ている風景である。そして夢を見ている時にはそこに広がる風景を、私たちは確かな現実だと思い込んでいる。

目が覚めた時に、今まで見ていた風景が夢であったことに私たちはようやく気づくが、夢から覚めるまではそれが現実かどうかは分からないことが多い。そしてその感覚を延長していくと、夢から覚めた現実でさえも、本当の現実かどうかの確信を持つことは実は難しい。夢か現実かを確かめる方法は、それを抜けだした状態になるまでは、本来は分からないからだ。つまり私たちは現実の風景を見ていると思っているが、その風景の半分は想像でできている。だから想像が変われば風景も当然変わるのである。この事実は当たり前すぎるため、普段改めて考えることはないのだが、実は人間にとって本質的な問題である。

（ハナムラチカヒロ「まなざしのデザイン」〈NTT出版〉より）

ミス注意

(1) 本文の構成を説明した文として適切なものを、**ア〜エ**から選びなさい。（10点）

ア 冒頭から同じ主張を繰り返し、最後は読者に問いかけている。
イ 前半と後半で対照的な内容を示し、主張を明確にしている。
ウ 問題提起した答えを、本文の半ばで根拠を示してまとめている。
エ 冒頭で一般的に知られている現象を提示し、具体例と説明を加えながら主張を展開している。

［　　］

ハイレベル

(2) 筆者は、〰〰線部について、想像が変われば風景も変わる理由を、本文を通して述べている。その理由を、ものを見る時の二つの過程を含めて、四十五字以内で書きなさい。ただし、「私たちは」で書き始めること。（15点）

［　　　　　　　　　　　　　　　　］

5 次の文章を読んで、あとの各問いに答えなさい。（設問の都合により一部省略した箇所《かしょ》がある。）

〔和歌山県・改〕（15点×2）

人間以外の動物は家族と共同体を両立できませんが、私たち人類は、この二つの集団を上手に使いながら進化してきました。

人類は共同の子育ての必要性と、食をともにすることによって生まれた分かち合いの精神によって、家族と共同体という二つの集団の両立を成功させました。

人間には、ほかの霊長類（ヒトを含むサル類。）とは違って長い子ども期があります。子ども期は二歳ごろから六歳ごろまでの四～五年間を指します。

オランウータンにもゴリラにもチンパンジーにも、子ども期はありません。人間以外の類人猿（ゴリラ・チンパンジー・オランウータンなど、霊長類の中で最もヒトに近いもの。）の赤ちゃんは、母乳を与えられる時期が長く、ゴリラでは三歳ごろまで、チンパンジーは五歳ごろまで、そしてオランウータンはなんと七歳ごろまで母乳で育ちます。そして乳離れをした後はすぐに大人と同じものを食べて生活します。

あ

一方、人間の子どもは、乳離れをした後には「離乳食」（乳離れの時期に乳児に与える食べ物。）が必要な時期がありますね。これは、人間の子どもは六歳にならないと永久歯が生えてこないからです。大人と同じ食生活ができない子ども期には、食の自立ができませんから、上の世代の助けがどうしても必要になる。人間の子育てには、手間も人手もいるんですね。

ですから人類の祖先は、子どもを育てるとき、家族の中に限定しなかったはずです。また、分かち合う食を通じて家族同士のつながりを作っていたでしょう。人類は進化の過程の中で家族を生み、共同体を生み出したのです。

い

しかしながら、現在、家族の崩壊ということがよく言われます。家族という形態が、ひょっとすると現代の社会に合致しなくなってきているのではないか。そんなふうにも思えます。家族は、人間性の要とも言える部分。また、人間社会の根幹をなす集団の単位です。そこに変化が起き始めていることについて、私たちはどう考えればいいのでしょうか。

改めて家族というものを定義してみると、それは「食事をともにするもの（たち）」と言うことができます。どんな動物にとっても、食べることは最重要課題です。いつどこで何を誰とどのように食べるか、ということは非常に重要な問題です。

う

人類の場合は、食を分け合う相手は基本的には家族です。何百万年もの間、人類は家族と食をともにしてきました。家族だから食を分かち合うし、分かち合うから家族なのです。しかし、その習慣は今や崩れかけていると言えます。

（山極寿一《やまぎわじゅいち》『「サル化」する人間社会』〈集英社インターナショナル〉より）

ハイレベル

(1) ～～線部「長い子ども期」とあるが、筆者は、人間の子ども期の子育てに手間も人手もいるのは、なぜだと考えているか。次の□に入る事柄を、「永久歯」「食の自立」という言葉を使い、二十五字以内で書きなさい。

●この間の人間の子どもは、□から。

アドバイス 人間の子ども期の子育てについて書いてあるのは第五段落だよ。

〔　　〕

よく出る！

(2) 本文中には、次の□の段落が抜けている。文脈上、あ～うのどこに入れるのが適切か。

> そして霊長類の場合、なかでも「誰と食べるか」が大事なのです。ともに食べるものをどう選ぶか、その選び方で社会が作られていくからです。

〔　　〕

アドバイス 「食べる」ということを話題にしている段落に目を向けよう。

PART 21

表や資料を用いた文章の読み取り

POINT

表・資料の使われ方、文章との関連をおさえる！

学習日

必ず出る！ 要点整理

表・資料

❶ **表とは**…主に**論説文の内容のまとめ**として設問文中に使われる。囲みの形式で要点が整理され、空欄補充《くうらんほじゅう》によって文章の内容をまとめるものが多い。

❷ **資料とは**…**論説文**をはじめ、**話し合い**、**対話文**など、はば広く使われる。形式も、グラフ・図・統計表などさまざまである。出題は、使われている**資料が表す事柄《ことがら》を本文の内容に沿ってとらえていく**ものが多い。

文章との関連

▼ 表の場合

(1) **文章中のどの内容**について表にまとめたものかを**設問文から的確にとらえる**。

(2) **あらかじめ表の中に入れてある事柄**に着目するとともに、**空欄の前後の言葉を手がかり**にして語句を探したり、要点をまとめたりする。

▼ 資料の場合

(1) グラフ・統計表などについては**数値に着目**し、何について表したものかをおさえるとともに、**文章中のどの部分と対応しているか**をつかむ。

(2) 図と文章中の語句との対応や関連を問われた場合は、**語句の表す内容が図に正確に示されているかどうか**をとらえる。図に関して、自分で文にまとめる問いの場合は、**図に描《えが》かれているものや語句**を、文章中の表現と結び付けてまとめる。

くわしく！

表と図表

「図表」は、**数や量をグラフや図にしてわかりやすく表したもの**。上段で説明している「表」は、あくまで**文章の内容を表の形でまとめたもの**をいう。

発展

棒グラフと帯グラフ

資料で使われるグラフには、棒グラフや帯グラフなどが多い。

棒グラフは**数量の比較《ひかく》**、帯グラフは**数量の割合**を示す場合に使われることが多いということをおさえておくようにしよう。

発展

条件作文の資料

入試の論説文などで、資料としてグラフ・図・統計表が使われるようになったのは、最近の傾向《けいこう》だといえるが、条件作文（⬇104～107ページ）では以前から使われている。ただし、作文の場合は、あくまで**資料の読み取りに重点**が置かれ、そこから読み取ったことに対して、**事柄の説明や自分の意見**を述べるなど、**表現力**が問われるものである。

これに対して、本文の読み取りとからめた資料の場合は、常に**本文の内容とどうつながっているか**ということに重きが置かれる。

条件作文のグラフの使われ方も、確かめておくといいね。

入試問題 この手で攻略!!

語句と図の関連をとらえる問題

①文脈に沿って語句の内容をとらえる… 辞書的な語句の意味にとらわれず、文の流れに当てはめて考える。

②図の内容と語句の内容とを結び付ける… 図の中で使われている言葉に注目し、文章中の語句の内容と照らし合わせる。

例題 次の――線部「枯淡《こたん》の風情《ふぜい》」が生まれる過程を説明した図として適切なものを、**ア**〜**エ**から選びなさい。〔宮崎県・改〕

＊慈照寺《じしょうじ》は、枯淡の風情に人気があり、常に多くの参拝者を引きつけてやまない。寺社の建築や作庭の妙《みょう》、＊書院の趣《おもむき》、＊向月台や＊銀沙灘《ぎんさだん》の造形など、この寺の魅力《みりょく》は枚挙にいとまがない。しかし、この寺が、人々の心に刻印するものは、時を超《こ》え、時代を超えて残ってきた日本の美の核心のようなものだ。清掃《せいそう》に清掃を重ねる一方で、自然はこの寺のきらびやかなものを一枚一枚はぎ取るように風化させてきた。結果として現れてきた枯淡の風情を、人は慈《いつく》しみ、さらに清掃を重ねてその美を絶やさぬように維持《いじ》してきた。

この寺の美しさは、月の美しさに似ている。月は日の光を受けてしんと澄《す》んで世界を照らす。二階建ての銀閣《ぎんかく》はこの寺の中心的な建物だが、その下層を「心空殿《しんくうでん》」といい、二層を「潮音閣《ちょうおんかく》」という。潮音閣には観音像《かんのん》が祀《まつ》られている。この寺の清掃や手入れを営む職人は、定年を迎《むか》える日に一度だけ、潮音閣に登ることを許される。

潮音閣から庭を見おろす。長い年月をかけて清掃を重ね、自然を呼び込《こ》み、また自然の浸食《しんしょく》から守ってきた庭である。銀沙灘と呼ばれる海のような白砂《はくしゃ》の広がりの上に、波のような文様が描《えが》かれている様子が月の光に照らされる。それは息をのむように白いという。

（原研哉《はらけんや》「白」〈中央公論新社〉より）

＊慈照寺…京都府にある国宝の銀閣を有する寺。＊書院…読書や書き物をするための和風の部屋。＊向月台…山の形に盛られた白い砂の呼称《こしょう》。＊銀沙灘…白い砂を波状に整形して盛り上げた砂地の呼称。

ア
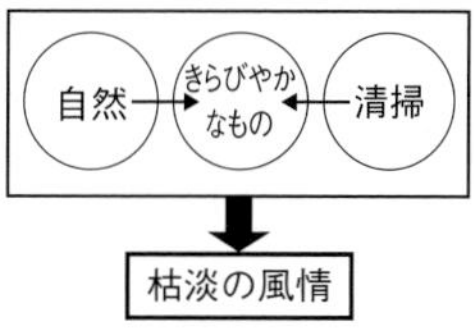

イ
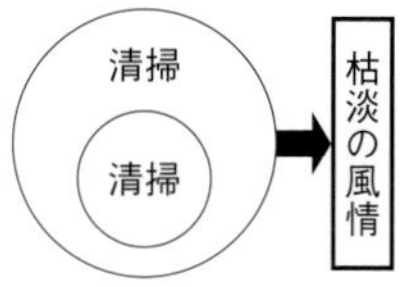

ウ
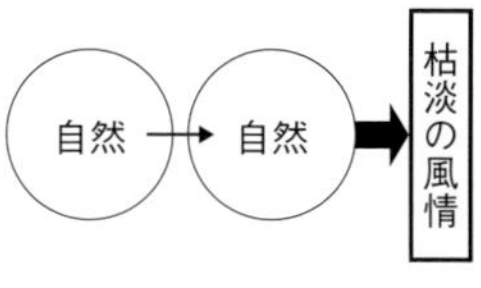

エ
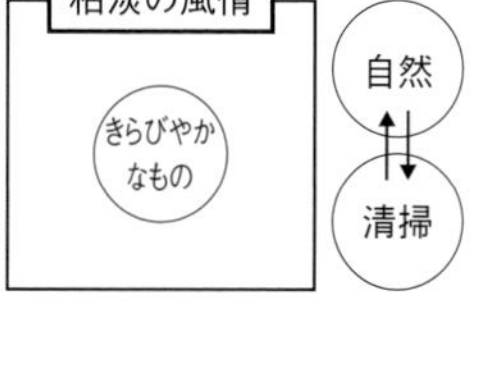

解き方 **語句の内容と図の内容とを対照してとらえる**

①語句の内容をつかむ…――線部の「枯淡の風情」は、辞書的にいえば「あっさりしていて、深い味わいがあること」だが、文脈に沿って見ると、慈照寺の「枯淡の風情」は、――線部の直前までの内容から、「**清掃に清掃を重ねる一方で、自然はこの寺のきらびやかなものを一枚一枚はぎ取るように風化させてきた**」「**結果として現れてきた**」ものだということがわかる。

②各図の内容を検討する…「**『枯淡の風情』が生まれる過程**」には、①からわかるように、「**清掃**」と「**自然**」**が深くかかわっている**ことを頭において見ていこう。**イ**には「自然」、**ウ**には「清掃」が欠けている。**エ**は、「きらびやかなもの」に対する自然と清掃とのかかわりが表れていない。したがって、適切なものは**ア**。

答 **ア**

PART 21

高校入試実戦力アップテスト

表や資料を用いた文章の読み取り

時間：30分
配点：100点
目標：80点
解答：別冊19ページ
得点：　点

1

次の文章とその内容を整理した図について、あとの問いに答えなさい。（設問の都合により一部省略した箇所《かしょ》がある。）［福島県・改］（25点×2）

私たちが文章を書くときには、文しか書いていないのです。一冊の本を書き上げる場合でも、何百、何千という文をひたすら書きつづける以外ありません。執筆過程のなかで、その都度その場の文脈を考えながら一文一文生みだし、それを次から次へと継ぎ足しながら文章という一本の線を紡《つむ》いでいくこと。これが文章を書くことです。このように、その場の文脈に合わせて即興的に考えながら文を継ぎ足していくボトムアップ式の活動を「流れ」と呼ぶことにしましょう。**（第一段落）**

ボトムアップ式：全体のうち下位に位置する側から上位に向かって伝達などを進める方式。

一方、文章を書く人なら誰でも、アウトラインという名の文章構成の設計図を持っています。用意周到な書き手であれば、かなりしっかりしたアウトラインを作り、それにしたがって文章を書いていこうとするでしょう。そうしたトップダウン式の活動を「構え」と呼ぶことにしましょう。**（第二段落）**

トップダウン式：全体のうち上位に位置する側から下位に向かって伝達などを進める方式。

「流れ」と「構え」とは、文章論の大家《たいか》である林四郎《はやししろう》氏の独創的な考え方を参考にしたものです。林氏は次のように語ります。

　わたくしたちの思考場面に、一つの情報が送りこまれると、それ以後は、その情報が呼び起こす近接情報へ移ろうとする力が主に働いて、あることばから次のことばが選ばれるが、わたくしたちがものを考えるということは、多くの場合、何か外からの刺激を受けて、余儀なく次へ移っていくのであって、ただ無抵抗に意識表面をすべっていくのとはちがう。そこで、なるべく近接した情報へ安易に移行しようとする力を制して、随時、必要がもたらす新情報が飛びこんで来る。近接情報へ移行しようとする力は、つながろうとする力であり、新情報を迎えようとする力は、離れようとする力である。〔中略〕一応離れるが、やがてつながるべく意図されて離れるのが、言語表現における離れ方の特徴である。近接情報への無抵抗な移行を「流れ」と称したのに対して、このように意図的に離れることは「構え」と呼びたい。むやみに離れるのでなく、構えて離れるからである。**（第三段落）**

余儀なく：他に方法がない。やむをえない。

（石黒圭《いしぐろけい》「段落論　日本語の『わかりやすさ』の決め手」〈光文社〉より）

ミス注意

(1) A に入る言葉を、十五字で抜き出しなさい。

	流れ	構え
第一・第二段落	A 考えて書く ＝ ボトムアップ式の活動	文章構成の設計図にしたがって計画的に書く ＝ トップダウン式の活動
第三段落	近接情報へ移行しようとする力 ＝ B とする力	新情報を迎えようとする力 ＝ C とする力

［　　　　　　　　　　　　　　　］

アドバイス　「ボトムアップ式の活動」とは、どのように考えて書くかをおさえる。

よく出る！

(2) [ ]B・Cに入る言葉の組み合わせとして適切なものを、ア〜エから選びなさい。

ア B 自然と受け流そう　C 少しずつ歩み寄ろう
イ B 逆らわずに結び付こう　C 目的をもって遠ざかろう
ウ B 意識して選択しよう　C 素直に受け入れよう
エ B あきらめずに近づこう　C 慎重に距離をとろう

[　　]

2

山本さんの中学校の保健委員会では、健康標語を作るために話し合いをしています。次の話し合いの内容と資料Ⅰ、資料Ⅱを見て、あとの問いに答えなさい。

〔岩手県・改〕（25点×2）

山本さん　健康標語を作るにあたって、中学生の体力向上をテーマにしようと決めましたね。体力向上のためには、どういうことに取り組んだら良いと思いますか。
高橋さん　体育の先生からは、しっかりと食事をとりなさいと指導されています。だから私は、食事の大切さを健康標語に取り入れるべきだと思います。
山本さん　なるほど、良いアイディアですね。ところで体力向上には、食事の何が大事なのでしょうか。食事の量も大事だと思いますし、食事の質も重要ですよね。
鈴木さん　この資料Ⅰを見てください。それによると、朝食を毎日食べる群《ぐん》の[ ]が高いことから、朝食を食べることが大事なようですよ。
山本さん　では、食事以外に、体力向上のための取り組みにはどんなものが考えられますか。
高橋さん　睡眠時間が長いほど体力が向上するのではないでしょうか。
鈴木さん　私もそう思っていたけど、資料Ⅱを見ると、睡眠時間が長いほど体力が向上するわけではないみたいだよ。

〈資料Ⅰ〉
朝食の摂取状況と体力合計点との関連

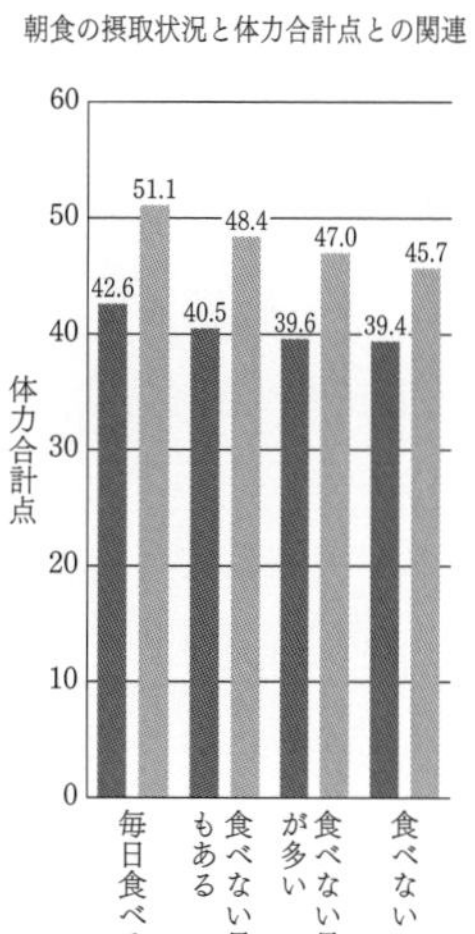

〈資料Ⅱ〉
1日の睡眠時間と体力合計点との関連

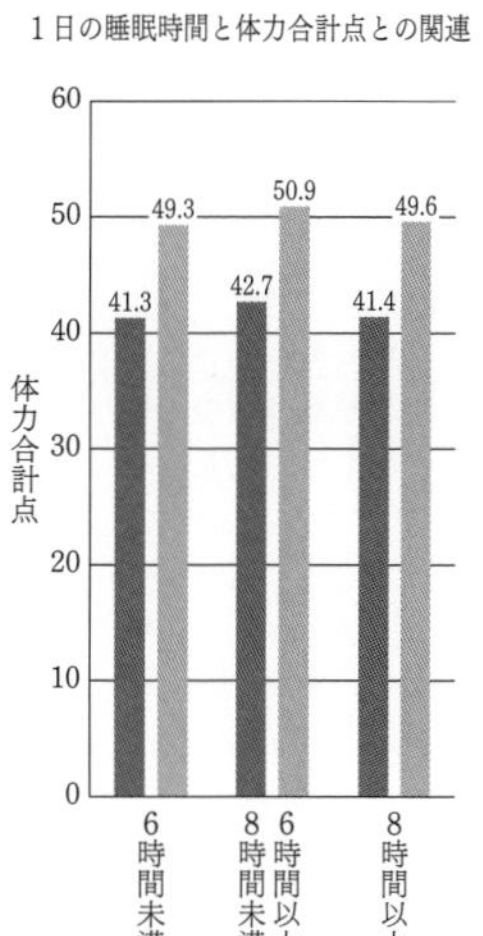

（スポーツ庁「平成三十年度全国体力・運動能力、運動習慣等調査結果」の中学生データから作成）
※体力合計点…握力や持久走などの体力テストの記録を得点化したものの合計点。男女では得点の基準が異なる。

(1) 上の話し合いの[ ]に入る言葉を、資料Ⅰのグラフの中から抜き出しなさい。

[　　]

ミス注意

(2) 〰〰線部の鈴木さんの発言の根拠となるのは、資料Ⅱのどの部分か。適切なものを、**ア**〜**エ**から選びなさい。

ア すべての睡眠時間の群で、女子の体力合計点が男子の体力合計点よりも高いところ。
イ 男女ともに、睡眠時間8時間以上の群の方が、6時間以上8時間未満の群よりも体力合計点が低いところ。
ウ 男女ともに、睡眠時間8時間以上の群の方が、6時間未満の群よりも体力合計点が高いところ。
エ 男女ともに、睡眠時間6時間以上8時間未満の群の方が、6時間未満の群よりも体力合計点が低いところ。

[　　]

TEST

PART 22

詩

必ず出る！　要点整理

POINT

詩の読解問題は表現技法が必出。技法の基本からマスターしよう！

学習日　／

表現技法

▼ **詩の表現技法とは…**印象を強めたり、リズムを生んだりするために使われる。

(1) **比喩《ひゆ》**
直喩《ちょくゆ》（明喩《めいゆ》）…「ようだ」などを用い、直接たとえる。
隠喩《いんゆ》（暗喩《あんゆ》）…「ようだ」などを用いずにたとえる。
擬人法《ぎじんほう》………人でないものを人に見たてる。
⇩**山のような波**
⇩**海は僕《ぼく》の母だ**
⇩**空が泣いている**

(2) **倒置《とうち》**
語順を普通《ふつう》と逆にし、その部分を強調する。
心に広がる　疑惑《ぎわく》の雲が

(3) **体言止め《たいげんど》**
行の終わりを体言（名詞）で止め、印象を強める。
花を濡《ぬ》らす夜来の雨（←体言）

(4) **対句《ついく》**
同じような言い回しの語句を並べ、印象を強めリズムを生む。
きみは高らかに笑い
僕はそそくさと去る

(5) **反復《はんぷく》**
同じ言葉を繰《く》り返し、意味を強め、リズムを生む。
いつまでもあなたを
いつまでもあなたを

情景

▼ **詩の情景のとらえ方**
(1) **季節・時刻・場所をおさえる…自然描写《びょうしゃ》に着目**してつかむ。
(2) **情景を映像化する…**情景を映像化し、頭に思い浮《う》かべる。

心情

▼ **詩の作者の心情のとらえ方**
(1) **情景描写に着目…**作者が**情景に寄せる気持ち**を考える。
(2) **表現技法に着目…**用いている表現技法に込《こ》められた**作者の意図**を考える。

発展

詩の分類
①**用語による分類**
文語詩《ぶんごし》…昔の文章語で書いた詩。
口語詩《こうごし》…現代語で書いた詩。
②**形式による分類**
定型詩《ていけいし》…一句が五・七（七・五）音など、音数や行数が一定の詩。
自由詩《じゆうし》…音数などのきまりのない詩。
散文詩《さんぶんし》…普通の文章で書いた詩。
③**内容による分類**
叙情詩《じょじょうし》…感情の表現が中心の詩。
叙景詩《じょけいし》…風景を中心に書いた詩。
叙事詩《じょじし》…歴史上の出来事などを物語風に描《えが》いた詩。

くわしく！

作者の視点
情景をとらえるときに作者の立ち位置をつかみ、どんな視点から見ているかに着目しよう。

詩の形式は、用語による分類と形式による分類を組み合わせていうよ。現代語で書かれた、音数などにきまりのない詩は、「口語自由詩」になるよ。

入試問題 この手で攻略!!

詩の主題をとらえる問題

①詩の題名に着目… 詩の主題は、**題名に暗示**されていることが多い。**題名に込められた作者の心情**を考えると主題が見えてくる。

②心情表現をおさえる… 直接的な表現だけではなく、**情景描写に込められた心情**を読み取り、感動の中心をつかむ。

③表現技法にも着目… 表現技法は、**情景や心情を効果的に表す**ためによく用いられる。どんな効果があるかをつかむ。

例題　次の詩を通して表現されているものとして適切なものを、あとの**ア〜エ**から選びなさい。

飛込《*とびこみ》 (一)　村野《むらの》四郎《しろう》

花のように雲たちの衣裳《いしょう》が開く
水の反射が
あなたの裸体《らたい》に縞《しま》をつける
あなたは遂《つい》に飛びだした
筋肉の翅《はね》で
日に焦《こ》げた小さい蜂《はち》よ
あなたは花に向《むか》って落ち
つき刺《さ》さるようにもぐりこんだ
軈《やが》て　あちらの花のかげから
あなたは出てくる
液体に濡《ぬ》れて
さも重たそうに

＊飛込＝水泳競技の一つ。飛び込みの技術と美しさを競う競技。
（『日本の詩　村野四郎』〈ほるぷ社〉より）

ア　「あなた」がプールの横に咲《さ》いている花に見とれて、自分も花のようになっていると夢想している様子。

イ　「あなた」が、飛び込み台から大きな音を響《ひび》かせてプールに飛び込む選手の姿に心を動かされている様子。

ウ　「あなた」が飛び込み台から飛び出して落下し、プールの中に消えてから、再び水面に現れるまでの様子。

エ　「あなた」が花の美しさに見とれて、飛び込み台からプールに飛び込むのを忘れそうになっている様子。

解き方　**情景描写を中心に詩の内容をつかむ**

①詩の題名に着目… 「飛込」は〈注＊〉からもわかるように水泳競技の一つ。「あなた」が、その競技に挑《いど》む選手であることをおさえよう。その**「あなた」の何を描《えが》こうとしているか**をつかむ。

②表現技法の効果をとらえる…この詩には**比喩**が多く使われていることに注目。

あなたは遂に飛びだした
筋肉の翅で
日に焦げた小さい蜂よ

⇩ 日焼けした「あなた」の体を蜂に、筋肉の動きを蜂の翅の動きにたとえている。

高い飛び込み台から落下していく「あなた」の様子である。「花に向って落ち」の「花」は、プールの水面に映っている雲をたとえたもの。蜂が花にもぐりこむ様子にたとえて、**プールの水面めがけて飛び込む「あなた」の姿が、絵画的に描《えが》かれている。**

③様子の描写を、順を追ってとらえる… 「あなた」が「飛びだした→花に向って落ち→もぐりこんだ→出てくる」と、**あなたの様子を順々に追っている**点に注目。この内容に合っている選択肢《せんたくし》は**ウ**。

答　**ウ**

PART 22

高校入試実戦力アップテスト

詩

時間：30分
配点：100点
目標：80点
解答：別冊20ページ
得点：　点

1 **次の詩と鑑賞文《かんしょうぶん》を読んで、あとの各問いに答えなさい。** ［福島県］

若竹が無い

下《しも》田《だ》喜《き》久《く》美《み》

自分を大切に守っていた
表皮を
いきおいよく　はがし
さっぱりと　ぬぎすて
グンと　青空に
かけ昇《のぼ》る

若い新芽たちは
蒼《あお》い肌《はだ》から
若者の香りを
あたり一面に　ちりばめながら
匂《にお》いたち

空のむこうに
何があるのか……

ただ　ひたすらに
かけのぼり
いや　かけぬけ

あ
若竹が
無い！

（「このて」No.50　二〇〇五年三月より）

竹の表皮は、成長していく過程で自然とはがれていきますが、この詩では、その様子を「[I]」という言葉を用いて表現し、若竹が自らの意志で、自分を守る表皮と別れて、成長しようとしているかのように描《えが》いています。また、「[II]」という視覚以外の感覚で捉《とら》えた言葉からは、生命力に満ちあふれる若竹の姿を想像することができます。

そして、作者は、若竹が向かう「空」へと思いをめぐらせます。無限に広がる「空」に向かって、若竹が、[III]姿がいきいきと表現され、若竹の成長の勢いが伝わってきます。

(1) [I]に当てはまる最も適切な言葉を、詩の中から四字でそのまま書き抜《ぬ》きなさい。（20点）

ミス注意

(2) Ⅱ に当てはまる最も適切な言葉を、詩の中から五字でそのまま書き抜きなさい。（20点）

［　　　　　］

アドバイス 「視覚以外の感覚」による言葉であることに注意。

(3) Ⅲ に入る適切な言葉を、**ア**～**オ**から選びなさい。（20点）

ア あきらめず、ゆっくりと近づいていく
イ 強引に、周りの木を押《お》しのけ進んでいく
ウ いちずに、とどまることなく伸《の》びていく
エ 怖《こわ》がらず、何度も繰《く》り返し挑《いど》んでいく
オ しっかりと、不安を乗り越《こ》え育っていく

［　　］

アドバイス 「若竹の成長の勢い」に結びつく言葉を選ぼう。

2 次の詩を読んで、あとの各問いに答えなさい。

［岩手県］

鉄棒

村野《むらの》四郎《しろう》

①僕《ぼく》は地平線に飛びつく
*僅《わずか》に指さきが引つかかつた
僕は②世界にぶら下《さが》つた
筋肉だけが僕の頼《たの》みだ
僕は赤くなる　僕は収縮する
足が上つてゆく
おお　僕は何処《どこ》へ行く
大きく　③世界が一回転して
僕が上になる
高くからの*俯瞰《ふかん》
ああ　両肩《りょうかた》に柔軟《じゅうなん》な雲

*僅に＝数量や程度などがほんの少しである様子。
*俯瞰＝高いところから広く見渡《みわた》すこと。

（『日本名詩選2［昭和戦前篇《へん》］』〈笠間書院〉より）

よく出る！

(1) ――線部①「僕は地平線に飛びつく」とあるが、これと同じ表現の技法が用いられているものを、**ア**～**エ**から選びなさい。（20点）

ア ふさぎ込《こ》んでいる私にとって、母の笑顔は太陽だ。
イ 大雨の中、姉が一人で帰ってきた、傘《かさ》もささずに。
ウ 南風と雪解けが、少し早い春の訪れを告げている。
エ まだ二月だというのに、まるで春のような陽気だ。

［　　］

アドバイス 「地平線」が何を表現しているのかを考えよう。

ハイレベル

(2) ――線部②、③「世界」とあるが、この二つの「世界」はそれぞれどのような言葉で置き換《か》えられるか。その組み合わせとして適切なものを、**ア**～**エ**から選びなさい。（20点）

ア ②鉄棒・③身体
イ ②鉄棒・③景色
ウ ②社会・③景色
エ ②社会・③身体

［　　］

PART 23

短歌・俳句

必ず出る！ 要点整理

POINT

短歌・俳句の句切《くぎ》れ、俳句の季語《きご》・切れ字《きじ》は必ずおさえる！

学習日 ／

短歌

❶ **形式**…五・七・五・七・七の三十一音から成る**定型詩**。

上の句

五 **たらちねの**（第一句（初句））

七 **母がつりたる**（第二句）

五 **青がやを**（第三句）

下の句

七 **すがしといねつ**（第四句）

七 **たるみたれども**（第五句（結句））

長塚節《ながつかたかし》

❷ **字余《じあま》り・字足《じた》らず**…定型の三十一音よりも**多い**ものを字余り、**少ない**ものを字足らずという。調子を破ることから破調《はちょう》ともいう。

❸ **表現技法**…詩と同様に、**体言止《たいげんど》め・倒置《とうち》・比喩《ひゆ》・反復《はんぷく》**などが用いられる。

海恋《こい》し潮《しお》の遠鳴りかぞへ《え》てはを《お》とめとなりし**父母《ちちはは》の家**（体言止め）

金色《こんじき》のちひ《い》さき鳥（比喩）のかたちして**銀杏《いちょう》散るなり夕日の岡《おか》に**（倒置）

与謝野晶子《よさのあきこ》

俳句

❶ **形式**…五・七・五の十七音から成る**定型詩**。短歌と同様に、**字余り・字足らず**がある。

啄木鳥《きつつき》や（上五《かみご》）**落ち葉をいそぐ**（中七《なかしち》）**牧《まき》の木々**（下五《しもご》）

水原秋櫻子《みずはらしゅうおうし》

重要！

❷ **季語《きご》**…季節を表す言葉。**一句に一つ**詠《よ》み込《こ》むのが原則。「**季題《きだい》**」ともいう。

くわしく！

和歌（古典短歌）の表現方法

① **枕詞《まくらことば》**…特定の語の上に付き、**語調を整える**語。

・あを《お》によし→奈良《なら》

・たらちねの→母・親

・くさまくら→旅

・しろたへ《え》の→衣《ころも》

② **掛詞《かけことば》**…一つの語句に二つの意味をもたせる技法。

・梓弓《あずさゆみ》**はる**立ちし……

はる → 弓をはる（張る）

はる → はる（春）が立つ（来る）

くわしく！

短歌・俳句の句切《くぎ》れ

一首（句）の途中で、**文としての意味が切れる**部分を句切れという。

街《まち》をゆき子供の傍《そば》を通るとき蜜柑《みかん》の香《か》せり／冬がまた来る（句切れ）

木下利玄《きのしたりげん》

柿《かき》くへ《(え)》ば鐘《かね》が鳴るなり／法隆寺《ほうりゅうじ》（句切れ）

正岡子規《まさおかしき》

発展

自由律俳句

十七音の定型にとらわれない俳句を、**自由律俳句**という。

❸ 切《き》れ字《じ》…意味の切れ目を表す。「や・かな・けり」など。

万緑《ばんりょく》の中や吾子《あこ》の歯生え初《そ》むる　中村草田男《なかむらくさたお》

季語⇒夏　　切れ字（中七の途中《とちゅう》だが、ここで意味が切れる）

入試問題　この手で攻略!!

句切れをとらえる問題

①全体の意味をつかむ…短歌を繰《く》り返し読み、**歌のリズム**や全体の意味をつかむ。

②情景を想像する…詠《よ》まれている**風景や出来事**などを思い描《えが》く。

③句点が付けられる部分に注目…意味や情景の切れ目など、文として句点が付けられる部分がないかを探す。

例題　次のA・Bの短歌のうち、調子や意味の切れ目が三句目の終わりと四句目の間にあるのはどちらか。

A　土の上に白き線《すじ》引きて日ぐれまで子どもの遊ぶ春となりにけり　島木赤彦《しまきあかひこ》

B　いつしかに春の名残《なごり》（春の終わり）となりにけり昆布干場《こんぶほしば》のたんぽぽの花　北原白秋《きたはらはくしゅう》

解き方　**内容の切れ目に注目する**

Aは、春の一日、夕暮れまで地面に白線を引いて遊んでいる子どもの様子をうたっているが、第五句（結句）の「けり」まで意味がつながっている。Bは、第三句までで、「いつのまにか春の終わりになってしまったことだ」と、いったん意味が区切れる。そしてそのあとに、昆布干し場の寂《さび》し気《げ》なたんぽぽの花の情景が続いている。

答　B

俳句の季節をとらえる問題

①俳句の季語は旧暦《きゅうれき》…季語の季節は、旧暦によっているので、現代の季節感と多少ずれているものがある。

②季語が表す季節と現在の月

春…一・二・三月　夏…四・五・六月
秋…七・八・九月　冬…十・十一・十二月

例題　次の俳句の季語と季節を書きなさい。

荒海《あらうみ》や佐渡《さど》に横たふ《う》天《あま》の川《がわ》　松尾芭蕉《まつおばしょう》

解き方　**俳句の季語の季節は約ひと月早い**

季節感のある言葉ということで句を見てみると、すぐに「**天の川**」という言葉に目がいく。現代の感覚で、「**天の川＝夏**」と考えがちだが、**季語の季節は旧暦によっているので、現代の季節感とは異なる**ことがある。天の川が美しく見える八月は、旧暦では秋に当たる。ちなみに、天の川と切り離《はな》せない**七夕**も七月の行事なので、**秋の季語**になる。

俳句での四季の変わり目は、次のとおり。

春　**立春**⇒二月四日頃《ごろ》　夏　**立夏**⇒五月六日頃
秋　**立秋**⇒八月八日頃　冬　**立冬**⇒十一月八日頃

答　**天の川・秋**

PART 23

高校入試実戦力アップテスト

短歌・俳句

時間：30分　配点：100点　目標：80点

解答：別冊21ページ

得点：　点

1

次の短歌と鑑賞文《かんしょうぶん》を読んで、あとの各問いに答えなさい。 ［高知県］

一輪とよぶべく立てる鶴《つる》にして夕闇《ゆうやみ》の中に莟《つぼみ》のごとし

佐々木幸綱《ささきゆきつな》『金色《こんじき》の獅子《しし》』

鶴の細い足は、植物の茎《くき》に似ています。真っ白な羽のうつくしい身体を花として捉《とら》え、「［a］」とした見立てには説得力があります。鶴のことを思い浮《う》かべながら、夕闇の中に一輪の白い花が咲《さ》いているような情景を味わうことができるでしょう。

そして結句で「莟のごとし」という［b］が描《えが》かれています。鶴が羽をたたんでたたずんでいる様子は、花になぞらえるにしても莟がふさわしい、と。ふたたびきれいに羽をひろげ、美しい花となる、その前の休憩《きゅうけい》時間として莟にもどって新しい一日に備えている、そんな物語も想像させます。

（東直子《ひがしなおこ》「短歌の不思議」より）

ミス注意

(1) 鑑賞文中の［a］に入る適切な言葉を、短歌の中から七字でそのまま書き抜《ぬ》きなさい。（15点）

よく出る!

(2) 鑑賞文中の［b］には表現技法の名称《めいしょう》が入る。［b］に入る表現技法として適切なものを、**ア～エ**から選びなさい。（15点）

ア 隠喩《いんゆ》　**イ** 直喩　**ウ** 倒置《とうち》　**エ** 擬人法《ぎじんほう》　［　　］

2

次の短歌を説明したものとして、最も適切なものを、ア～エから選びなさい。 ［神奈川県］（20点）

はなやかに轟《とどろ》くごとき夕焼《ゆふ(ウ)やけ》はしばらくすれば遠くなりたり

佐藤佐太郎《さとうさたろう》

ア 空に赤色が広がるさまをひらがなで表し、夕暮れ時のもの悲しさを忘れて見入った姿を明示することで、静かな喜びを鮮明《せんめい》に描《えが》いている。

イ 赤く染まった空の美しさを聴覚的《ちょうかく》に捉《とら》え、時間が経過して色あせたさまを自らの距離《きょり》として示すことによって、効果的に描いている。

ウ 街を染める夕焼を擬人的に表し、あっけなく夜が訪れたことへの孤独を暗示することで、あらがうことのできない自然を壮《そう》大《だい》に描いている。

エ 激しい音が響《ひび》く中で目にした夕焼を直喩で示し、赤色が薄《うす》れて闇に包まれた後の静けさと対比させることによって、感傷的に描いている。

アドバイス　短歌の作者が「夕焼」をどのように描いているのかをとらえよう。

［　　　］

3

次の俳句を読んで、あとの各問いに答えなさい。　〔福島県〕

A　木がらしや目刺《めざし》*にのこる海のいろ　芥川龍之介《あくたがわりゅうのすけ》

B　*くろがねの秋の風鈴《ふうりん》鳴りにけり　飯田蛇笏《いいだだこつ》

C　元旦《がんたん》や暗き空より風が吹《ふ》く　青木月斗《あおきげっと》

D　*萩《はぎ》の風何か急《せ》かるゝ何ならむ　水原秋櫻子《みずはらしゅうおうし》

E　未来より滝《たき》を吹き割る風来たる　夏石番矢《なついしばんや》

F　夏嵐《なつあらし》机上の白紙飛び尽《つく》す　正岡子規《まさおかしき》

＊目刺＝イワシなどの魚を塩水に漬《つ》けたのち、竹串《たけぐし》で数匹《すうひき》ずつ刺《さ》しつらねて干した食品。
＊くろがね＝鉄の古い呼び名。　＊萩＝植物の名。

(1)　つぶやくような自分自身への問いかけを描くことで、作者の内面にある、漠然《ばくぜん》としたあせりを詠《よ》んでいる俳句はどれか。**A**～**F**から一つ選びなさい。(15点)

［　　　］

よく出る！

(2)　冷たく乾《かわ》いた風の吹きすさぶ様子を切れ字を用いて強調する一方で、眼前の小さなものが連想させる豊かな色彩《しきさい》を表現している俳句はどれか。**A**～**F**から一つ選びなさい。(15点)

［　　　］

アドバイス　「切れ字」には、「や・かな・けり」などがある。

(3)　次の文章は、**A**～**F**の中のある俳句の鑑賞文である。この鑑賞文を読んで、あとの①、②の問いに答えなさい。

> この句で作者は、垂直に流れ落ちる水に向かっていく力強い風の様子を、「 Ⅰ 」という言葉で表現している。想像される水の姿が大きければ大きいほど、それを「 Ⅰ 」ために必要な風力は増すことになり、句のイメージはいっそう Ⅱ なものとなる。
> また、作者は、この風を、 Ⅲ と捉えている。勢いよく現在の世界にやって来た、未来からの風として描くことによって、未来の世界の力強さや明るさを意識させる句となっている。

ハイレベル

①　 Ⅰ に入る最も適切な言葉を、その俳句の中から四字でそのまま書き抜きなさい。(10点)

□□□□

アドバイス　まず、鑑賞文の「垂直に流れ落ちる水」から、どの俳句に関する鑑賞文かをとらえよう。

②　 Ⅱ 、 Ⅲ に入る言葉の組み合わせとして最も適切なものを、**ア**～**オ**から選びなさい。(10点)

ア　Ⅱ 繊細《せんさい》　Ⅲ 自然の偉大《いだい》な力を実感させるもの
イ　Ⅱ 広大　Ⅲ 過去の記憶《きおく》をよみがえらせるもの
ウ　Ⅱ 壮大　Ⅲ 本来の時の流れから解放されたもの
エ　Ⅱ 科学的　Ⅲ 現在の世界の苦しさを和らげるもの
オ　Ⅱ 感動的　Ⅲ 多くの人間から長く親しまれたもの

［　　　］

TEST

PART 24

作文の書き方

必ず出る！　要点整理

POINT

具体例と意見の二段落構成で書くポイントをおさえる！

学習日　／

① 条件作文（与《あた》えられた資料や条件をふまえての意見文や感想文）の書き方（1）

入試の作文で大切なこと

❶ 何を求められているかをつかむ…設問を落ち着いて読み、**何についてどのように書くことを求められているのか**をつかむ。

❷ 制限字数を守る…問題で指定された字数は、一字でも超《こ》えてはならない。また、**指定字数の八割以上**で書くようにする。

条件作文の特徴《とくちょう》

❶ 資料に沿って書く…与えられた資料について内容を理解する。

与えられる条件の例

- **グラフ・統計などから読み取ったこと**を説明したり、それについての**自分の意見**を述べたりする。
- 複数の事柄《ことがら》から一つ**選び**、選んだ**理由**やそれについての**説明**などを述べる。賛否を述べるものもある。
- **話し合い**（他に資料を提示してある場合が多い）を読んで、話し合いのテーマについての**意見**を述べたり、発言者の**発言の一部**を考えて書いたりする。
- ある**文章を読んで**、その内容についての**自分の考え**などを書く。

❷ 基本は二段落構成…文章を二つの段落で構成するよう指示されることが多い。前段で**資料の分析《ぶんせき》**、後段で**それについての自分の意見**を述べる。

くわしく！

原稿《げんこう》用紙の使い方を身につけよう

① **書きだしや段落のはじめ**は、一ます空ける。

② **文字は一ますに一字書く**。句読点（。、）やかぎ（「　」）、その他の符号《ふごう》なども一ますに一つ。

(1) 句読点が行末からはみ出す場合は、最後の字と同じますの中か、欄外《らんがい》に書く。

(2) 疑問符（?）や感嘆符《かんたんふ》（!）のあとは、一ます空ける。

③ **会話文**は原則として改行し、「　」をつける。末尾《まつび》は、句点とかぎを同じますに書く。

　小学校六年生の三学期のことだ。
「引っ越すことになったよ。」
と、父に言われた。突然の話に、
えっ？　と自分の耳を疑った。

原稿用紙の使い方は、小学校で詳《くわ》しく学習したね。

入試問題

この手で攻略!!

書き方のコツ ↓ 条件作文では、問題の条件を正しく理解して適切に答えることが大切だ。設問文を落ち着いて読もう。

例題　次の資料にある言葉は、日本の和語（大和言葉《やまと》）である。これらの中から、日常生活で使ってみたい言葉を一つ選び、文例を用いて和語（大和言葉）についてのあなたの考えを〈条件〉1～4に従って書きなさい。〔徳島県〕

資料

あけぼの 意味　夜がほのぼのと明けはじめる頃。	五月雨《さみだれ》 意味　旧暦五月頃に降る長雨。梅雨。	花ぐもり 意味　桜が咲く頃の曇り空。

条件

1題名などは書かず、本文を一行目から書き始めること。2二段落構成とし、前の段落では、その言葉を選んだ理由とその言葉をどのように日常生活で使うか、その場の状況《じょうきょう》が想像できるような文例を書き、後の段落では、前の段落の文例を踏まえて、和語（大和言葉）に対するあなたの考えを書くこと。なお、文例は一文でなくてもよい。また、和語（大和言葉）は、和語あるいは大和言葉と表してもよい。3全体が筋の通った文章になるようにすること。4漢字を適切に使い、原稿用紙の正しい使い方に従って、十～十三行の範囲（20字×13行の原稿用紙省略。）におさめること。

解答例

　「あけぼの」を選んだ理由は、豊かな感性から生まれた言葉だと思ったからだ。例えば、「あけぼのの光は、東の空を淡いオレンジ色に染め、やがてゆっくりと白さを増し、山々を輝かせていった。」というように使える。

　ゆっくりと夜から朝に変わっていく情景は、短時間のことではあるが、劇的に変わる数分間だ。この「あけぼの」は、その数分間を見事に表している言葉だと思う。また、人々の気持ちや日常の風景を細やかに観察し、繊細に表現してきた昔の人々の感性の豊かさに驚く。受け継がれてきた和語を、これからも大切にして、日々の生活で使っていきたい。

選択《せんたく》理由を明らかに

前の段落では、まず、**その言葉を選んだ理由**を、はっきり示す。「なんとなく」ではなく、どう感じたからなど、**読み手が納得する理由**を書く。

今後につながる思いを

後の段落では、和語（大和言葉）をどうとらえているかに加え、**今後どうしたいか**を入れると、考えに厚みが出る。

書き方①　**与えられた条件をおさえる**

問題文の指示を守らないと、内容がよくても減点されてしまうので注意。〈条件〉に挙げられている四点を**形式**に関するものと**内容**に関するものとに分けておさえよう。形式に関するものには——線を引き、内容に関するものを□で囲むなど、区別する。

形式に関する条件↓a本文を一行目から。b二段落構成。c原稿用紙の正しい使い方に従って。d十～十三行の範囲。

内容に関する条件↓前の段落＝選んだ理由とその言葉を……文例。

後の段落＝前の段落の文例を踏まえての和語（大和言葉）に対するあなたの考え。

書き方②　**条件を必ず守る**

前の段落（第一段落）では、その言葉を選んだ理由だけでなく、**「その場の状況が想像できるような文例」**を書くことが求められていることに注意。例題では〈資料〉に意味が添《そ》えられているので、その意味から情景を思い浮《う》かべて文を作ろう。写真にその風景をおさめたつもりで描写《びょうしゃ》するとよい。

例「あけぼの」↓「あけぼの」の山々の姿など。
「五月雨」↓五月雨にぬれる庭の花の様子など。
「花ぐもり」↓桜の季節の風物を背景にした人々の様子など。

◎好きなものを選ぶ、あるいは賛否を述べるなどの問題の場合には、**最初に立場をはっきり示す**ことが大切。立場が曖昧《あいまい》のまま論を進めるのは条件に反することになる。

書き方③　**構成を整理する**

取り上げた事柄の説明（解答例では、選んだ理由と文例）を書く第一段落と、**自分の考えを書く**第二段落との分量を適切に配分しよう。後段の**意見部分に中心**を置き、意見が全体の二分の一以上、三分の二程度になるようにする。

② 条件作文（与《あた》えられた資料や条件をふまえての意見文や感想文）の書き方(2)

条件作文の取り組み方

❶ **与えられた資料はじっくり読み取る…**グラフ・ポスター・案内文（参加などを呼びかける文）・各種の文章（新聞の投書や論説文・小説文）・話し合いの様子など、**与えられた資料は、次の点に注意しながら落ち着いて読もう。**そのうえで、考え・感想などは背伸《せの》びせず、自由に思いをめぐらす。

▼**分析《ぶんせき》する場合➡** **数値の大小**など目立つところに目をつける。

▼**比較《ひかく》・選択《せんたく》する場合➡** 自分の感覚に素直に従う。ただし、**選んだ理由・根拠《こんきょ》をきちんと述べられるもの**でなくてはならない。

▼**話し合いをふまえた発言**を求められる場合…**話し合いに参加しているつもり**でテーマを考える。

❷ **ポイントを絞《しぼ》って簡潔にまとめる…**あれもこれもと欲張らず、**中心となることだけに的を絞って**書くように心がける。書きたい内容を**箇条《かじょう》書き**にして取捨選択するとよい。

くわしく！ 読解力・鑑賞《かんしょう》力も重要

文章を読み、要約して考えを述べたり、短歌や詩を読んで鑑賞文を書いたりする条件作文では、読解力・鑑賞力も重要なポイント。**読解問題の演習**を積み重ねることが、力になる。**筆者の主張や作品の主題は何か**、ということを意識しながら読む習慣をつけよう。

くわしく！ まずはメモづくりから

作文は、いきなり書き始めるのではなく、**メモで構想を練って**から文章にしたほうが結果的に早道だ。作文に要する時間の三分の一は、**書くべき内容や構成を考え、メモをつくる**時間にあてるつもりで臨もう。

◆条件作文のメモの手順

①条件となる資料について**分析**したことを箇条書きにする。

②分析して出た**結論**を整理する。

③**結論を導き出す筋道**を箇条書きにする。

④①～③の内容を確認し、どのような順で書くか、**構成を考える。**

✓ **書き方のコツ➡ 資料（図表）の分析は、数値の変化・大小・割合・それらの差や比較から何がわかるかを読み取る。**

例題　次の〈資料〉は、日本の高校生に「自己評価」について質問した結果をグラフに表したものです。この〈資料〉について、あとの〈条件〉にしたがい、〈注意事項〉を守って、あなたの考えを書きなさい。［千葉県・改］

書き方①　問題点を絞る

1　資料を分析し、気づいたことを挙げていく。そのうえで取り上げる事柄《ことがら》を一点に絞る。いろいろな問題に広く触《ふ》れようとしない。

2　絞った事柄について、自分の考えや立場をはっきりさせる。自分の考えを筋道立てて述べられないような問題は取り上げないようにする。

入試問題

この手で攻略!!

資料　日本の高校生の「自己評価」（平成二十九年度実施）

「自分自身についての評価項目とその回答」

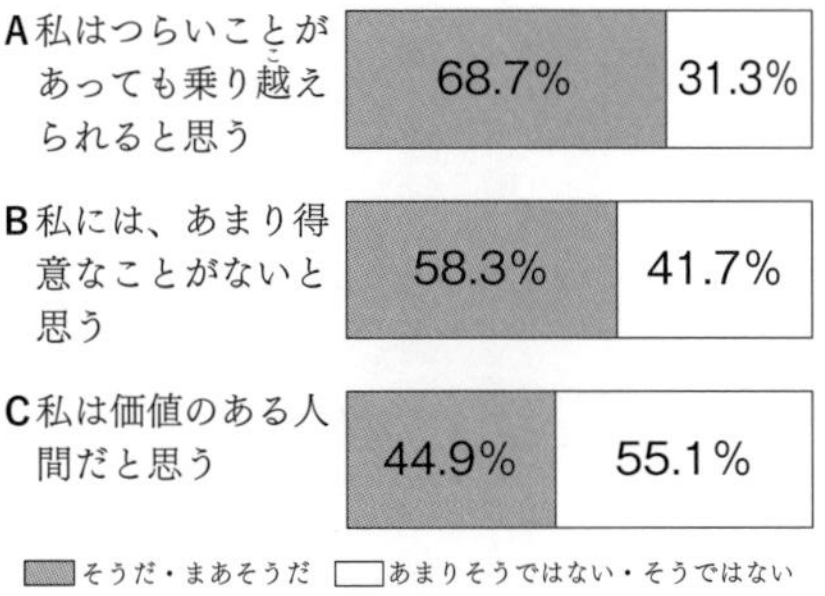

国立青少年教育振興機構「高校生の心と体の健康に関する意識調査報告書―日本・米国・中国・韓国の比較―（平成30年３月）」より作成

条件

1　二段落構成とし、十行（一行20字）以内で書くこと。（解答欄《らん》省略。）

2　前段では**A〜C**の項目のうちからいずれか一つを選び、グラフが示す結果に対するあなたの考えを、そのように考える理由とともに書くこと。

3　後段では、前段で選んだ項目（**A〜C**）について、「自己評価」を高めるために、現在取り組んでいること（または、現在取り組んでいること）を具体的にあげながら、なぜその取り組みが「自己評価」を高めることになると考えるのか、その理由もあわせて書くこと。

注意事項

1　氏名や題名は書かないこと。

2　原稿用紙の適切な使い方にしたがって書くこと。ただし、〜〜や――などの記号を用いた訂正はしないこと。

3　〈資料〉に記された項目を示すとき、**A〜C**のアルファベットを用いてもよい。

解答例

　Bで「そうだ・まあそうだ」と回答した人の割合は約六割である。これは、謙虚さの表れだと考える。私も他人と比較して、自分の技能は得意なこととして取り上げるほどではないと思い、口には出さないからだ。

　自己評価を高めるには、他人との比較ではなく、過去の自分より前進することを目指せばよい。私は英会話がなかなか上達しないが、自分の英語が、以前より少しでも通じる体験をすると、成長を実感できると思うからだ。

前段

傾向《けいこう》をつかむ

グラフは**おおまかな傾向をつかむ**ようにするとよい。

自分の視点で

グラフから読み取った傾向を解釈《かいしゃく》する場合、**自分と重ね合わせて**とらえよう。

後段

理由を忘れずに

条件にもある、**考えの「理由」**は、意見文では説得力をもたせるという意味でも必須《ひっす》。

書き方②　**論点をはっきり示す**

資料や文章から読み取った事柄を説明する必要がある。なぜなら、**「この問題のこの点について意見を述べる」**という論点をはっきりさせなければならないからだ。

解答例では…

●論点＝「あまり得意なことがないと思う」人が約六割。

➡Bの回答から、**得意なことがないと思う人が過半数いる、という傾向**をつかめていればよい。

◎Aに着目する場合＝つらいことを乗り越《こ》えられると思う人が**約七割**いる。

Cに着目する場合＝価値のある人間だとあまり思わない人のほうが**多い**。

書き方③　**論点をどう解釈するかは自分しだい**

Bの回答結果を、解答例では「謙虚《けんきょ》さの表れ」と解釈しているが、**自分に自信がもてずに消極的でいるという解釈もできる**。要は自分の解釈についてきちんと理由を述べることができ、後段の提案に無理のない論理でつなげられるようにすることが大切。

書き方④　**簡潔な表現を心がける**

入試の作文では、**無理に巧《たく》みな表現・言葉遣《づか》いを用いようとしなくてもよい**。文章の巧みさが求められているわけではない。また、採点者に気に入られようと意識しすぎてはいけない。次のことを心がけよう。

1　わかりやすい、簡潔な説明。

2　言葉の係り受けが整った文にし、長すぎる修飾《しゅうしょく》語はなるべく避《さ》ける。

3　自分の感想・考えを率直に述べる。

③ 課題作文（与《あた》えられた課題・題材に基づいて書く作文）の書き方

作文の組み立て

❶ **二段落構成が基本**…二段落構成にし、**具体例と考え（意見）を分けて書く。**

◆「二段落構成で」と指示されていることも多い。

●**前段**…与えられたテーマ（課題・題材）にかかわる**具体例（経験・事実）**を挙げる。

●**後段**…前段で挙げた具体例についての**考え（意見）・感想**を述べる。

❷ **手順に沿って構成を考える**…①課題に基づいて**具体例を決める。**→②考え（意見）・感想の**中心を決める。**→③具体例のどの部分を書くか、②に沿って**絞《しぼ》り込《こ》む。**

❸ **考えの中心を明らかにする**…いくつかの考え・感想が浮《う》かんでも、その中の**一つに絞って**まとめる。そのとき、「何に・どのように・なぜ」心を動かされたのかをはっきりと述べ、**考えの中心を明らかにする**必要がある。

❹ **自分なりの主張を明確にしてまとめる**…考え（意見）は、新聞・テレビなどの受け売りを避《さ》け、**自分がそのとき感じたことや考えたことを率直に**述べよう。

分量・配分のしかた

● **考え（意見）・感想は最後に書く**…具体例と考え（意見）・感想とが**半々程度の分量**になるようにするとよい。意見・感想を**最後にまとめて**書くと、整理しやすく読みやすい。

①具体例（経験・事実）→②具体例に関する疑問や問題点→③②についての考え（意見）・感想

◆二段落構成の指示があれば、②・③をまとめて考え（意見）・感想の段落とする。指示がなければ、それぞれを単独の段落としてもよい。

✓ **前段の書き方のコツ→与えられた課題に合った題材を選び、自分らしさが出るように心がける。**

くわしく! 具体例の選び方

印象の鮮明《せんめい》な経験を選ぶと書きやすい。選ぶポイントは次のとおり。

①与えられた**主題に沿っているもの。**

②**強く印象に残っている**事柄《ことがら》。

③**身近**な出来事。

④ありふれた経験より**個性的な経験。**

くわしく! 具体例は簡潔に

前段の具体例（経験・事実）は**長くなりすぎないように注意し**（半分程度から多くて六割）、後段の考え（意見）・感想に直接結び付く事柄に絞ってまとめよう。

くわしく! 必ず読み返して推敲《すいこう》を

作文を書き終えたら、必ず読み返して推敲しよう。次のポイントをおさえる。

【内容】

①**課題に合った題材**か。

②**伝えたいこと**が明確に表れているか。

③**構成**は適切か。

④**指示された注意事項《じこう》**を守っているか。

【表記】

①**漢字・仮名遣《づか》いの誤り**はないか。

②**句読点や符号《ふごう》**の使い方は適切か。

③**一文が長すぎないか。**→長くても50字程度で。

④**文末表現は統一**されているか。→敬体（「です・ます」調）か常体（「だ・である」調）で統一。

⑤**主語・述語の照応**がはっきりしているか。

⑥**無駄《むだ》な言葉**の繰《く》り返しがないか。

書き方① **課題をしっかりとつかむ**

どんな内容の作文が求められているのか、**課題の内容や注意事項を整理**する。構成・段落内容・字数などの注意事項を守ろう。

入試問題

この手で攻略!!

例題1 言葉の大切さについて、心に残っている言葉を一つ取り上げながら次の〈注意〉にしたがって、あなたの考えを書きなさい。 ［秋田県・改］

注意 1題名は不要。2字数は二百字以上、二百五十字以内。

①例題1の前段の解答例

部活動の時間を削って出る委員会を、時間の無駄とこぼした時の母の言葉が心に残っている。
「楽しむ心があれば、感じ方も変わるはずだよ。」
本当かなあと思いながら、委員会の面白さを見つけるうち、本当に委員会活動を楽しめるようになった。

具体的かつ簡潔に
「心に残っている言葉」が発せられた**状況《じょうきょう》をわかりやすく**、さらに、だらだらと書かず**簡潔にまとめる。**

例題2 私たちは、四季おりおりの自然と関わりをもちながら生活している。あなたの体験した中から、心に残る自然の情景や自然とのふれあいを一つ取り上げ、それについて考えたり感じたりしたことを、あとの注意にしたがって書きなさい。

注意 1題材は、学校・家庭・地域などでの生活の中から自由に選んでよい。2段落は、内容に応じて設けること。3文章の長さは、三百字以上、四百字以内とする。

②例題2の前段の解答例

近所の小さな公園にある一本の木は、春に薄緑の若葉が開く。私にとって、それが自然というものだった。その印象が変わったのは昨年五月、家族で長野県の親類の山荘に行った時のことだ。山荘を包む林は芽吹きの季節で、私たちは、濃い緑、薄い緑の微妙な濃淡の模様の中に織り込まれたようだった。母が、
「若葉に酔ってしまう。」
と言った時、私も同じ思いだった。

（後段は110ページ↓）

書き方のポイント：印象的な表現に ←

感動の中心を効果的に
経験したことの中で最も感動したことは何か、を効果的に表現することが大切。**それが後段の感想部分につながる。**

会話文を活用
会話文の引用は、短くても効果がある。印象的な会話文があれば引用するとよい。

例題1
課題 言葉の大切さについて、心に残っている言葉。
題材 言葉の大切さに気づいた経験。
意見・感想 考えたり感じたりしたこと。

例題2
課題 日常生活の中での自然とのかかわり。
題材 心に残る自然の情景・自然とのふれあい。
意見・感想 考えたり感じたりしたこと。

書き方② 前段 印象深い事柄を題材に選ぶ

題材は、**よく覚えている経験、強い印象を受けた事柄**でないと、きちんと説明できないし、感想も平凡《へいぼん》になる。**心に強く残っている事柄**を取り上げよう。

①家族とのかかわりで特に印象に残っているもの。（→①解答例）
②離《はな》れた土地で、その土地の特徴《とくちょう》が出ている体験。（→②解答例）
③毎日の生活の中での出来事など、身近な事柄。

書き方③ 前段 書く材料を適切に選ぶ

ある経験を第三者（読み手＝採点者）に理解してもらうためには、**筋道や内容が整理されていること**が必要だ。題材が決まったら、**書こうと思う材料**を箇条《かじょう》書きのメモにしよう。

①**意見・感想の中心**は何か。（→①解答例＝言葉の力／②解答例＝豊かな自然）
②意見・感想を引き出すには、**何を書いておく必要があるか。**（→①解答例＝母の言葉（会話文）／②解答例＝林の若葉のいろどりの美しさ）
③経験を読み手に正しく伝えるには、**最低限どのような説明が必要か。**（①解答例＝自分の状況／②解答例＝近所の公園の自然と長野の自然の対比）

✓ **後段の書き方のコツ ➡ 取り上げた題材について、どのような意見・感想をもつかが大切。意見・感想がはっきりと伝わるようにまとめる。**

③例題1の後段の解答例

一つの言葉で物事に臨む時の心が変わったこの経験を通して、私は言葉に力があることを実感した。嫌なことを言われて落ち込んだり、温かい言葉で前に進む気持ちが復活したりすることもある。こんな言葉の力をプラスに働かせる努力を今後もしていきたいと思う。

考えと具体例を結び付ける

前段の**経験の結果を実感として示す**ことで「**考え**」に結び付ける。

将来につながる考えを

「言葉の大切さ」についての考えを、**自分の今後につなげて書く。**

④例題2の後段の解答例

公園の一本の木の若葉。確かにそこにも自然の不思議な命が宿り、目を凝らせば伸びて行こうとする意志が見える。けれども、あの若葉の海の限りない生命の輝きに触れたときの感動を忘れられない。私は初めてすばらしいとしか言いようのない自然の力強い生命力を知ったのだ。私が本当の自然を知るためには、小さな公園の一本の木ではなく、豊かな自然が必要だったのだ。むせかえるような若葉の中で、私は確かに自然の「いのち」に触れたのだ。

書き方のポイント：考え・感想をはっきりと ←

感動の理由を明確に

前段での体験から「**自然の力強い生命力を知った**」という感想を述べ、その理由として小さな公園の若葉からは感じられなかった「**豊かな自然**」を**実感したこと**を挙げている。

書き方④ 後段 感動からふみ込《こ》んで考え・感想をまとめる

「美しさに感動した」と述べただけでは不十分だ。**一歩ふみ込んで、感動の理由がわかるような記述を心がけよう。**

④解答例で比べてみよう

A広い林一面の若葉はすばらしかった。

Bあの若葉の海の限りない生命の輝き➡すばらしいとしか言いようのない自然の力強い生命力を知った。

Aは**若葉に対する単なる感動**にとどまっているのに対し、Bは一歩進めて**自然そのものについての感想**を述べている。

書き方⑤ 後段 具体例を整理し、考え・感想をまとめる

まとまった考え・感想に発展させるためには、**順を追って自分の具体例を整理する**とよい。（メモに書き出すとわかりやすい。）

④解答例を使って、順に発展させてみよう

①**そのとき感じた気持ち**をそのまま思い出す➡林の若葉は、すばらしい。

②**なぜそのように感じたか**を整理する。➡これまで、そのような豊かな自然に触れたことがなかったから。

③**自分の感想**をまとめる。➡豊かな自然に触れて、初めて自然の「いのち」というものを感じた。

書き方⑥ 後段 自分の主張をはっきりさせる

ある問題について、「**自分はこう考える**」**というのが意見**だ。なぜそう感じるか、あるいは、経験を通して感じたことをどう生かすかまで明確に示そう。

③解答例のように、今後への抱負《ほうふ》でしめくくろう

「言葉に力があることを実感した」にとどまらず、その力を「プラスに働かせる努力を今後もしていきたい」という抱負を述べる。

高校入試実戦力アップテスト

作文の書き方

時間：30分　配点：100点　目標：80点

解答：別冊22ページ

得点：　点

1

よく出る！

国語の授業で、「親しさの表し方」について、あとのような形で意見文を書くことになりました。次の調査結果を参考に、条件に従って書きなさい。

［富山県］（30点）

〈ふだんの生活では決まったあいさつの言葉だけで十分か〉

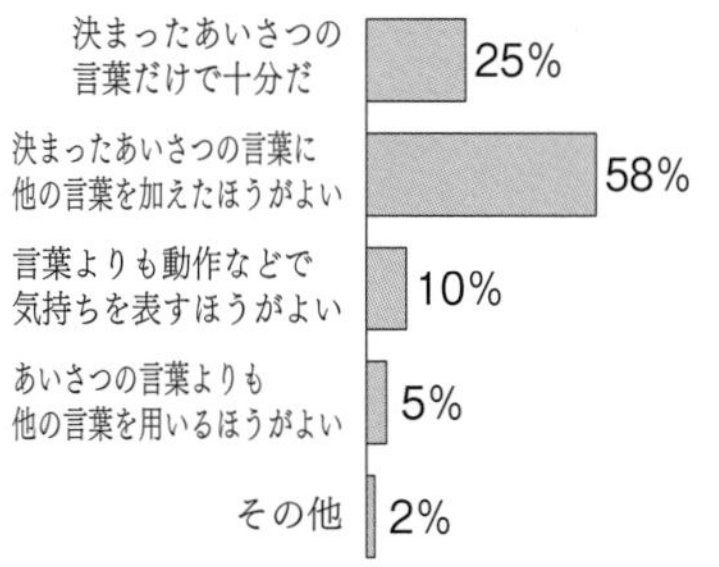

（文化庁平成28年度「国語に関する世論調査」より作成）

〈条件〉

1　続きをA、Bの二段落構成とし、各段落の内容は次の2、3のとおりとする。

2　第一段落（A）は、調査結果から気付いたことを書く。ただし、二つ以上の項目を関連付けること。

3　第二段落（B）は、第一段落を踏まえて、親しさの表し方について、あなたの意見を書く。

4　原稿用紙の使い方に従い、百八十字以上、二百二十字以内で書く。（解答欄《らん》省略）

5　グラフの数値を書く場合は下の例のように書く。例 50%

友人や先輩《せんぱい》に会ったとき、どんな言葉をかけるだろうか。「おはよう」「こんにちは」とあいさつをする人が多いだろう。私もこのような決まったあいさつの言葉をふだんから使っている。

A

B

2

図書委員会で読書に親しんでもらうためのスローガン（標語）を考えた結果、次のA・Bが提案され、この中から一つを採用することになりました。あなたならどちらを選びますか。AとBの違いと、どちらのスローガンを採用するのがよいかについて、あなたの意見を、あとの条件に従って書きなさい。（解答欄省略）

［香川県・改］（35点）

A「出会おう　まだ見ぬ多くの本に」

B「見つけよう　心にずっと残る一冊を」

〈条件〉1二段落構成。2第一段落…AとBの違いを書く。第二段落…どちらを採用するのがよいかについての意見を、その理由がよくわかるように、身近な生活における体験などを示しながら具体的に書く。3百五十字以上二百五十字程度で書く。（解答欄省略）

アドバイス　自分がいいと思う「理由」がはっきりと書けるほうを選ぼう。

3

「世の中が便利になること」についての考えを二百四十字以上三百字以内で書きなさい。（解答欄省略）

［栃木県］（35点）

〈注意〉1二段落構成。2第一段落…あなたが世の中にあって便利だと思っているものを、具体例を挙げて説明する。例はあなたが直接体験したことでも見たり聞いたりしたことでもよい。第二段落…第一段落に書いたことをふまえて、「世の中が便利になること」についての考えを書く。

TEST

漢字の書き取り

解答　別冊23ページ

RANK A　必ず覚える！

最重要漢字

熟語の書き取り

1 **オンダン**な気候。

2 **セッカイ**はアルカリ性だ。

3 本領を**ハッキ**する。

4 解決は**ヨウイ**ではない。

5 **カンタン**な問題を解く。

6 **キケン**を知らせる。

7 **ホウフ**な経験を生かす。

8 ピアノの**エンソウ**会。

ミス注意

1 暖　部首は「日（ひへん）」
援　部首は「扌（てへん）」

2 灰　カイ　はい
炭　タン　すみ

くらべて覚えよう

6 険　ケン
↓安全でない。
検　ケン
↓取り調べる。
験　ケン
↓確かめる。

9 **オンコウ**な人柄《ひとがら》。

10 薬の**コウカ**が現れる。

11 原文と**タイショウ**する。

12 **カノウ**な限り努力する。

13 幼児**タイショウ**の絵本。

14 **ウチュウ**に旅立つ。

15 絶好の**キカイ**を逃《のが》す。

16 良い**シュウカン**がつく。

17 **メンミツ**に調査する。

18 その道の**センモン**家。

くらべて覚えよう

11 対照　タイショウ
↓比較《ひかく》して示す。

13 対象　タイショウ
↓目標となるもの。

17 密　ミツ
↓すきまがない様子。
↓他人に知られずこっそりする。
蜜　ミツ
↓はちみつ
↓甘《あま》い。

ミス注意

18 専門 ○
「センモンカには口出すな」と覚えよう。

一字の書き取り

1 シャワーを**アビ**る。
2 山の**イタダキ**に立つ。
3 **カル**い荷物を持つ。
4 安眠《あんみん》を**サマタ**げる。
5 セーターを**ア**む。
6 **キビ**しい評価を下す。
7 城を**キズ**く。
8 財布を**ヒロ**う。
9 魚の**ム**れを捕《と》らえる。
10 不用品を**ス**てる。
11 **ワカ**い社員による企画。
12 友人を**マネ**く。

例 **この用例も出る!**

1 浴 **ア**びる
・脚光《きゃっこう》を浴びる。
・非難を浴びる。

5 編 **ア**む
・歴史書を編む。

↔ **くらべて覚えよう**

8 拾 **ヒロ**う
・貝がらを拾う。

10 捨 **ス**てる
・ゴミを捨てる。

12 招 **マネ**く
➡客として呼びよせる。

紹 **ショウ**
➡引き合わせる。

昭 **ショウ**
➡世の中がよく治まる。

13 布が**チヂ**む。
14 平和に**ク**らす。
15 水分を**オギナ**う。
16 水で手と顔を**アラ**う。
17 貴重品を**アズ**ける。
18 時をむだに**ツイ**やす。
19 友人の知恵《ちえ》を**カ**りる。
20 **ケワ**しい岩山を登る。
21 用事が**ス**む。
22 ほめられて**テ**れる。
23 試合の日程が**ノ**びる。
24 布が桜色に**ソ**まる。
25 稲《いね》の穂《ほ》が**タ**れる。

↔ **くらべて覚えよう**

15 補 **オギナ**う
➡足りない部分を足す。

捕 **ト**らえる **ツカ**まえる
➡つかまえる。

浦 **ウラ**
➡水ぎわの地。

19 借 **カ**りる
➡相手の物を使わせてもらう。

貸 **カ**す
➡自分の物を利用させる。

例 **この用例も出る!**

21 済 **ス**む
・けがをせずに済む。
・これで気が済む。

25 垂 **タ**れる
・雲が低く垂れる。
・しずくが垂れる。

RANK B これも征服！

よく出る重要漢字

熟語の書き取り

1 **ケイケン**の豊かな指導者に期待する。

2 損失の**セキニン**をとる。

3 お客を**ショウタイ**する準備が整った。

4 雲ひとつない**カイセイ**に恵《めぐ》まれる。

5 農林水産大臣が**コクソウ**地帯を視察する。

6 とっさの**ハンダン**が多くの命を救った。

7 世界一周の**コウカイ**に出発した。

8 先生のお宅を**ホウモン**する。

9 事故を**ソウテイ**して対策を立てる。

10 天地**ソウゾウ**の物語を読む。

11 **フクザツ**な心境で試合当日を迎《むか》える。

12 あの説明では**ナットク**できない。

13 作家の文章は、**センレン**されている。

14 オーケストラのために**ヘンキョク**する。

15 このビルの**コウゾウ**は地震《じしん》に強い。

16 部屋の**シュウノウ**スペースが広い。

17 日本の**デントウ**芸術を継承《けいしょう》する。

18 広い**リュウイキ**に生息する魚。

19 その国は天然**シゲン**に恵まれている。

20 彼《かれ》は、**テンケイ**的な科学者だ。

21 展覧会はかなりの**セイカ**を収めた。

22 駅と自宅を**オウフク**する。

23 現在の状態に**マンゾク**している。

24 土地の**バイバイ**について詳《くわ》しい。

25 煩《わずら》わしい手続きは**ショウリャク**する。

26 この植物は、全国に**ブンプ**する。

27 道路の**カクチョウ**工事が始まる。

28 作品が高い**ヒョウカ**を得る。

29 県と県との**キョウカイ**に流れる川。

一字の書き取り

1 **マド**から涼風《りょうふう》が吹《ふ》き込《こ》む。

2 想像もしなかった事故が**オ**こる。

3 猫《ねこ》の**ヒタイ**のような土地。

4 決意を胸に**ヒ**めて交渉《こうしょう》の場に立つ。

5 彼の努力をチーム全員が**ミト**める。

6 夕焼けが西の空を赤く**ソ**める。

7 一歩**シリゾ**いてじっくり考える。

8 竹を細く裂《さ》いてかごを**ア**む。

9 川のせせらぎが春の訪れを**ツ**げる。

10 庭に生い茂《しげ》った雑草を**ノゾ**く。

11 **ココロヨ**い音楽に耳を傾《かたむ》ける。

12 国を代表して会議に**ノゾ**む。

13 何回も何回も実験を**ココロ**みる。

14 すりむいたところが**イタ**い。

15 先を**アラソ**ってゴールを目指す。

16 クラスの中心となって**ハタラ**く。

17 母が台所で野菜を**キザ**んでいる。

18 ごみが多すぎて**コマ**る。

19 入部のさそいを**コトワ**る。

20 広い干潟《ひがた》に渡《わた》り鳥が**ム**れる。

21 消しゴムが**コロ**がって落ちた。

22 目覚まし時計が**ナ**っている。

23 旅に出るなら秋に**カギ**る。

24 平和を口々に**トナ**えて行進する。

25 日曜日を父と一緒《いっしょ》に**ス**ごす。

26 入試に**ソナ**えて勉強する。

27 祖父は呉服商《ごふくしょう》を**イトナ**む。

28 潔《いさぎよ》く全ての責任を**オ**う。

29 この港は、貿易港として**サカ**えた。

30 **オサナ**い頃《ころ》から共に遊んだ仲間だ。

31 **コト**なる性格の二人が親友となった。

RANK C

ここまでやろう！

重要漢字

熟語の書き取り

1 写真を**カクダイ**して見る。

2 目標を**タッセイ**するまでは全力で頑張《がんば》る。

3 病人の**カンゴ**を交代で行う。

4 この時計は一年間の**ホショウ**つきだ。

5 右肩《みぎかた》の**コショウ**で試合に出られない。

6 卒業式で市長が**シュクジ**を述べる。

7 **ヨウショウ**の頃《ころ》の記憶《きおく》がよみがえる。

8 負傷者は順調に**カイフク**している。

9 運動して**キンニク**を鍛《きた》える。

10 人類の**ソウゾウ**を超《こ》える雄大《ゆうだい》な世界。

11 両国は、**シンミツ**な関係にある。

12 思ったより、明るい**インショウ**を受けた。

13 合併《がっぺい》するための**ジョウケン**が出された。

14 トラック**ユソウ**が増え、道路が渋滞《じゅうたい》する。

15 長期的な**テンボウ**に立って政策を進める。

16 **ゲンカク**な父に反発心を覚える。

17 法律による**キセイ**を緩《ゆる》める。

18 結婚《けっこん》を**シュクフク**するパーティーを催《もよお》す。

19 **カンセン**道路の点検修理が必要だ。

20 十五年間**チョゾウ**した洋酒をふるまう。

21 **コキョウ**の自然はいつも美しい。

22 絵画のような**コウケイ**が眼前に広がる。

23 諸外国との**シンゼン**を深める。

24 武士が主君に**チュウギ**を尽《つ》くす。

25 **テンラン**会に第一級の美術品が並んだ。

26 製造の**カテイ**で得られる副産物がある。

27 事故当時の**キオク**が失われている。

28 **ボウエキ**収支が黒字になる。

29 国際的な**シヤ**に立って決断していく。

30 大きな**キボ**のスポーツ大会が開かれる。

31 野生動物の**ホゴ**を強化する。

32 明治《めいじ》の文豪《ぶんごう》の**キュウキョ**を訪ねる。

33 力士の**ドヒョウ**入りを見物する。

34 **セスジ**が凍《こお》るような恐《おそ》ろしい事件だ。

35 問題の重要性を**ニンシキ**する。

36 話題の小説が、早くも**ゾウサツ**された。

37 少数意見も**ソンチョウ**して会議を進める。

38 負傷者の**キュウジョ**にあたる。

39 世界平和に向けて国民の**フンキ**を促《うなが》す。

40 重要書類を**ホカン**する。

41 母から**ユウビン**小包が届く。

42 人気のアニメ**エイガ**が封切《ふうき》られる。

43 今後の**ケイカ**を見て判断しよう。

44 水面に鼻を突《つ》き出して**コキュウ**する。

45 将来に備えて**ケンブン**を広めておこう。

46 **コウセキ**をたたえてメダルが贈《おく》られた。

47 国際関係を**ジュウシ**した政策がとられる。

48 彼《かれ》は、新聞社に**キンム**している。

49 生育状態を熱心に**カンサツ**する。

50 大型旅客機を**ソウジュウ**する。

51 厳しい**ヒヒョウ**にも耐《た》えて成長していく。

52 兄のねらいは大体**ケントウ**がつく。

53 平和を**キキュウ**する声を代弁する。

54 日頃《ひごろ》の**クンレン**のおかげで慌《あわ》てずに済む。

55 停電の**フッキュウ**作業が続けられる。

56 **タンジュン**な考え方では結論は出せない。

57 ここ数年、**ドウヨウ**の事故が続いている。

58 **ジョウシキ**を踏《ふ》まえて行動する。

59 オーケストラの**シキ**者に選ばれた。

60 戦いのあとの**コンラン**が人々を苦しめた。

61 国民の税の**フタン**が争点になる。

一字の書き取り

1 布地をタちばさみを使って切る。
2 嫌《いや》なことはワスれて勉強に集中する。
3 我《わ》が子に限りない愛情をソソぐ。
4 枝の先には来年の花のメがもうできている。
5 それぞれの好みにオウじて料理を用意する。
6 与《よ》野党の論争は参議院に舞台《ぶたい》をウツす。
7 テストで高得点を取ったのでハナが高い。
8 旅人は、いとまをツげて去っていった。
9 切りカブにつまずかないように注意する。
10 問題は意外とヤサしいものばかりだった。
11 史実にモトづいて物語が作られた。
12 急にアツくなり、真夏に戻《もど》ったようだ。
13 若者らしく胸をハって歩く。
14 フタタび、このような失敗はしない。
15 世界の平和を心からノゾむ。

16 彼《かれ》はアブない橋は絶対に渡《わた》らない。
17 計算した結果をもう一度タシかめる。
18 二つの道がマジわる所に公園がある。
19 ときどき自然に触《ふ》れて英気をヤシナう。
20 アヤマればすむ問題ではない。
21 互《たが》いに技をキソう、すばらしい試合だった。
22 船頭は巧《たく》みに舟《ふね》をアヤツる。
23 見通しをアヤマって、ひどい目に遭《あ》う。
24 周りにはアツい壁《かべ》がめぐらされている。
25 風のないシズかな海辺にたたずむ。
26 リサイクルするために雑誌をタバねる。
27 深夜にイタるまで会議が続いた。
28 友人の良心を信じてウタガわない。
29 時間の無駄《むだ》をハブいて能率を上げる。
30 新しく協議会をモウけて意見を交換《こうかん》する。
31 ウツワがすばらしいと料理が引き立つ。

32 クラス会の司会にもようやく**ナ**れた。

33 国内がよく**オサ**まり平和な日々が続く。

34 赤ちゃんが声を立てて**ワラ**う。

35 環境《かんきょう》問題を**アラ**たな目で見直す。

36 日を**アラタ**めて話し合うことにする。

37 友の**ホガ**らかな性格が好きだ。

38 彼女《かのじょ》は**コマ**かい所までよく気がつく。

39 明かりが消え、**アタ**りは真っ暗になった。

40 心身ともに**スコ**やかな若者に育つ。

41 チームを優勝へ**ミチビ**いた監督《かんとく》。

42 川の水が渦《うず》を**マ**いて流れていく。

43 毎週ピアノを**ナラ**いに通っている。

44 見ていられなくて顔を**ソム**ける。

45 重厚な**カマ**えの建物を眺《なが》める。

46 時間の**ユル**す限り滞在《たいざい》するつもりだ。

47 文章がよく**ネ**られていて見事だ。

48 姉は大学に**ノコ**って研究を続けている。

49 高原の朝の空気を胸いっぱいに**ス**う。

50 先輩《せんぱい》を**カコ**んで楽しく話し合った。

51 わずかの間に**イチジル**しい変化が見られた。

52 騎手《きしゅ》が**アバ**れる馬をなだめる。

53 ピアノで美しい曲を**カナ**でる。

54 最強のメンバーを**ヒキ**いて試合に出る。

55 街道に**ソ**って桜の苗木《なえぎ》を植える。

56 待ちわびた春が**オトズ**れる。

57 製品の売り上げが社員の暮らしを**ササ**える。

58 列車に**イキオ**いよく乗り込《こ》む。

59 手書きの手紙で真心を**トド**ける。

60 トラックの荷台に荷物を**ツ**む。

61 目を**ト**じて音楽を聞く。

62 急激に村の人口が**ヘ**る。

63 この生物の性質は、植物に**ニ**ている。

漢字の読み取り

解答 別冊24ページ

RANK A 必ず覚える！

最重要漢字

熟語の読み取り

1 責務を遂行する。［　　］

2 貴重な資源を大切に。［　　］

3 相手の話を承知する。［　　］

4 期待と不安が交錯する。［　　］

5 会議を円滑に進める。［　　］

6 交通渋滞が続く。［　　］

7 精魂込《こ》めて作り上げる。［　　］

8 世界平和に貢献する。［　　］

例 この用例も出る！

2 重 チョウ
・意見を尊重する。
・慎《しん》重な態度をとる。
・先祖が珍《ちん》重した宝。

4 錯 サク
・錯乱状態になる。
・目の錯覚。

5 滑 カツ
・水面を滑走する。
・滑車で荷を上げる。

8 献 ケン コン
・学会に献金する。
・献立を決める。

9 規範に従って行動する。［　　］

10 柔和な人柄《ひとがら》が好かれる。［　　］

11 短編小説を読む。［　　］

12 輸入規制を緩和する。［　　］

13 新しい技を披露する。［　　］

14 答えの根拠を説く。［　　］

15 実力を発揮する。［　　］

16 真剣に取り組む。［　　］

17 生命誕生の神秘に迫《せま》る。［　　］

18 困難を克服する。［　　］

くらべて覚えよう

14 拠 キョ
↓よりどころ。

処 ショ
↓取りはからう。

16 剣 ケン
↓つるぎ。

険 ケン
↓けわしいこと。

倹 ケン
↓むだをはぶく。

例 この用例も出る！

18 克 コク
・克明に調べ上げる。
・克己心を養う。

一字の読み取り

1 人形を巧《たく》みに**操**る。
2 窓をカーテンで**覆**う。
3 喜びに声が**弾**む。
4 夕日に紅葉が**映**える。
5 雨で大地が**潤**う。
6 報告の義務を**怠**る。
7 高台から夜景を**眺**める。
8 長年の思いを**遂**げる。
9 気温の上昇《じょうしょう》を**抑**える。
10 長い糸を**繰**る。
11 谷川の水が**澄**む。
12 物陰《ものかげ》に**潜**んで待つ。

くらべて覚えよう

1 操 **アヤツる**
↓うまくあつかう。

10 繰 **クる**
↓細長いものをまきとる。

例 この用例も出る！

2 覆 **オオう**
・目を覆う惨状《さんじょう》。
・会場を覆う熱気。

3 弾 **ハズむ**
・ボールが弾む。
・祝儀《しゅうぎ》を弾む。

5 潤 **ウルオう**
・減税で家計が潤う。
・友情に心が潤う。

9 抑 **オサえる**
・出費を抑える。
・涙《なみだ》を抑える。
・欲求を抑える。

13 出すぎた行動を**戒**める。
14 **鋭**い指摘《してき》を受ける。
15 水鳥が波間に**漂**う。
16 両雄《りょうゆう》が**競**う晴れ舞台《ぶたい》。
17 ボランティアを**募**る。
18 すさんだ気持ちが**和**む。
19 新しい政党に**属**する。
20 見学会に生徒を**伴**う。
21 闇《やみ》に**紛**れて姿を消す。
22 荷物の重さを**量**る。
23 政治家を**志**す。
24 美しい**弧**を描《えが》く。
25 机を**隔**てて向かい合う。

ミス注意

16 競 **キソう**
争 **アラソう**
→ 競争

くらべて覚えよう

15 漂 **タダヨう**
↓流れに身を任す。
標 **ヒョウ**
↓目じるし。目当て。

17 募 **ツノる**
↓招き集める。
暮 **クれる**
↓日が沈《しず》み暗くなる。
慕 **シタう**
↓思いを寄せる。

21 紛 **マギれる**
↓入り混じる。
粉 **コナ**

RANK B

これも征服！

よく出る重要漢字

熟語の読み取り

1 **工夫**をすれば、できないこともない。

2 大学合格を目指して**奮起**する。

3 はとは平和の**象徴**として知られている。

4 旅の楽しさを**満喫**する。

5 一時の**衝動**に駆《か》られて動くと失敗する。

6 外見に似合わず**繊細**な心の持ち主だ。

7 発表は初めてなので、とても**緊張**した。

8 全校生徒で校歌を**斉唱**する。

9 しっかりと状況《じょうきょう》を**把握**してから行動する。

10 展望台からの**景色**はすばらしい。

11 **丁寧**な言葉遣《づか》いは気持ちが良い。

12 親子の**間柄**でも話せないことがある。

13 大きな地震《じしん》の**兆候**が見られる。

14 票の過半数を**獲得**する。

15 鶏《にわとり》の鳴き声が夜明けの**静寂**を破る。

16 自然の**恩恵**を受け豊かに暮らす。

17 作者の思いが詩の言葉に**凝縮**される。

18 料理の材料を十分に**吟味**する。

19 勢力の**均衡**を失うと争いが起きやすい。

20 批判は**覚悟**の上で意見を述べる。

21 久しぶりに**帰省**する。

22 画伯《がはく》の**不朽**の名作が記念館に飾《かざ》られる。

23 寺の**境内**の一角に有名な桜の木がある。

24 論文の**体裁**を整える。

25 長い**沈黙**を破って青年は語りだした。

26 封建《ほうけん》的な制度が**崩壊**する。

27 友好の使者として**派遣**された。

28 会議の記録を**克明**に残しておく。

29 勇壮《ゆうそう》な音楽で気持ちを**鼓舞**する。

一字の読み取り

1 この地域は、一年の**半**ばは雨季だ。

2 クラス全員で**催**し物を企画《きかく》する。

3 魚でいっぱいの容器を手に**提**げる。

4 友人にサッカー部への入部を**勧**める。

5 紅葉の季節の光景は**殊**に美しい。

6 畑は、たびたびイノシシに**襲**われた。

7 大きな包みを**抱**えてバスに乗る。

8 映画館のいちばん後ろの席を**占**める。

9 当時の行動を**省**みて赤面する。

10 夕暮れの景色は**趣**がある。

11 老人は昔を懐《なつ》かしそうに**顧**みた。

12 トレーニングを続け、再び強敵に**挑**む。

13 全速力で**駆**け、やっとたどり着いた。

14 自分が**携**わった活動を記録する。

15 **強**いて言うなら、その案に賛成だ。

16 試合が振《ふ》り出しに**戻**る。

17 委員になってから**忙**しい日々が続く。

18 姉は**淡**い水色のゆかたを着ている。

19 夜空に照る月を**仰**いで故国を思う。

20 友人の頼《たの》みを**快**く引き受ける。

21 大会出場を目指して体を**鍛**える。

22 粘《ねば》り強く無実を**訴**える。

23 ジャケットの綻《ほころ》びを**繕**ってもらう。

24 救援《きゅうえん》活動が**速**やかに行われる。

25 最後までくじけずに意志を**貫**く。

26 心の師と**慕**う作家の作品を読む。

27 チームの強化に五年の歳月《さいげつ》を**費**やす。

28 急な攻撃《こうげき》を受け、チームが混乱に**陥**る。

29 母が外出先から**慌**てて帰ってきた。

30 開会式の初めに、校旗を**掲**げる。

31 帰り道に気をつけるよう注意を**促**す。

RANK C

ここまでやろう！

重要漢字

熟語の読み取り

1 **光沢**がある絹のスカーフを巻く。

2 友達と釣《つ》りの**獲物**を分け合う。

3 期限まで一刻の**猶予**も許されない。

4 昆虫《こんちゅう》の**媒介**によって受粉する。

5 インスタント食品には**添加**物が多い。

6 調査結果を**詳細**に説明する。

7 国民は長い間、平和を**享受**してきた。

8 **起伏**に富んだ草原が地平線まで続く。

9 室内に**芳香**が立ち込《こ》めている。

10 **狩猟**によって食料を得る。

11 その鳥は、益鳥として**珍重**された。

12 大事な問題について**率直**に話し合う。

13 **蓄積**された知識を役立てる。

14 法律を**遵守**することが大切だ。

15 彼《かれ》は**元来**、派手なことが嫌《きら》いな性格だ。

16 **余暇**の過ごし方を家族と相談する。

17 今日は、とてもよい**日和**だ。

18 **膨大**な量の情報を分析《ぶんせき》する。

19 昔の**名残**をとどめている街並みを歩く。

20 すばらしい演技に**賛嘆**の声が上がる。

21 **荘重**な音楽が流れる中で儀式《ぎしき》を行う。

22 汚《よご》れた壁《かべ》にきれいなペンキを**塗布**する。

23 石垣《いしがき》の周囲に雑草が**繁茂**している。

24 **謙虚**な態度で兄の忠告を聞く。

25 相手の本心を知り、心が**微妙**に揺《ゆ》れる。

26 現地の人々の**素朴**な人柄《ひとがら》に感動した。

27 未来への**漠然**とした期待を抱《いだ》く。

28 時間を追って**逐次**説明する。

29 **鮮明**な画像データを保存する。

30 濃霧のため、船は出航を見合わせた。

31 老夫婦が過ぎ去った日々を追憶する。

32 哀愁を帯びた音色が耳に残った。

33 親友との惜別の情に浸《ひた》る。

34 政権を維持する。

35 そんな意見は全くの机上の空論だ。

36 平家一門の栄華も夢と消え果てた。

37 柱にやすりをかけて凹凸をなくす。

38 社会の秩序を保つ活動を続ける。

39 宣伝の効果で新製品の普及が進む。

40 裁判所に新たな証拠が提出された。

41 先方の意図がさっぱりわからない。

42 相手側の申し出を快く承諾する。

43 先生の示唆に富んだ話を伺《うかが》う。

44 カメラを遠隔《えんかく》操作する。

45 合格するまでもう少しの辛抱だ。

46 熱心な指導で部員の心を掌握する。

47 図書館で数冊の歴史書を閲覧する。

48 軽い口調で語り出す。

49 粘《ねば》り強く努力をすることが肝心だ。

50 日本の酪農の歴史を調べて発表する。

51 自社に合った人材を雇用する。

52 申請書《しんせいしょ》に必要な書類を添付する。

53 市役所は、多様な業務を管轄している。

54 自分の作品が秀逸だと褒《ほ》められる。

55 星を探して、夜空を凝視する。

56 弁護士が発言の矛盾を突《つ》く。

57 報道の真偽を確かめることが大切だ。

58 親子間の意思の疎通が大切だ。

59 抑揚のある声で演説を行う。

60 既刊の雑誌を注文して取り寄せる。

61 努力のあとが顕著にうかがえる。

一字の読み取り

1 転校生が来るという専らのうわさだ。
2 この結末には、誰《だれ》もが驚くに違《ちが》いない。
3 自分の肩書《かたが》きを偽る。
4 良い案が思い浮《う》かぶまで時間を稼ぐ。
5 土を耕し、作物を植える。
6 海外旅行のために円をドルに替える。
7 互《たが》いに助け合い、ついに山頂を極める。
8 商店街で飲食店を営む。
9 和解のための申し出を拒まれる。
10 迫真《はくしん》の演技に心を奪われる。
11 門柱の陰《かげ》に怪しい人影《ひとかげ》が見えた。
12 体を反らせて体操をする。
13 母に代わって妹のわがままを諭す。
14 試合を控《ひか》え、コンディションを整える。
15 運動の新しいトレーニング法を試みる。

16 湖の水面に緑の山々が映っている。
17 敵の追跡《ついせき》を逃《のが》れて密林に隠れる。
18 安全な方法を選び、危険は避ける。
19 鮮やかにシュートが決まる。
20 事故を未然に防ぐ対策を行う。
21 板の表面をやすりで滑らかにする。
22 十分に計画を練った上で実行する。
23 決勝戦は、手に汗《あせ》を握る接戦だった。
24 手紙を添えて、プレゼントを渡《わた》す。
25 畑の至る所に菜の花が咲《さ》いている。
26 腰《こし》を据えて問題に取り組む。
27 食べ物の好みが偏っている。
28 太い木を削って、床柱《とこばしら》を作る。
29 消費税を含めて価格を表示する。
30 集中豪雨《ごうう》で、がけが崩れる恐《おそ》れがある。
31 明日の式典ではく革靴《かわぐつ》を磨く。

32 穏やかに忠告をする。

33 坂の途中《とちゅう》で慌《あわ》ててブレーキを踏む。

34 道は、だんだん緩やかな下りになる。

35 日照り続きでダムの水の減り方が著しい。

36 指先で花びらにそっと触れる。

37 日本一の高さを誇るタワーを見学する。

38 朗らかに晴れわたり、遠足には絶好の日だ。

39 試合に負けても、恨みは残さない。

40 一寸の虫にも五分の魂ということわざがある。

41 事件の詳しい情報を調べる。

42 賃金の支払《しはら》いが滞りがちになる。

43 目的地が見つからず、交番で尋ねる。

44 人間が思う以上に賢い動物がいる。

45 健康を損なわないように注意する。

46 ガラスが砕けて、周囲に破片が飛び散る。

47 災害に備えて食料や医薬品を用意する。

48 仕事の合間には憩いのひと時も必要だ。

49 そのアイディアは、新味に乏しい。

50 友人がかけてくれた言葉を心に刻む。

51 大木が厳しい風雨に耐えて立つ。

52 常に慌てずゆったり構える。

53 太陽は、すべての生物に恵《めぐ》みを施す。

54 外出から戻《もど》ってシャワーを浴びる。

55 チーム全員が勝利の喜びに浸る。

56 雷鳴《らいめい》がとどろき激しい雨が降ってきた。

57 権力の座を巡る争いに巻き込《こ》まれる。

58 いざというときのために体力を蓄える。

59 将来への壮大《そうだい》な夢が膨らむ。

60 我が校のチームが優勝に輝いた。

61 努力によって今日の地位を築き上げた。

62 選手代表として競技会の開会式に臨む。

63 役者を目指して夢を抱く。

高校入試 模擬学力検査問題

第1回

問題は、第1回と第2回（132ページ～）があります。答えは決められた解答欄に書き入れましょう。

制限時間：50分
配点：100点
目標：80点
得点：　　点

1 次の文章を読んで、あとの問いに答えなさい。

何も数値化だけがデジタル化なのではなく、言葉で何かを言い表す、そのことが **A** デジタル化そのものなのである。言葉で表すとは、対象を取り出して、当てはまる言葉に振《ふ》り分ける、すなわち分節化する作業である。外界の無限の多様性を、①有限の言語によって切り分けるという作業なのである。

一本の大きな樹《き》がある。「大きな」という言葉の選択《せんたく》の裏には、「見上げるばかりの」とか「天にもトドきそうな」とかの別の表現が、潜在的な可能性としては数えきれないほど存在したはずで、そんな可能性をすべて断念し、＊捨象した表現が「大きな樹」という便宜《べんぎ》的な表現になったのである。「大きな樹」は、その樹の＊属性の一部ではあっても、その樹の全体性には少しもとどいていない。「言葉には尽《つ》くせない」という表現自体が、言葉のデジタル性をよく表している。

②人は自分の感情をうまく言い表せない時、言葉のデジタル性を痛感する。言葉と言葉の間にあるはずのもっと適切な表現をめぐって苦闘《くとう》する。感情を含《ふく》めたアナログ世界をデジタル表現に移し替《か》えようとするのが、詩歌や文学における言語表現であるとも言える。

折に触れてコミュニケーションの大切さが言われるが、私たちはともすれば、デジタルをデジタルに変換《へんかん》しただけの作業を、コミュニケーションだと錯覚《さっかく》しがちである。「この文章の意図するところを五〇字以内でまとめよ」式の、言葉の指示機能の反復レッスンは、デジタル表現を別のデジタル表現に変換する練習にしか過ぎない。

もともと言語化できないはずのアナログとしての感情や思想があり、それを言語に無理やりデジタル化して相手に伝えること、それが③コミュニケーションの基本である。『哲学《てつがく》事典』（平凡社《へいぼんしゃ》）は、そのところを、「送り手が記号を＊媒介《ばいかい》にして知覚、感情、思考など各種の心的経験を表出し、その内容を受け手に伝える過程」と定義している。ここで言う「記号」とは、ヒトの場合であれば言語ということになるが、動物の場合は、鳴き声や、身振《みぶ》り、威嚇《いかく》など、いずれもアナログな表現がコミュニケーションの「媒介」手段である。ヒトだけが、例外的にコミュニケーションにデジタルを用いることが多いのである。

言語を媒介としているので、受け手としては、どうしても言語の抱《かか》え持っている辞書的な情報そのものを、送り手の伝えたかったすべてと考えてしまいやすい。 **B** 、送り手の内部でアナログのデジタル化は、ほとんどの場合、不十分なものであるはずなのである。特にフクザツな思考や、あいまいな感情などを伝えようとするときには、デジタル化はほぼ未完のままに送り出されると思っておいたほうがいいだろう。

従って、伝えられたほうは、言葉を単にデジタル情報として、その辞書的な意味だけを読み取るのではなく、デジタル情報の隙間《すきま》から漏《も》れてしまったはずの相手の思いや感情を、自分の内部に再現する努力をしてはじめてコミュニケーションが成立するのである。真のコミュニケーションとは、ついに相手が言語化しきれなかった「間《あいだ》」を読みとろうとする努力以外のものではないはずである。それがデジタル表現のアナログ化であり、別名、「思いやり」とも呼ばれるところのものなのである。

（永田和宏《ながたかずひろ》「知の体力」〈新潮社〉より）

*捨象…ここでは、可能性のある表現を切り捨てること。
*属性…そのものがもっている性質や特徴《とくちょう》。
*媒介…両方の間にたって関係をとりもつこと。

(1) ══線部a～dについて、漢字は読み方を平仮名《ひらがな》で書き、片仮名は漢字に直して書きなさい。（3点×4）

(2) 〰〰線部「断念」と熟語の構成が同じものを次から一つ選び、記号で答えなさい。（5点）

ア 未定　イ 勤務　ウ 受賞　エ 高低

(3) A・B に入る言葉の組み合わせとして最も適切なものを次から一つ選び、記号で答えなさい。（6点）

ア A あるいは　B けれども
イ A しかも　B そこで
ウ A すなわち　B しかし
エ A つまり　B ところで

(4) ──線部①「有限の言語」とあるが、これの例として挙げてある言葉を、第二段落から四字で抜《ぬ》き出しなさい。（6点）

(5) ──線部②「人は自分の感情を……適切な表現をめぐって苦闘する。」とあるが、こうなる理由として最も適切なものを次から一つ選び、記号で答えなさい。（7点）

ア 言葉で表現するときは、自分の感情をうまく表す言葉が見つからないのが普通《ふつう》で、見つける努力に時間を費やさないから。
イ 言葉で表現するときは、数え切れないほど存在したはずの別の表現の可能性をあきらめ、言葉を選択することになるから。
ウ 言葉で表現するときは、感情を含めたアナログ世界を捉《とら》えて言葉に直す作業をやりとげられないから。
エ 言葉で表現するときは、表現しようとするものの属性にしばられてしまい、なかなか本質的なことを表せないから。

(6) ──線部③「コミュニケーションの基本」とあるが、筆者はこれについて、どんなことだと述べているか。そのことがわかる部分を同じ段落から探し、初めと終わりの五字を抜き出しなさい。（7点）

(7) 筆者は、コミュニケーションを成立させるためには、言葉を受け取る側が具体的にはどうすることが必要だと述べているか。次の□に入る言葉を四十字以上四十五字以内で探し、初めと終わりの四字を抜き出しなさい。（7点）

・□をすることが必要だ。

(1) a　b　c　d
(2)
(3)
(4)
(5)
(6) ～
(7) ～

2　次の文章を読んで、あとの問いに答えなさい。

小学生の心平《しんぺい》は、前に逃《に》げられてしまった大きな雨鱒《あめます》を再び捕《と》ろうと、放課後、一人で川へやって来た。水中メガネをし、水の中に顔を入れた心平は、魚たちがいそうな*勢い止めの中を慎重《しんちょう》に探った。

ふいに、大きな魚影《ぎょえい》が心平の眼《め》を横切った。心平はすぐに雨鱒だとわかった。まだ勢い止めから離《はな》れずにいたのだ。

「いた！」心平は水面から顔をあげていった。*いつもの儀式《ぎしき》だった。心平はいそいで水中をのぞき込《こ》むと、みうしなってなるものかと眼を［A］雨鱒のうしろ姿を追った。雨鱒は背中の白い斑点《はんてん》をゆらめかせて、大きな丸石の向こう側に消えると、すぐに一回りしてまた姿をみせた。雨鱒は、大きな石と石の間から身を乗り出すようにして静止すると、じっと心平をみた。ゆったりと呼吸していた。背ビレと胸ビレもゆったりと動かしていた。一点に静止するための動作だった。

*ヤスを突《つ》くには遠すぎたので、心平はそっと近づくことにした。

心平は身をかがめて近づいた。心平が近づいても、雨鱒はじっと心平をみているだけで、逃げるようなそぶりはちっともみせなかった。距離《きょり》がチヂ[a]まると、雨鱒の背中の斑点がはっきりとみてとれた。実にきれいだった。心平はもう一歩前進した。川床《かわどこ》の砂が少し舞《ま》いあがった。雨鱒はまだじっとして動かなかった。大きな眼が心平をみていた。心平はさらに雨鱒に近づいた。今度はヤスがとどく距離だった。しかし、もう少し近づけば万全だったので、心平はどうしようかと迷ったが、意を［B］近づくことにした。心平はそっと注意して近づいた。まだ雨鱒は逃げなかった。もう、雨鱒は手のとどきそうな距離になっていた。心平は緊張《きんちょう》した。ゆっくりと、慎重に前進した。心平は、心臓が大きく鼓動《こどう》しているのがわかった。初めて魚を突いた時もこんな感じだったが、いま心平はそのことはワス[b]れていた。眼の前の雨鱒のことしか頭になかった。

心平はヤスを身体《からだ》の脇《わき》に引き寄せると、緊張して持つ手にギュッと力を入れた。左手でしっかりと丸太をつかんで、バランスがくずれないように身体を支えた。丸太はぬるぬるしてすべったので、心平は身体を支えるだけにした。それだけでも心強かった。

雨鱒を突く体勢はすっかり整った。あとは、*秀二郎爺《じ》っちゃに教えてもらった手順を素早くやってのければよかった。心平は、もうヤスの重さは感じていなかった。①口が渇《かわ》いて、ドキドキする心臓の、大きくて早い鼓動だけが感じられた。

心平は、雨鱒に悟[c]られないように、注意して、そっと、ヤスの穂《ほ》先《さき》を雨鱒の頭上に持っていった。それでも、雨鱒は動かなかった。心平は、もうひと呼吸、そっとヤスの穂先《ほさき》を近づけた。

雨鱒の頭上で、切っ先の狙《ねら》いがピタリと定まった。あとはいっきに突けばよかった。

すると、心平は急に手が震《ふる》えた。刺激《しげき》が強すぎたのだ。ヤスの穂先がブルブルと震えてしまった。その瞬間《しゅんかん》、雨鱒はあっという間に反転して、石の向こう側に消えてしまった。

「はい！　逃げられだじゃ！」心平はがっかりした。水中をのぞいたまま声に出していった。

緊張がとけていった。②急にヤスが手に重くなった。その時、心平は初めて背中に水滴[d]が落ちたのを感じた。いつの間にか雨が降ってきたのだった。雨は、まだポツリポツリと散発的だった。気温がぐっと下がり始めたのがわかった。

心平は立ちあがると、笑ってため息をついた。

「はあ、ドキドキしたあ」と心平はいった。

逃げられたのにはがっかりしたけど、もう少しのところまで追い詰《つ》めたことがうれしかった。次の機会にはきっと仕留めることができる。③希望と自信が、少年の胸にふくらんでいった。

（川上健一《かわかみけんいち》「雨鱒の川」〈集英社〉より）

＊勢い止め…川の中に丸太を組んで作った、川の流れの勢いを弱めるための場所。
＊いつもの儀式…心平が、魚を発見すると必ず、「いた！」と小さく叫《さけ》ぶこと。
＊ヤス…長い棒の先にするどい金具の付いた、魚を刺《さ》してつかまえるための道具。
＊秀二郎爺っちゃ…魚をつかまえるのが上手な村の老人。

(1) ══線部a～dについて、漢字は読み方を平仮名《ひらがな》で書き、片仮名は漢字に直して書きなさい。（3点×4）

(2) A・Bに入る言葉として適切なものを次から一つずつ選び、それぞれ記号で答えなさい。（5点×2）

ア そらして　**イ** くんで　**ウ** 決して
エ つくして　**オ** 見開いて　**カ** かけて

(3) 少しずつ慎重に雨鱒に近づいていく心平に対して、雨鱒の様子は対照的である。次の文がその様子の説明になるように、□に入る言葉を**1**は五字、**2**は三字で抜《ぬ》き出しなさい。（5点×2）

・その動きは、常に**1**していて、心平がいくら近づいていっても**2**気配をみせていない。

(4) ──線部①「口が渇いて、……感じられた。」から、心平のどんな様子がわかるか。次の□に入る二字の言葉を抜き出しなさい。（6点）

・雨鱒を眼の前にして、極度に□感が高まっている。

(5) ──線部②「急にヤスが手に重くなった。」とあるが、これと対《つい》になっている表現を含《ふく》む一文を、これよりも前の部分から探し、初めの七字を抜き出しなさい。（6点）

(6) ──線部③「希望と自信が、少年の胸にふくらんでいった。」とあるが、ここから、心平のどんな思いがわかるか。最も適切なものを次から選び、記号で答えなさい。（6点）

ア いっきに突けばよいというところまで追い詰めることができたので、雨鱒に対する興味が薄《うす》れてしまったこと。
イ あとひと息のところまで雨鱒を追い詰めたことで、次は必ずつかまえてみせるという自信がわいてきたこと。
ウ 逃げられてがっかりしてしまったが、こんなことではくじけず、何事にも希望をもって立ち向かおうと決心したこと。
エ 逃げられてがっかりしたことで、雨鱒に対するこれまでの熱い思いが冷め、冷静に立ち向かえる自信がついたこと。

(1)	(2)	(3)	(4)	(5)
a	A	1		
b	B	2		
c				(6)
d				

高校入試

模擬学力検査問題

第2回

制限時間：50分

配点：100点

目標：80点

得点：　点

問題は、第1回(128ページ〜)と第2回があります。答えは決められた解答欄に書き入れましょう。

1

次の文章を読んで、あとの問いに答えなさい。

師頼《もろより》、多年、沈淪《ちんりん》して、籠居《ろうきょ》せられたりけるが、中納言《ちゅうなごん》に拝任の
（出世できず、家に閉じこもっていたが　中納言に任命された）
のち、はじめて＊釈奠《せきてん》の上卿《しゃうけい》をつとめけるが、＊作法進退《しんだい》のあひだ①、
（後　釈奠の祭りを執《と》り行う責任者を務めたが、儀式《ぎしき》の礼法や所作について）
ことにおいて不審《ふしん》をなして、あらあら人に問ひけり。その時、成通《なりみち》
（一つ一つのことについてこれでよいか、ほとんどすべてを人に尋《たず》ねた）
卿《きゃう》、＊参議にて列座していはく②、「年ごろ③、御《ご》籠居のあひだ、公事《くじ》、
（参議で列席していて言ったことには　お籠《こ》もりされていたため、御公務も）
御忘却《ばうきゃく》か。うひうひしく思《おぼ》しめさるる条、もつとも道理なり」とい
（お忘れでしょうか。初心者のように思われるのも、もっともで当然だ）
ふ。師頼卿、返事をいはず、顧眄《こべん》して、ひとりごちていはく、
（(成通卿を)ふり返って横目で見て、独り言を言った）

④入＊大《たい》廟《べう》毎事問 云々

大廟に入りて事毎《ごと》に問ふ云々《うんぬん》
（ご霊廟《れいびょう》に入ってからは一つ一つ人に問い尋ねる）
論語

成通卿閉口す。後日に人に語りていはく、「思ひ分くかたなく、不《ふ》
（成通卿は何も言えなかった　あれこれ考えることなく軽はずみ）
慮《りょ》の言を出《いだ》し、後悔千廻《こうくわいせんくわい》云々」。
（なことを言ってしまい、いくら後悔してもしきれないくらいだ）

このこころは、孔子《こうし》、大廟に入りて、まつりごとにしたがふ時、

（このことの意味は、孔子が君主の霊廟に入って儀礼にたずさわった時、）

毎事、かの令長に問はずといふことなし。人これを見て、「孔子、

（一つ一つのことについて、その長官に尋ねないことがなかった(＝尋ねた)。　「孔子は、）

礼を知らず」と難じければ、「問ふは礼なり」とぞ答へ給《たま》ひける⑤。

（礼法を知らない」と非難したところ、(孔子は)「問い尋ねるのが礼儀である」）

かの人の御身《おんみ》には、さぞくやしくおぼえ給ひけむか。「これ、慎《つつし》
（成通卿の御立場としては、どんなに悔《く》やまれることであったろうか。「これも、(師頼）

みの至れるなり」といへり。

（卿の普段《ふだん》からの)慎み深さがきわまっているからだ」）


(『十訓抄《じっきんしょう》』より)

＊釈奠＝孔子を祭る儀式。　＊作法進退＝立ち居振《ふ》る舞《ま》い。　＊参議＝役職名。
＊大廟＝君主の祖先の霊を祭る建物(霊廟)。

(1) ――線部①「あひだ」、②「いはく」を現代仮名《かな》遣《づか》いで書きなさい。(3点×2)

(2) ――線部③「年ごろ」の意味として最も適切なものを一つ選び、記号で答えなさい。(7点)

ア 本年　イ 長年　ウ 来年　エ 去年

(3) ――線部④「入大廟毎事問」に、〰〰線部の書き下し文を参考にして、返り点と送り仮名を付けなさい。(8点)

(4) ——線部⑤「とぞ答へ給ひける」は、「と答へ給ひけり」という普通の言い方ではなく、強調を表す言い方になっている。この表現方法を何というか。四字で答えなさい。（7点）

(5) この文章についての次の話し合いを読んで、あとの1〜3の問いに答えなさい。

レイさん 主な登場人物は師頼卿と成通卿だよね。成通卿は、師頼卿が久しぶりに釈奠の祭りの責任者として働く様子を見て「もつとも道理なり」って言っているけれど、この言い方、どう思う？

ケイトさん 丁寧《ていねい》な言葉遣《づか》いだけれど、少し［A］の気持ちが入っているような感じだと思うな。

アヤさん 確かにそうだね。「公事、御忘却か。うひうひしく」ってわざわざ言っているしね。それに対して、師頼卿は面と向かっては反論しないで、ぼそっと論語の一節をつぶやくだけ。これって、私はスマートな感じがしたなあ。でも、この「大廟に入りて…」で何を言いたかったのかな。

レイさん この文章の中で「このこころは…」って説明してくれているよね。孔子の「［B］」という言葉を言いたかったんだよ。でも、成通卿もすごいかも。だって、師頼卿の独り言を聞いただけで、たぶん師頼卿の言いたかったことに気づいたんだよね。

ケイトさん そうそう。だから「後悔千廻」って言ってるんだね。

アヤさん この文章の最後の段落は、筆者の感想になっているけれど、ここでは［C］のふるまいについて、ほめているね。

1 ［A］に入れるのに最も適切な言葉を次から一つ選び、記号で答えなさい。（8点）

ア 同情　**イ** 尊敬　**ウ** 心配　**エ** 皮肉

2 ［B］に入る言葉を、文章中から抜《ぬ》き出しなさい。（7点）

3 ［C］に入る人物を次から一つ選び、記号で答えなさい。（7点）

ア 孔子　**イ** 師頼卿　**ウ** 成通卿　**エ** 参議

(1) ①	②	(2)	(3) 入大廟毎事問	(4) □□□□	(5) 1　2　3

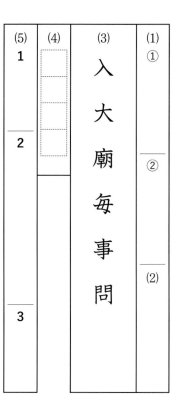

2 次のA・Bの文章を読んで、あとの問いに答えなさい。

A　コミュニケーションとは何か。それは、端的に言って、意味や感情をやりとりする行為《こうい》である。一方通行で情報が流れるだけでは、コミュニケーションとは呼ばない。テレビのニュースを見ている行為をコミュニケーションとは言わないだろう。やりとりする相互《そうご》性があるからこそコミュニケーションといえる。

やりとりするのは、主に意味と感情だ。①情報伝達＝コミュニケーション、というわけではない。情報を伝達するだけではなく、感情を伝え合い分かち合うこともまたコミュニケーションの重要なヤクワリである。何かトラブルが起きたときに、「コミュニケーションを事前に十分とるべきであった」という言葉がよく使われる。一つには、細やかな状況《じょうきょう》説明をし、前提となる事柄《ことがら》について共通認識をたくさんつくっておくべきであったという意味である。もう一つは、情報のやりとりだけではなく、感情的にも共感できる部分を増やし、少々の行き違《ちが》いがあってもそれを修復できるだけの信頼《しんらい》関係をコミュニケーションによって築いておくべきであった、ということである。

意味と感情――この二つの要素をつかまえておけば、コミュニケーションの中心を外すことはない。情報という言葉は、感情の次元をあまり含《ふく》んでいない言葉だ。情報伝達としてのみコミュニケーションを捉《とら》えると、肝心《かんじん》の感情理解がおろそかになる。人と人との関係を心地よく濃密にしていくことが、コミュニケーションの大きなねらいの一つだ。したがって感情をお互《たが》いに理解することを抜《ぬ》きにすると、トラブルのもとになる。

B　コミュニケーションの日本的なケイタイとして、和歌のやりとりがある。五・七・五・七・七の型の中に、あふれる感情を込《こ》める。すべてを言い切るわけではない。言葉の象徴《しょうちょう》性をフル活用する。受け取った相手も、言葉の意味するところを深く読み込む。その読み取りの力が、そのまま恋愛《れんあい》力にもなっていた。

恋《こい》する相手に歌を贈《おく》る。その歌の意味を理解した受け手が、また歌を返す。この②和歌のやりとりによる感情の響《ひび》き合いは、日本が世界に誇《ほこ》るべきコミュニケーションの型であった。

『万葉集』の有名な歌のやりとりを見てみよう。

㋐あしひきの山のしづくに妹《いも》待つと
　われ立ち濡《ぬ》れぬ山のしづくに　（大津皇子《おおつのみこ》）
〔（あしひきの）山のしずくに、あなたを待っていた私は立ちながら濡れてしまったよ、山のしずくに。〕

㋑吾《あ》を待つと君が濡れけむあしひきの
　山のしづくに成らましものを　（石川郎女《いしかわのいらつめ》）
〔私を待ってあなたが濡れてしまったという、（あしひきの）山のしずくになりたいものを。〕

ここではっきりしているのは、思いを言葉に「託《たく》す」というやり方だ。言葉に込められたエネルギーを読み手は感じ取る。相手の歌の中の言葉を、自分の歌にアレンジして組み込む。相手の使った③キーワードを用いて話す、という技が和歌のやりとりでは基本技として駆使《くし》されている。思いを込めて使った言葉を相手がしっかり受け取り、使って返してくれる。そのことで心がつながり合う。ただそのままの形で返すわけではない。意味を少しずらして別の文脈に発展させて使う。そうすることによって二人の間4に文脈の糸がつながる。

（齋藤孝《さいとうたかし》「コミュニケーション力」〈岩波書店〉より）

※和歌の〔　〕内の現代語訳は、編集部がつけたものです。

(1) ══線部a～dについて、漢字は読み方を平仮名《ひらがな》で書き、片仮名は漢字に直して書きなさい。（3点×4）

(2) 〰〰線部1～4の「の」のうちで、一つだけ他と意味・用法が異なるものはどれか。番号で答えなさい。（3点）

(3) ——線部①「情報伝達＝コミュニケーション、というわけではない。」とあるが、「情報伝達」と「コミュニケーション」についての筆者の説明を次の表のように整理した。表の□に当てはまる字数の言葉を文章中から抜き出しなさい。（5点×3）

情報伝達	コミュニケーション
情報の内容は伝わるが、ⓐ□は十分にはできない。	ⓑ□をやりとりするので、ⓒ□を築くことができる。

(4) ——線部②「和歌のやりとりによる感情の響き合い」は、和歌においてどういうことがなされるから生じるというのか。「言葉に□こと」の□に入る語句を、Ⓑの文章の第一段落から六字で抜き出しなさい。（5点）

(5) ——線部③「キーワード」について、次のⅠ・Ⅱの問いに答えなさい。（5点×2）

Ⅰ 例に挙げた㋐・㋑の和歌での「キーワード」は何か。二つの和歌に共通する言葉を五字で抜き出しなさい。

Ⅱ Ⅰの「キーワード」が、それぞれの和歌で表している意味の説明として適切なものを次から一つずつ選び、記号で答えなさい。

ア 相手と自分を同時に濡らすもので、思いの共有を示している。

イ 自分を濡らすもので、孤独《こどく》や切なさを印象づけている。

ウ 山を濡らすもので自然の雄大《ゆうだい》さを強めている。

エ 相手を濡らすもので、そばにいたかった思いを訴《うった》えている。

(6) ⒶとⒷの文章の説明として最も適切なものを一つ選び、記号で答えなさい。（5点）

ア Ⓐではコミュニケーションにおけるさまざまなトラブルについて詳《くわ》しく説明し、Ⓑでは恋愛の場でのコミュニケーションの特性を説明している。

イ Ⓐではコミュニケーションの大切さについて述べ、Ⓑではその内容に基づいて日本でのコミュニケーションの型の例として和歌を挙げて説明している。

ウ Ⓐではコミュニケーションと情報の違いについて説明し、Ⓑでは和歌でのコミュニケーションが一般《いっぱん》的なコミュニケーションとは異なる面をもつことを説明している。

エ Ⓐではコミュニケーションにおける理解の大切さを提示し、Ⓑでは和歌での言葉の意味を多様にとらえる方法について実際の例を使って説明している。

(1)		(2)	(3)			(4)	(5)			(6)
a			ⓐ	ⓑ	ⓒ		Ⅰ	Ⅱ ㋐	㋑	
b										
c										
d										

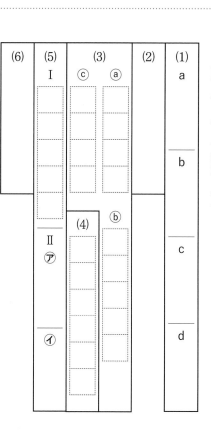

わかるまとめと
よく出る問題で
合格力が上がる

国語

高校入試 合格BON!

編集協力：坪井俊弘・鈴木瑞穂・（株）奎文館・遠藤理恵
勉強法協力：梁川由香　カバー・キャラクターイラスト：茂苅 恵　アートディレクター：北田進吾
デザイン：畠中脩大・山田香織（キタダデザイン）・堀 由佳里
DTP：（株）明昌堂 データ管理コード 21-1772-0745（CC2020）

この本は下記のように環境に配慮して製作しました。
・製版フィルムを使用しないCTP方式で印刷しました。
・環境に配慮して作られた紙を使っています。

①

高校入試合格

GOUKAKU

BON!

わかるまとめと
よく出る問題で
合格力が上がる

別冊

解答と解説

JAPANESE

国語

Gakken

＊軽くのりづけされているので、外してお使いください。

高校入試実戦力アップテスト 解答

1章 文法

PART 1 文節・文の成分 10-11ページ

1 (1) ①五（文節） ②五（文節） ③八（文節）
(2) イ

2 (1) ①八（単語） ②七（単語） ③七（単語）
(2) ウ

3 (1) ウ (2) エ (3) ウ (4) エ

4 (1) （主語）妹は （述語）行った
(2) 草刈りや耕起は
(3) 向かっていた

解説

1 (1) ①——線部を文節に分けると、「**人間も／動物も／外からの／刺激《しげき》を／受けると**」となる。
②——線部を文節に分けると、「**小説を／読む／友など／一人も／いなかった**」となる。
③——線部を文節に分けると、「**この／土地が、／今日から／家族の／新しく／住む／場所に／なる**」となる。
(2) 「あきれたように」の部分に含《ふく》まれている自立語は「あきれ（あきれる）」だけなので、**一文節**として区切る。「見ていた」の部分には、「見（見る）」「い（いる）」と自立語が二つ含まれているので、「見て」「いた」と**二文節**に区切る。

ミス対策 **一文節には、必ず一つの自立語しか含まれていないことに注意する。**

2 (1) ①——線部を単語に分けると、「**植物／の／茎《くき》／に／似／て／い／ます**」となる。
②——線部を単語に分けると、「**メガネ／を／かけ／て／帰っ／て／くる**」となる。
③——線部を単語に分けると、「**世界／は／さらに／広がっ／て／いき／ます**」となる。
(2) 「伝え」は動詞「伝える」未然形、「られ」は助動詞「られる」連用形、「た」は助動詞「た」連体形。

3 (1) **ウ**「友達も」と「泣いていた」は、「**誰《だれ》が—どうする**」の形の主・述の関係になっている。**ア**「映画館に」と「行った」は修飾《しゅうしょく》・被《ひ》修飾の関係、**イ**「飲み物と」と「食べ物を」は並立の関係、**エ**「パンフレットを」と「買った」は修飾・被修飾の関係。

くわしく **主語は、「～が」だけでなく、「～は」「～も」「～まで」などの形になっていることもある。**

(2) 「大きな」は、「くらげが」に係り、「**どんな**」**を表す修飾語**。
(3) 「ゆっくりと」と「出発する」は、修飾・被修飾の関係。「ゆっくりと」が「出発する」に係り、「**どのように**」**を表す修飾語**になっている。**ウ**「きれいに」と「光る」も同じく、修飾・被修飾の関係。「きれいに」が「光る」に係り、「どのように」を表す修飾語になっている。**ア**「ケーキと」と「花を」は並立の関係、**イ**「寝《ね》て」と「いる」は補助の関係、**エ**「声が」と「聞こえる」は主・述の関係。
(4) 「意味して」と「いた」は、主な意味を表す「意味して」に「いた」が補助的な意味を補っている文節どうしの関係。

4 (1) 「妹は」と「行った」は、「**誰が—どうする**」の形の主・述の関係になっている。「～は」の形になっていても、「今日は」は、**主語ではないので注意。**
(2) 「草《くさ》刈《か》りや耕起は」と「大事件である」は、「**何が—何だ**」の形の主・述の関係になっている。
(3) 「わたしの関心は」と「向かっていた」は、「**何が—どうする**」の形の主・述の関係になっている。

PART 2 品詞の種類・活用しない自立語 14-15ページ

1 (1) 結構・起き・い (2) 三

2 (1) ア・イ・エ（順不同） (2) ウ

3 (1) ア (2) ウ (3) イ

4 (1) イ・オ（順不同）
(2) （Ⅰ群）①ウ ②イ （Ⅱ群）ケ (3) ア

解説

1 (1) 自立語は、一文節に必ず一つ含《ふく》まれる。——線部を文節に分けると、「**結構／起きて／います**」と三文節になるので、含まれている自立語は、三つとわかる。また、自立語は、文節の頭にあるので、各文節の頭にある単語を抜《ぬ》き出せばよい。

(2) 文節に分けると、**「有望な／人材に／活躍《かつやく》して／もらうしか／ない」**となるので、まず、各文節から自立語を抜き出し、残った単語から付属語の数を考えればよい。「人材に」、「活躍して」、「もらうしか」が付属語。「有望な」は**形容動詞「有望だ」連体形**、「ない」は**形容詞「ない」終止形**。

2

(1) **「もちろん（副詞）／だろ（助動詞）／断ら（動詞）／れる（助動詞）／だろ（助動詞）／う（助動詞）」**のように五単語に分けられる。

(2) ——線部を文節に分けると、**「さらさらと／流れて／いた」**となり、さらに単語に分けると、**「さらさらと（副詞）／流れ（動詞）／て（助詞）／い（動詞）／た（助動詞）」**となる。

3

(1) 名詞は、**活用しない自立語で、助詞「が」を伴《ともな》って主語になることができる品詞。**——線部「匂《にお》い」は、「匂いが」という形で、「広がる」と主・述の関係になる主語になっている。

ミス対策 **名詞「匂い」と形の似ている、活用する自立語である動詞「匂う」の連用形「匂い」は、「ます」「た」などが下に続く形で、助詞「が」が続くことはない。**

(2) 「あえて」は、**活用しない自立語**で、用言のみの文節「減らす」を修飾《しゅうしょく》している**状態の副詞**。

(3) 「説明し（なかった）」は、**活用する自立語**で、サ行変格活用の動詞「説明する」の未然形。

4

(1) ——線部「その」は、**活用しない自立語**で、体言を含む文節「日は」を修飾する**連体詞**。**イ**「あの」、**オ**「大きな」はどちらも——線部「その」と同様に、活用しない自立語で体言を含む文節（**イ**「人の」、**オ**「声で」）を修飾している。**ア**「静かな」は活用する自立語の形容動詞、**ウ**「ような」は活用する付属語の助動詞、**エ**「それ」は活用しない自立語の名詞。

(2) ——線部①「支え」は、助詞「が」を伴って、「支えが足りない。」のように主語になる単語なので、**活用しない自立語の名詞**とわかる。——線部②「ある」は、体言を含む文節「時点から」を修飾する**活用しない自立語**なので、**連体詞**とわかる。**カ**「ある」は連体詞だが、「支え（られて）」が動詞。**キ**「（故郷に）ある」は動詞、「支え（たい）」も動詞。**ク**「支え」は名詞だが、「ある」が動詞。

(3) 呼応の副詞は、**下に続く言い方が決まっている。**「たとえ」は、仮定を表す「～ても」と呼応する。「けっして」は、否定を表す「ない（形容詞）」と呼応する。

くわしく **主な呼応の副詞と下に続く言い方**

どうして・なぜ～か（疑問）
たぶん・おそらく～だろう・でしょう（推量）
もし～なら（仮定）
まったく・少しも～ない（否定）
まるで～ようだ（たとえ）
ぜひ・どうか～ください・ほしい（希望）

PART 3 動詞・形容詞・形容動詞 [活用する自立語]

18-19ページ

1 (1) **二** (2) **あっ**
2 (1) **エ** (2) ①**ア** ②**b** (3) **イ**
3 (1) **長く** (2) (品詞名)**形容動詞** (活用形)**エ** (3) **ア**
4 **ア**

解説

1

(1) 含《ふく》まれている動詞は、上一段活用「見る」連用形「見（て）」と、五段活用「言う」未然形「言わ（ないのだった）」。

(2) 含まれている動詞は、五段活用「ある」連用形「あっ（て）」。「ある」の連用形は、「た」「て」が続くとき、音便形（促《そく》音便）になる。

くわしく **動詞の音便**

イ音便…「書く」＋「た」→「書いた」
促音便…「ある」＋「た」→「あった」
撥《はつ》音便…「飛ぶ」＋「た」→「飛んだ」

2

(1) 「避《さ》け（ます）」は、「ない」を付けると「避け（ない）」となるので下一段活用。「ます」が続いているので連用形。

くわしく **カ行変格活用とサ行変格活用以外の動詞の活用の種類は、「ない」を付けたときに直前の音がア段・イ段・エ段のどれになるかで判断する。ア段なら五段活用、イ段なら上一段活用、エ段なら下一段活用。**

(2) 「言い（、）」は、「ない」を付けると「言わ（ない）」となるので五段活用。「、（読点）」

が続いているので連用形。

(3)「探求する（ことは）」は、**サ行変格活用の動詞「探求する」の連体形**。**イ**「輝《かがや》く（のは）」の「の」は、「～（の）もの」という体言と同じ働きをする助詞で、主に活用語の連体形に付く。**ア**「始まり（ます）」は連用形、**ウ**「咲く（。）」は終止形、**エ**「起き（よう）」は未然形。

ミス対策 **動詞の終止形と連体形は、同じ形になるので、下に続く語で見分ける。**

3

(1)「長く」は、**形容詞「長い」の連用形**。形容詞の連用形活用語尾《ごび》には、「かっ・く・う」があるが、そのうち、「なる」のような動詞が続くのは「く」。

(2)「大切な」は、**終止形が「大切だ」になる形容動詞**。体言「こと」が続いているので連体形。活用する自立語である動詞・形容詞・形容動詞は、終止形で見分ける。最後の音がウ段音ならば動詞、「い」ならば形容詞、「だ・です」ならば形容動詞。

(3)「丁寧《ていねい》に」は、**終止形が「丁寧だ」になる形容動詞**。**ア**「貴重な」も同様に、終止形が「貴重だ」になるので形容動詞。**イ**「悲しみ」は名詞、**ウ**「困っ（て）」は動詞、**エ**「明るい」は形容詞。

4

自動詞と他動詞は、**「何を」を表す修飾《しゅうしょく》語で修飾することができるかどうかで判別する。**「表れる」は、「何を」を表す修飾語で修飾することができないので、自動詞。

PART 4 単語の区別① ［助詞］

22－23ページ

1 エ
2 ウ
3 ウ
4 オ
5 エ
6 エ
7 （Ⅰ群）エ　（Ⅱ群）キ
8 ウ

解説

1

――線部「電子辞書が欲しい」は、**格助詞「が」**。主語を示す働きをしている。（「対象を表す」ということもある。）同様に、――線部が格助詞「が」であるのは、**エ**「映画が見たい」。**どちらも体言（名詞）に接続していることに注意。** **ア**「足も速いが力も強い」と**イ**「訪ねたが留守だった」は、どちらも接続助詞「が」。格助詞「が」と異なり、**ア**は形容詞「速い」、**イ**は助動詞「た」と、どちらも活用語に接続している。**ウ**「我が国」は、連体詞「我が」の一部。

2

――線部「『自然哲学者』と呼ばれている」は、**引用を示す格助詞「と」**。下に続く動作「呼ばれている」の結果を「自然哲学者」という引用として示す働きをしている。同様に、――線部が引用を示す格助詞「と」であるのは、**ウ**「陽一《よういち》と名づける」。これも、下に続く動作「名づける」の結果を「陽一」という引用として示す働きをしている。**ア**「兄と妹は」は、並立の関係を示す格助詞。「兄」「妹」が文の中で対等の関係にあることを示している。**イ**「考えと同じだ」は、比較《ひかく》する対象を示す格助詞「と」。**エ**「友人と……遊ぶ」は、動作の相手を示す格助詞「と」。「友人と」が述語「遊ぶ」の相手を示す修飾《しゅうしょく》語になっている。

3

――線部a「友だちと」は**格助詞「と」**。体言（名詞）に接続している。――線部b「登っていくと」と――線部c「眺《なが》めると」は、接続助詞「と」。どちらも活用語（動詞）に接続している。――線部d「晴れ晴れと」は、「晴れ晴れと」で一単語の副詞。

ミス対策 **格助詞「と」と接続助詞「と」は、接続している語で見分ける。体言（名詞）に接続していれば格助詞。活用語に接続していれば接続助詞。**

4

――線部「欲望のかなう」は、**格助詞「の」**。**部分の主語を示す働き**をしている。同様に、――線部が部分の主語を示す働きの格助詞「の」であるのは、**オ**「父の訪れた」。それぞれ、「欲望がかなう」、「父が訪れた」のように、主語を示す格助詞「が」に言い換《か》えられる。**ア**「歌うのは気持ちがよい」と**ウ**「兄のだ」は、体言と同じ働きをする格助詞「の」。「歌うことは」「兄のものだ」のように、体言に言い換えられる。**イ**「花の名前を」は、連体修飾語を示す格助詞「の」。「花の」が「名

5 前を」の連体修飾語であることを示している。**エ**「練習するの」は終助詞「の」。文末に付き、疑問を表している。

＝＝線部「観察するのが」は、**体言と同じ働きをする格助詞「の」**。同様の働きをしているのは、**エ**「調べるのも」。**ア**「公園の近くまで」は、連体修飾語を示す格助詞「の」。**イ**「鳥の鳴く」は、部分の主語を示す働きの格助詞「の」。**ウ**「何と言うの」は終助詞「の」。

6 ──線部「使われ始めたのに」は、**体言と同じ働きをする格助詞「の」**。同様の働きをしているのは、**エ**「歌うのが」。**ア**「私の植えた」は、部分の主語を示す働きの格助詞「の」。**イ**「二十世紀の宝だ」は、連体修飾語を示す格助詞「の」。**ウ**「行くの」は終助詞「の」。

7 ──線部「環境《かんきょう》に身を置きながら」は、**連用修飾語を示す働きの格助詞「に」**。「環境に」が「置く」という動作の場所を示す連用修飾語であることを示している。同様の働きをしているのは、**キ**「ほとりに住んでいる」。**カ**「春なのに」は、接続助詞「のに」の一部。**ク**「うれしそうに」は、推定・様態の助動詞「そうだ」の連用形「そうに」の一部。**ケ**「さわやかに」は、形容動詞「さわやかだ」の連用形「さわやかに」の一部。

8 ──線部「考えながら」は、「ながら」の**前後の動作を同時に並行して行う意味を表す接続助詞**。この「ながら」と同じ働きの接続助詞に「つつ」がある。

PART 5

単語の区別② ［助動詞］

26－27ページ

1 エ
2 ア
3 ア・オ（順不同）
4 ア
5 ウ
6 エ
7 エ
8 イ

解説

1 ＝＝線部「いない」は、**否定の助動詞**。「ない」だけでは文節に区切れないことから、付属語と判断できる。**エ**「やらない」も、同様に文節に区切れないので、否定の助動詞。**ア**、**イ**、**ウ**の「ない」は、「ない」だけで文節に区切ることができるので、形容詞。

2 ──線部「ない」は、「披露《ひろう》した／ことの／ない」と、「ない」だけで文節に区切れるので、**形容詞「ない」**。**ア**も同様に文節に区切れるので、形容詞。**ウ**も、「寂《さび》しく／ない」と文節に区切れるが、この「ない」は、──線部「ない」とは異なり、「存在しない」という本来の意味が薄《うす》れて、すぐ前の文節を補助する働きの補助形容詞（形式形容詞）。**イ**は、形容詞「少ない」の一部。**エ**「会わない」は、「ない」だけでは文節に区切れないので、否定の助動詞。

3 **イ**は、動詞「満ちあふれる」の一部。**ウ**は、自発の助動詞。**エ**は、動詞「流れる」の一部。

ミス対策 **自発の助動詞「れる・られる」は、「思い出す」「感じる」「案じる」など、心の作用を表す動詞に付くことが多い。**

4 ──線部「られる」は、**自発の助動詞**。**ア**も同様に、自発の助動詞。どちらも、心の作用を表す動詞に付いている。**イ**は、受け身の助動詞、**ウ**は、可能の助動詞、**エ**は、尊敬の助動詞。

5 ──線部「た」は、**過去の助動詞**。「秋の体育祭のときに」という過去を表す語句があることに注意。**ウ**も同様に、過去の助動詞。過去を表す「昨日」という語句がある。**ア**と**エ**は、存続の助動詞、**イ**は、完了《かんりょう》の助動詞。

6 ──線部「だ」は、**断定の助動詞**。**エ**も同様に、断定の助動詞。どちらも、体言（名詞）に付いていることに注意。**ア**は、助動詞「そうだ」の一部。**イ**は、形容動詞「静かだ」の活用語尾《ごび》。**ウ**は、過去の助動詞「た」が濁音《だくおん》化《か》したもの。この「た」は、動詞の音便形に付くと、濁音化して「だ」になる。

7 ──線部「よう」は、**意志の助動詞**。**エ**も同様に、意志の助動詞。**ア**と**ウ**は、助動詞「ようだ」の一部。**イ**は、推量の助動詞「よう」。

8 ──線部「ようだ」は、**推定の助動詞**。**イ**も同様に、推定の助動詞。どちらの文も様子から推し量る内容になっている。**ア**、**ウ**、**エ**は、比喩《ひゆ》（たとえ）の助動詞。

PART 6 敬語

30-31ページ

1 ア
2 ご覧になった（見られた）
3 エ
4 ①ア　②エ
5 ア
6 例 主語が「先生」の場合は、尊敬語を使うのが適切なのに、謙譲語を使っているから。
7 ウ

解説

1 ――線部「おっしゃいましたよね」は、「おっしゃる」の連用形。**「言う」の特別な形の尊敬語の動詞。**ここでは、――線部「おっしゃる」の動作をしている「園長」への敬意を表す。

2 ――線部「見たことがある」は、「皆《みな》さん」つまり「発表を聞いている人」の動作になるので、**尊敬語の表現に改める。**「見る」の尊敬語の表現には、特別な形の尊敬語の「ご覧になる」と尊敬の助動詞「られる」を用いた「見られる」がある。

3 ――線部「言った」は、相手の動作なので、**「言う」の特別な形の尊敬語の動詞**を使っている**エ**「おっしゃった」が適切。**ア**の「うかがった」は「聞く」の特別な形の謙譲《けんじょう》語、**イ**の「いらっしゃった」は「行く・来る・いる」の特別な形の尊敬語、**ウ**「申し上げた」は「言う」の特別な形の謙譲語を使っている。

ミス対策 **主な特別な形の尊敬語・謙譲語は、覚えておくとよい。**

4 ①には、インタビューをしている「礼《れい》子《こ》さん」の動作を表す言葉が入るので、「ご意見を」につながる動詞として、**「聞く」の特別な形の謙譲語**「うかがって」が適切。②のあとに続いている「ください」は、**「お～ください（くださる）」の形で尊敬語の表現**になる。

5 ――線部「声をかけてくださいました」は、補助動詞。**「～てくださる」の形で尊敬語の表現**になる。ここでは、「声をかける」動作をしている「保育士（さん）」に対する敬意を表している。

ミス対策 **尊敬語か謙譲語かを考えるときには、その動作が誰《だれ》の動作なのかを考える。**

6 ――線部「申しました」は、**「言う」の特別な形の謙譲語**で、自分や自分の身内の動作をへりくだって言う表現。問題文では、「言う」の主語が「先生が」であるのに、謙譲語の「申しました」を使ってしまっている。

7 **ウ**「拝見してください」は**「見る」の特別な形の謙譲語。**これは「川田《かわだ》さん」の動作になるので、**謙譲語を用いるのは不適切。ア**「担当いたします」、**イ**「うかがっても」は、どちらも謙譲語。「私」の動作なので適切。**エ**「召《め》し上がって」は、尊敬語。「川田さん」の動作なので適切。**オ**「おります」は、謙譲語（丁重《ていちょう》語）。「案内係の生徒」の動作なので適切。

2章 漢字・語句

PART 7 部首・画数・筆順

34-35ページ

1 (1)たけかんむり　(2)エ　(3)イ　(4)エ
2 (1)エ　(2)11　(3)①イ　②イ　(4)オ
3 (1)3　(2)ア
4 (1)イ　(2)ウ

解説

1 (1)「箱」の部首は「⺮（たけかんむり）」で、竹を使った用具などに関する字に付く。**「ひらがなで書きなさい」**という指示に注意する。

(2)「課」の部首は「言（ごんべん）」。**ア**「亻」、**イ**「弓」、**ウ**「氵」、**エ**「言」で、**エ**が正解。

(3)この偏《へん》は、「扌（てへん）」。選択《せんたく》肢《し》の漢字の偏はそれぞれ、**ア**「言」、**イ**「扌」、**ウ**「礻」、**エ**「扌」。したがって、**イ**が正解。

(4)「花」の部首は「艹（くさかんむり）」。**ア**「栄」の部首は「木」、**イ**「雲」の部首は「雨」、**ウ**「笑」の部首は「⺮」、**エ**「葉」の部首は「艹」。**「くさかんむり」は、楷書《かいしょ》と行《ぎょう》書《しょ》とでは形と筆順が変わるので注意しよう。**

2 (1)選択肢の各漢字の総画数を確認する。**ア**「記」、**イ**「烈」、**ウ**「兼」はいずれも10画、**エ**の「習」は11画。したがって**エ**が正解。

(2)「乾」は、「一 十 𠀋 古 吉 直 卓 卓 卓 乾」の順に11画で書く。

(3)行書は点画がつながっている場合もあるので、

それぞれ**楷書で確認することが大切**。①「創」の総画数は12画。各漢字の総画数は、**ア**「稿」15画、**イ**「補」12画、**ウ**「詰」13画、**エ**「漁」14画。したがって**イ**が正解。②「掘」の総画数は11画。各漢字の総画数は、**ア**「港」12画、**イ**「都」11画、**ウ**「烈」10画、**エ**「話」13画。したがって、**イ**が正解。**イ**の「阝（おおざと）」は**3画で書く**ことに注意。

(4) **A～D**の総画数をまず確認する。**A**「泳」は8画、**B**「紀」は9画、**C**「雪」は11画、**D**「祝」は9画。同じ総画数の漢字は9画の**B**「紀」と**D**「祝」なので、**オ**が正解。

3

(1)「放」の「方」の部分の筆順は、「丶 亠 亍 方」で黒塗《くろぬ》りの部分は3画めに書く。

(2) **ア**「給」の「糸」の下の部分は、楷書では「亅 小 小」と、中央の画→左→右の順に書くが、行書だと左→中央→右の順になる。

4

(1)「無」の「灬」の部分は楷書だと点を分けて書くが、**行書では一部をつながるように書く**。

くわしく 「氵」なども、**行書ではつながるように書く部分がある**。

(2) **a**Aは「花」の「くさかんむり」の部分を指す。「くさかんむり」は**1**(4)の解説で触《ふ》れたとおり、**形と筆順が変わる**。**b**Bの部分は、楷書ならば右に払《はら》う（「秋」）が、ここでは左に向かってはねている。**c**俳句全体のバランスを見よう。選択肢は「小さく」か「大きく」である。漢字とひらがなを比べると、**ひらがなが小さく書かれている**ことがわかる。

PART 8 熟語の構成・使い方

38-39ページ

1 (1) ①ウ ②ケ (2) ①イ ②エ ③ア (3) エ

2 (1) イ・ウ (2) ア (3) イ

3 (1) 弱肉強（食） (2) イ (3) エ

解説

1

(1) ①「**語の↓源**」で、上が下を修飾《しゅうしょく》する関係である。②**カ**「抑揚《よくよう》」は「**抑《おさ》える↕揚《あ》げる**」で対《つい》になる関係、**キ**「握手《あくしゅ》」は「**手を握《にぎ》る**」で、下が上の目的・対象になる関係、**ク**「装飾《そうしょく》」は「**装う＝飾《かざ》る**」で似た意味の関係、**ケ**「実行」は「**実際に↓行う**」で、上が下を修飾する関係なので「語源」と同じ構成は**ケ**。

(2) ①「推測」は「推」も「測」も「おしはかる」意を表し、**似た意味の関係**。**ア**は「**砂の↓丘《おか》**」で上が下を修飾する関係、**イ**は「**縮＝小**」で似た意味の関係、**ウ**は「**問い↕答え**」で対になる関係、**エ**は「**（自）宅に帰る**」で、下が上の目的・対象になる関係。②「後者」は「**後の↓者**」で、上が下を修飾する関係。**ア**は「**穏《おん》＝和**」で似た意味、**イ**は「**緩《ゆる》やか↕急**」で対になる関係、**ウ**は「**職に就く**」で下が上の目的・対象になる関係、**エ**は「**筆の↓跡《あと》**」で上が下を修飾する関係。③「想像」は「**像を想《おも》う**」で下が上の目的・対象になる関係。**ア**が「**群を抜《ぬ》く**」で「想像」と同じ関係。**イ**は「**海の↓底**」で上が下を修飾する関係、**ウ**は「**まだ来ない**」で似た意味の関係、**エ**は「**削《けず》る＝除く**」で下の漢字の意味を打ち消す接頭語が付いたもの。

(3) **ア**「**災＝害**」、**イ**「**安＝易**」、**ウ**「**技＝術**」は似た意味の関係。**エ**だけ「**一つの↓面**」で上が下を修飾する関係。

2

(1) **ア**は「**不＋公平**」で下の熟語の意味を打ち消す接頭語の「不」が上に付いた形。**イ**は「**悲観＋的**」で「…らしい」「…のような性質を有する」という意味をそえる接尾《せつび》語の「的」が付いた形。**ウ**は「**明文＋化**」で、「ある状態になる」という意味をそえる接尾語の「化」が付いた形。**エ**は「**衣＋食＋住**」で三字が対等に並ぶもの、**オ**は「**無＋気力**」で下の熟語の意味を打ち消す接頭語の「無」が上に付いた形。「利便＋性」と同じ構成のものは**イ**と**ウ**。「すべて」選ぶ点に注意しよう。

(2) **ア**「一朝一夕《いっちょういっせき》」は「ひと朝ひと晩」ということから、「ほんの少しの間」という意味。「この事業は一朝一夕にできるものではない」のように使う。**イ**「縦横無尽《じゅうおうむじん》」は**物事を思いのままに行う様子**、**ウ**「深謀遠慮《しんぼうえんりょ》」は**将来のことまで深く考えること**、**エ**「日進月歩《にっしんげっぽ》」は**科学などが絶え間なく進歩を続けること**。

(3) **イ**の「一心不乱《いっしんふらん》」は「**一つのことに心を集中して、ほかのことに乱されないこと**」を表すので、**イ**が正解。**ア**の「悪戦苦闘《あくせんくとう》」は**死にものぐるいで戦うこと**。**ウ**の「一念発起《いちねんほっき》」は**あることを成しとげようとかたく決心すること**。

エの「悠々自適《ゆうゆうじてき》」は**自分の思いのままに心静かに暮らすこと。**

3

(1) 生態系における生物どうしの関係を表す言葉で、弱いものが強いものに食われることを表す「**弱肉強（食）**」が当てはまる。

(2) **ア**「美辞麗句《びじれいく》」は「**美しい言葉をうまく組み合わせた、聞いて快く感じる語句**」のことで、この文のように否定的に使われる場合も多い。**イ**「一部始終《いちぶしじゅう》」は「**始めから終わりまで、すべて**」という意味なので、「最後まで聞けず」という状況《じょうきょう》に合わない。**イ**が正解。**ウ**「大同《だいどう》小異《しょうい》」は「**少しの違《ちが》いはあるが、だいたい同じである様子**」で文に合う。**エ**「一進一退《いっしんいったい》」は「**進んだり退いたりすること。情勢がよくなったり悪くなったりする様子**」で、試合の「攻防《こうぼう》」の様子に合う。**オ**「起承転結《きしょうてんけつ》」は**文章や物事を組み立てる順序**のこと。もともと漢詩の組み立て方を表す語で、第一句（＝起句）で**書き起こし**、第二句（＝承句）で**その内容を続け**、第三句（＝転句）で**内容を変化させ**、第四句（＝結句）で**全体をまとめる**、というもの。

ミス対策 **答えの見当がついてもそこで安心せず、すべての選択肢《せんたくし》について確認する。**

(3) 「直前の一文の内容を含《ふく》む四字熟語」という設問の条件をおさえる。直前の一文の「昔のことを見つめ直す」が「**温故**」、「今まで知らなかった考え方や知識（＝筆者にとっては新しい考え方や知識）を得る」が「**知新**」に当たる。したがって、**エ**が正解。

PART 9 ことわざ・故事成語・慣用句・類義語・対義語

42-43ページ

1 (1) イ (2) ア (3) イ (4) エ
2 (1) エ (2) イ (3) 二 (4) ア
3 (1) イ (2) ア
4 (1) 必然 (2) 縮小 (3) ア・ウ (4) ア

解説

1

(1) 「立つ鳥あとをにごさず」の、「**立ち去るときはあとが見苦しくないようにするべきだ**」という意味が、「卒業式の前に教室をきれいに掃除《そうじ》した」に結び付く。

(2) 山内さんは、松本さんの言葉を受けて空欄《くうらん》部のことわざを言っている点に着目しよう。高校を選ぶための資料をもらったが、「**やはり自分で足を運び、確かめるのがいい**」という内容に合うのは、**ア**の「百聞は一見にしかず（**何回も人の話を聞くより、たった一度でも実際に見るほうがずっとよくわかる**）」。

(3) **イ**「多勢に無勢」は、**相手が大勢なのに、味方の人数が少ないこと**を表し、「勝ち目はない」に近い意味。

(4) 「杞憂《きゆう》」は、杞の国の人が、天が崩《くず》れて落ちてこないか心配で食べることも眠《ねむ》ることもできなくなったという話からできた故事成語。

2

(1) 正解は**エ**「甲乙《こうおう》つけがたい」。かつて、成績のいちばん上を「甲」、次を「乙」と評価していたことから、**どちらが優れているかを決めることが難しい**という意味で使われる。**ア**は**最も優れている**意。**イ**は**目前の問題を切り抜《ぬ》けるには多少の犠牲《ぎせい》や損害はしかたない**という意味。**ウ**は**気の合った人は自然に寄り集まる**という意味。

(2) 体を小さく縮めたときのことを思い浮《う》かべてみよう。**イ**が正解。

(3) 問題の文は、興味があってもボランティア活動に参加する方法がわからない人のことを話題にしているので、**ためらう様子**を表す「二の足を踏《ふ》む」が当てはまる。

(4) 「固唾《かたず》」は口の中にたまるつばのこと。「固唾を呑《の》む」は**どうなることかと息を止めるようにして見守る様子**を表す慣用句。

3

(1) 「貢献《こうけん》」も「寄与《きよ》」も、**あることのために力を尽《つ》くし役に立つこと**を表す。

(2) **ア**「親切」と「厚意」は**思いやりのある心**のことで類義語の関係。**イ**〜**エ**は対義語の関係。

4

(1) 「偶然《ぐうぜん》」は**思いがけないこと。**対義語は**必ずそうなると決まっていること**を表す「必然」。

(2) 「拡大」は**広がって大きくなること。**対義語は**縮んで小さくなること**を表す「縮小」。

(3) 「具体」と「抽象《ちゅうしょう》」は対義語の関係。同様の関係は**ア**と**ウ**。**イ・エ・オ**は類義語の関係。

(4) 問題の文章の内容をおさえて、二つの熟語をつくる。——部は「拒否《きょひ》」、……部は「承諾《しょうだく》」が当てはまる。したがって、使わなかった漢字は「賛」。

3章 古典

PART 10 歴史的仮名遣い・語句の省略・係り結び

46-47ページ

1 (1) **もうす** (2) **あいむかいたるに** (3) **とわせたまいければ** (4) **いうべきようはなし**
2 (1) **ウ** (2) **いいいだせるなり**
3 (1) **とうとき** (2) **ア**
4 (1) **かろうじて** (2) **ウ**
5 (1) **おもい** (2) **ぞ**

解説

1 (1)「まう」は「mau」なので、「mô」と読む。
(2)「あひ」「むかひ」は語中の「ひ」なので「い」と読む。
(3)「とはせ」「たまひ」は語中の「は」「ひ」なので、「わ」「い」と読む。
(4)「いふ」は語中の「ふ」なので「う」と、「やう」は「yau」なので「yô」と読む。

2 (1) ――線部②「言ひ出《い》だせるなり」の主語は誰《だれ》かに注目すると、――線部①「世の中にある人」であることがわかる。助詞「は」が省略されていることをおさえよう。
(2)「いひ」は語中の「ひ」なので、「い」と読む。

口語訳 和歌は、人の心をもとにして、多くの言葉となったものである。
世の中に生きる人は、関わる事柄《ことがら》やするべきことが多いので、心に思うことを、見るものや聞くものに託《たく》して、言葉として言い表しているのである。

3 (1) まず、「たふ」を「たう」と直す。「たう」は「tau」なので、「tô」と読む。
(2) 筆者は関先民《せきせんみん》の家を訪ねて、「誰《た》がかきし。」と聞いた。それに対して答えたのは関先民である。

くわしく **このように主語が明記されていない文章の場合、「〜に」「〜ば」「〜を」などに注目してとらえるようにするとよい。これらの言葉のあとで話が展開したり、主語が変わったりすることが多い。**

口語訳 この頃《ころ》関先民の家を訪ねたとき、とても古びている巻紙で、紙もところどころ破れている絵を見せた。白い鷹《たか》の図である。(画家の)名前もないので「誰が描《か》いたのか。」と尋《たず》ねると、「これは以前に由緒《ゆいしょ》ある人が与《あた》えた非常に立派なものだが、大猷院《たいゆういん》様がお描きになったのである。」と言う。この君の御絵がこれほどまでにすばらしいとは、思いもかけなかったので、珍《めずら》しくてしばらく見つめていると、先民がまた言う。「この君は鷹の御絵についてはとりわけ巧《たく》みでいらっしゃったと聞いたことがある。しかし、その後まったく絵をお描きにならない。その理由としては、ある時近臣をお呼びになって、世の中の人は鷹の絵というときそうきそうと言うが、きそうとはどこのどのような人かと問いなさったので、『これは宋《そう》の世の徽宗皇帝《きそうこうてい》と申す天子でいらっしゃる。』とお答え申し上げたところ、『私は今日から鷹の絵を描くことをやめよう、世の人がきそうきそうと呼び捨てているので身分が低い人だと思った、私が描いた絵も後の世にはこのようなことと同様になるのだろうか。』とおっしゃって、これよりあとはまったく絵をお描きになることはなかった。」と。とても尊いお心持ちであることだ。

4 (1)「らう」は「rau」なので、「rô」と読む。
(2) **ア・イ・エ**の主語は島原屋一左衛門《しまばらやいちざえもん》。島原屋一左衛門が外出中に銀貨の落とし物を見つけ、持ち主を探して歩くという話の筋をとらえよう。**ウ**の主語は直前の「旅人」である。「旅人のもの失ひたまへるなどやある」は島原屋一左衛門が会う人ごとに問いかけた言葉である。

口語訳 浜《はま》の町というところに、島原屋一左衛門とかいう者がいた。十二月の初め、雪が降り積もった朝、用事があって早くに出かけ、浜辺にある道を行くと、雪の間に奇妙《きみょう》なものが見えたので、立ち寄って引き上げたところ、非常に重い袋《ふくろ》で、中に銀貨の大きいものが三包みほどと思われるものがあった。おどろいて、きっと持ち主がいるはずだから、すぐに(捜《さが》しに)尋《たず》ねて来るだろうと、その場所から去らないで二時《ふたとき》ほど(現在でいうと約四時間)待っていたが、聞いてくる人もなかったので、きっと旅人が落としたのだろうと、あちらこちらの町の中心から離《はな》れたところの、旅人が泊《と》まっている宿を一軒《いっけん》ずつ訪ねて行って、旅人でものをなくしなさった人などはあるかと会う人ごとに聞いたところ、その日の夕方に、ようやく持ち主とめぐり会った。

5 (1)「おもひ」は語中の「ひ」なので、「い」と読む。

(2) 係りの助詞は、「こそ」の他「ぞ・なむ・や・か」があることを覚えておく。

口語訳 家隆《いえたか》の二位が言われたことは、歌は不思議なものでございます。ちょっと見ると面白く悪くないように思われますけれども、次の日また見てみますと、ひどく見劣《みおと》りしていました。これを善《よ》しと思いましたのが不思議でございます、などと思われるものでございます云々《うんぬん》、と言われた。非常にもっともなことである。

PART 11

古語・口語訳・敬語

50-51ページ

1 (1) イ　(2) エ

2 (1) イ　(2) ウ

3 (1) ①ア　②ウ　(2) エ

解説

1 (1) 古語の「年ごろ」は「長年。この数年来」という意味。現代語にも同様の意味はあるが、「おおよその年齢《ねんれい》。特に結婚《けっこん》の適齢期」の意味で使われることのほうが多いので、それに引きずられて、**ウ**「若い人」などと答えないように注意する。

(2) 古語の「かなし」には、現代語に近い「かわいそうだ・心が痛む」という意味もあるが、「かわいい・いとしい」の意味で使われることが多い。ここでは、直前に（母は）とあり、男が一人っ子であることを述べているので、「かわいがっていた」という意味で解釈《かいしゃく》している**エ**が適切。

口語訳 昔、男がいた。その母は、長岡《ながおか》という所にお住みになっていた。その子である男は、平安京《へいあんきょう》で宮仕えをしていたので、母の所に参上しようとしたが、たびたびは参上することができなかった。男は一人っ子だったので、（母は男を）とてもかわいがっていらっしゃった。

くわしく **「〜たまひ」は男の母に対する尊敬語である。ここでは（男は）（母は）と主語が補われているが、入っていない場合は敬語表現に注目して判断するようにする。**

2 (1)「ども」は逆接の接続助詞で、「〜けれども・〜ても」という意味。それに当てはまるのは**イ**か**エ**だが、**エ**は「いへ（＝「言う」の已然《いぜん》形）」を「いえない」と訳しているので不適切。「いふ」に否定の意味は含《ふく》まれないことから、**イ**が適切。

(2) 世間でうわさされていることは、——線部②に続く「御声もことの外、よく渡らせたまふ」であることから考えよう。

口語訳 ある時、きつねが食べ物を見つけられず、あちらこちらさまよっているところに、からすが肉をくわえて木の上に止まっていた。きつねが心に思うことには、「私は、この肉を手に入れたい。」と思って、からすが止まっていた木の根元に立ち寄り、「もしもしあなた様。あなた様はすべての鳥の中で、優れて美しく見えていらっしゃいます。そうはいっても、少し不足していらっしゃることは、お声が鼻声であることです。ただし、近頃《ちかごろ》、世間でうわさし申し上げていることは、お声もとりわけ、よくなられたなどと申しております。ああ、一声聞きたく存じます。」と申し上げたところ、からすは、このことを、本当にその通りだと了解《りょうかい》したのか、「そういうことなら、声を出そう。」と言って、口を開けたすきに、とうとう肉を落としてしまった。きつねは、これを取って逃《に》げ去った。

3 (1)「つかはす」は「与《あた》ふ」の尊敬語なので、主語は後冷泉院《ごれいぜいいん》。冒頭《ぼうとう》から——線部①までの動作にはすべて尊敬語が使われていることからも、主語は後冷泉院だとわかる。——線部②「申し（申す）」は謙譲《けんじょう》語なので、主語は御冷泉院以外になる。——線部①「投げつかはし」の直前に「伊勢大輔《いせのたいふ》が孫のありける」とあることから、後冷泉院が「かへでのもみぢ」を「投げつかはし」たのは伊勢大輔の孫で、その後、伊勢大輔の孫が、冒頭にある和歌を詠《よ》んだことをとらえる。

(2)「されば」は接続詞で、「それゆえ・そういうわけで」という意味。ここでは、直前で後冷泉院が伊勢大輔の孫の歌を詠む早さに感心したことを受けている。

口語訳 昔から続いている家の風（和歌の家の伝統）こそうれしいことです。このよな（ありがたい）お言葉（紅葉したかえでの葉）を私に寄せられると思うと。

後冷泉院ご在位のとき、十月くらいに、月がすばらしかったので、（天皇が）女房《にょうぼう》たちをたくさん連れて、南殿《なんでん》にお出ましになって、月見の宴《うたげ》をなさったときに、かえでの紅葉したのを折らせなさって、女房の中に、（女流歌人として有名な）伊勢大輔の孫がいたので、お与えになって、「この中では、お前こそが（いい歌を詠むことを）するだろう。」とおっしゃったところ、時間をかけることもなく、申した歌である。これを（天皇が）お聞きになって、「歌の品格もさることながら、（歌を詠む）早さもすばらしいものだ」と、おっしゃった。そういうわけで、いよいよ、少しばかり歌の調子が劣《おと》ったとしても、早く詠むべきであると思われる。

PART 12 会話・心情・大意・主題

54－55ページ

1 (1) ア (2) ここに老～候ふらむ

2 (1) イ (2) むかし

3 A 例 人になれて B 例 殺されてしまう

解説

1

(1) 「さればこそ」は予想どおりの結果になったときなどに言う言葉で、「やはりそうだ。思ったとおりだ」という意味。「致頼《むねより》にてありけり」は「致頼であったのだなあ」という意味なので、当てはまるのは**ア**。

(2) 会話文や思ったことを述べた文の直前には、「～いふには」「～いはく」などが、直後には「と」「とて」「など」や「いふ」「いひけり」などの言葉があるので、それを手がかりにして探す。ここでは、直前に「致経《むねつね》いはく」、直後に「といひけり」とあることに注目。

口語訳 丹後《たんご》の国の国司である保昌《やすまさ》が、（都から）任国（丹後の国）に向かっている時、与謝《よさ》の山で白髪《はくはつ》の武士一騎《いっき》と出会った。（武士は）木の下に少し（馬を）入れて、笠《かさ》を傾《かたむ》けて（馬にまたがったまま）立っていたので、国司の家来が言うことには、「この老人は、なぜ馬から下りないのだろうか。注意して下ろすべきだ。」と言う。このとき国司が言うことには、「一騎当千《いっきとうせん》の武士の馬の立て方だ。ただものではない。（注意するようなことは）あってはならない。」と止めて、通り過ぎるうち、三町（約330メートル）ほど遅《おく》れて、大矢右衛門尉《おおやうえもんのじょう》致経に出会った。国司に挨拶《あいさつ》して、致経が言うことには、「この辺りで、老人が一人でいるところにお会いになったと存じます。あれは、（私の）父平《へい》五大夫《ごだいふ》（平《たいらの》致頼）でございます。頑固《がんこ》な田舎《いなか》者で、詳《くわ》しい事情を知らず、きっと無礼な振《ふ》る舞《ま》いをしたことでしょう。」と言った。致経が去ったあとで、国司は「やはりそうだった、あれは致頼だったのだ。」と言った。保昌は、彼《かれ》（平致頼）の振る舞いを見て理解し、決して侮《あなど》らなかった。家来を注意して、無事だった。（そういうわけで保昌は）たいそう評判が高いのである。

2

(1) ――線部①の直前に「帝《みかど》みづから弓に矢をはげ、これを射んとし給《たま》ふに、道行き人ありて、是《これ》を知らず白鴈《はくがん》を追ひたて侍《は》べり。」とあることに注目。帝が白い鴈を自ら射ようとしていたところ、それを知らない人が鴈を追い立ててしまったのである。

(2) 会話文の前には、「～いふには」「～いはく」などの言葉があることが多いので、それを手がかりにして探す。ここでは、「公孫龍《こうそんれう》といふ臣下、いさめていはく」とあることに注目。それ以降が会話である。

口語訳 唐土《もろこし》の梁《りょう》の国の帝が、狩猟《しゅりょう》にお出かけになった。白い鴈がいて田んぼの中に下りていた。帝自ら弓に矢をかけて、この鴈を射ようとしなさっていたところに、道行く人がいて、これ（帝が鴈を射ようとしていること）を知らずに白鴈を追いたててしまった。帝はたいへん怒《おこ》って、その人を捕《と》らえて殺そうとしなさったところに、公孫龍《こうそんりゅう》という臣下がいさめて言うことには、「昔、衛《えい》の国の文《ぶん》公《こう》の時代に、天下が非常に日照りすることが三年続いた。これを占《うらな》わせたところ、（占い師が）言うことには、一人を殺して天に差し上げるならば雨が降るだろうと。文公《ぶんこう》が言うことには、雨を求めるのも民のためである。今これで人を殺すとしたら、仁の道に背く行いがますます天の怒《いか》りを受けるだろう。この上は、私が死んで天に（命を）差し上げよう、とおっしゃる。その誠意は天の道理にかない、たちまち雨が降って五穀《ごこく》が豊かに実り、民は栄えた。今、君（梁《りょう》の国の帝《みかど》）がこの白鴈を重んじて人を殺しなされば、これは本当に虎《とら》や狼《おおかみ》と同類の冷酷《れいこく》無情な行いではないだろうか。」と申したところ、帝はたいそう感心して、公孫龍《こうそんりゅう》を尊び重んじなさった。

3

● 僧都《そうず》が鹿を打つ理由を問われて、それに答えた内容をおさえる。——線部の前の部分の会話で説明されていることに注目。「現代語で」という指示があるが、**A**は「人に馴《な》れて」という古文の原文と現代文の意味に違《ちが》いはないので、そのまま抜《ぬ》き出しても正解。**B**は「必ず殺されん」に注目して答える。

口語訳 昔、恵心《えしん》僧都が、ある日庭先に下りてきて草を食べている鹿を、人に命じて打って追い払《はら》わせた。そのときにいた人が、尋《たず》ねて言うことには、「先生、慈悲《じひ》の心がない人のようです。庭先の草を惜《お》しんで、けものを苦しめなさる。」

僧都が言うことには、「私がもしこれ（鹿）を打たなければ、この鹿は人に馴れて、悪意のある人に近づいたときには、必ず殺されてしまうだろう。この理由から打つのである。」

鹿を打つことは慈悲がないことに似ているけれども、心の中のお考えは、慈悲にあふれていること、このとおりである。

PART 13 漢文

58-59ページ

1 (1) **イ**

(2) 聖人終身言フモレ治ヲ

(3) 求ムル二木之長キヲ一者ハ必ズ固クス二其ノ根本ヲ一。

2 (1) **事を好む者は** (2) **ウ** (3) **エ**

3 (1) **思ひ群ならず** (2) **イ**

(3) ① **対句** ② **ウ**

解説

1 (1) 一・二点は、下の二字以上を先に読んで、上に返るので、「同→悲→不」の順に読む。

(2) 「聖人終身」までは、書き下し文と訓読文は同じであるため、ここまでには返り点は付かない。「言 治」の部分の書き下し文は「治を言ふも」なので、下の一字を先に読み、上に返るレ点が付くことをおさえる。

(3) 「木の長きを求むる者は」の下に読点が付いていることから、あとの「必ず其《そ》の根本を固くす」とは分けて返り点を付ける。それぞれ、二字以上を先に読んでから上に返っているので、一・二点を使うことをとらえよう。

2 (1) レ点が付いていることに注目。下の一字を先に読み、上に返って読む。

(2) 「利を争ふ」は「利益を得るために争う」ということなので、**ウ**が適切。直訳して大まかに意味をとらえ、選択肢《せんたくし》はその直訳から大きく離《はな》れないものを探すようにする。

(3) 「各《おのおの》其《そ》の好む所を以《もっ》て、反《かえ》って自ら禍《わざわい》を為《な》す。」の部分に注目して考える。

くわしく **冒頭《ぼうとう》の文は、次の文の「其の好む所」の具体例である。——線部のある文では、前の「其の好む所……為す。」を受けて「是《こ》の故に」と結果を述べている。**

口語訳 そもそも泳ぐことが得意な者は溺《おぼ》れ、馬に乗ることが得意な者は落馬する。それぞれ、その得意とするところによって、かえって自分に不幸を生み出す。このために、何かを得意とする者は必ず傷つくことになり、利益を勝ち取ろうとする者は必ず行き詰《づ》まることになる。

3 (1) 訓読文の送り仮名《がな》は平仮名でそのまま書くので、「思ひ」を「思い」としないように。また、「不」などの助動詞に当たる言葉は平仮名に直して書くことに注意。

(2) 一行が五字で八句から成っているので、**イ**「五言律詩《ごごんりっし》」である。

(3) ①律詩の三・四行目と五・六行目は必ず対句になる。②現代語訳を参考にし、李白《りはく》の詩をたたえた内容であることをとらえる。

PART 14 〈新傾向〉古文・漢文融合問題①　60-61ページ

1
(1) **1** 例 **追討使の派遣を決める立場**（12字）
2嫌疑
(2) **イ**

2
(1) 例 **あらゆる事を知り明らかにする**（14字）
(2) **ウ**

解説

1
(1) **1**――線部のあとで、理由を問われた俊明《としあきら》が答えている会話の内容に注目。

くわしく **俊明は自分の立場を「追討使《ついとうし》を遣《つか》はさむこと、定め申すべき身」と述べていることをおさえる。**

2 [2] の直前の「謀反《むほん》に関係する者という」に続く内容であることから考える。

(2) 古文**A**に書かれているのは俊明卿《きょう》のエピソードのみで、漢文**B**では一文目で筆者の考えを述べ、そのあとで「瓜田《かでん》」「李下《りか》」での例を挙げていることをとらえる。

口語訳 **A**大納言《だいなごん》俊明卿が、約4・85メートルの仏をお作りになると聞いて、奥州《おうしゅう》の藤原清衡《ふじわらのきよひら》が、（仏の表面に貼《は》る）金箔《きんぱく》のために金を献上《けんじょう》したが、（俊明卿は）受け取らずに（清衡に）返してしまった。人が、その理由を問うたところ、「清衡は王土をあちこち不当に占領《せんりょう》して、今すぐにも謀反を起こそうとしそうなものである。そうなったときには（私は）朝廷《ちょうてい》の敵を追討する使者の派遣《はけん》をするようなことを、決定して申し上げる立場である。だから、これ（金）を受け取らない」とおっしゃった。

B優れた人は未然に防いで、疑いの範囲《はんい》にいない。瓜《うり》の畑でくつを履《は》き直さず、すももの木の下で冠《かんむり》を直さない。

2
(1) [1] のあとは「ではなく」と否定されているので、学問の本質ではないことを答える。「すべて学問をしては、皆《みな》の事を知りあきらむる事と人の知れるは僻事《ひがごと》なり」の部分をもとにまとめる。

(2) [2] は、学問の本質に当たることを、「大《だい》小事《せうのこと》をわきまふるまでするを、学問のきはめとはいふなり。」の部分から考える。

口語訳 [I]先生が言うことには、「由《ゆう》（子《し》路《ろ》）、お前に知るということを教えようか。知っていることを知っているとし、知らないことを知らないとする。これが知るということだ。」と。

[II]故少納言入道《しょうなごんにゅうどう》は、人に会って、「敦親《あつちか》はすばらしい博士だなあ。物を尋《たず》ねると知らない知らないと言う。」とおっしゃった。その意味を尋ねた人が、「知らないと言うようなことは何がすばらしいのか。」と言ったところ、「身に才智《さいち》がある者は知らないと言うことを恥《は》じないのだ。本物の才智がない者が、すべてのことを知ったような顔をするのだ。総じて学問というものは、あらゆることを明らかにする事だと人が理解しているのは間違《まちが》いだ。大事と小事を見極めるまでするのを、学問の本質というのだ。それを知っていたので、学問の難しい事柄や言葉の意味を問われて（敦親は）知らないと言うことを恥じないのだ。」と（故少納言入道は）おっしゃった。

PART 15 〈新傾向〉古文・漢文融合問題②　62-63ページ

1
(1) **Aいちどう　Bわざわい**　(2) **ア**
(3) **人に勝れりと**　(4) **人としては**
(5) 功被二天下一、守レ之以レ譲
(6) **エ**　(7) **オ**

解説

■
(1) **A**「だう」は「dau」なので、「dô」と読む。**B**「わざはひ」は語中の「は」「ひ」なので、「わ」「い」と読む。

(2)「あはれ、わが道ならましかば、かくよそに見侍《みはべ》らじものを」の部分に注目して考える。

(3)――線部②の二つ前の文に「人に勝《まさ》れりと思へる人は、……」とあることに注目。そのあとに、こう思っている人について説明し、その状態を「慢心《まんしん》」だと述べている。

(4) 文章[I]の多くの内容は「よくない」と筆者が考える人の在り方についてだが、三つ目の段落の冒頭《ぼうとう》の一文で「人としては善にほこらず、物と争はざるを徳とす。」と「よい」と考える在り方について述べていることをとらえる。

(5)「功天下を被《おほ》はば」の下に点が付いていることから、あとの「之《これ》を守るに譲《じやう》を以《もつ》てし」とは分けて返り点を付ける。

くわしく **前の部分は「天下」と二字以上を先に読んでから上に返っているので、一・二点が入る。あとの部分は、下の一字を先に読み、上に返る箇所《かしょ》が二か所あることに注目し、それぞれレ点を入れる。**

(6)「勇力《ゆうりょく》世に振《ふる》はば、……」と「富四海《とみしかい》を有《たも》たば、……」の部分は対応していることに注目。

(7)文章Ⅰ・Ⅱの内容を大まかにとらえて、共通することは何かを考える。文章Ⅰでは善行を誇《ほこ》らず人と争わないことをよいと述べており、文章Ⅱでは、満ちた状態を保つには、それを抑《おさ》えるのがよいと述べていることから、「優れた才能のある人は、むやみにひけらかさないものだ」という意味の**オ**「能ある鷹《たか》は爪《つめ》を隠《かく》す」が当てはまる。

口語訳 Ⅰ一つの専門の道に携《たずさ》わる人が、専門外の場に出席して、「ああ、自分の専門の道であったら、こんなに傍観《ぼうかん》しますまいのに。」と言い、心にも思うことは、よくあることだけれども、まことによくないことと思われる。知らない道をうらやましく思うなら、「ああ、うらやましい。なぜ習わなかったのだろうか。」と言っているのがよい。

自分が賢《かしこ》いことを取り上げて人と争うことは、角《つの》があるものが角を傾《かたむ》け（て突《つ》き刺《さ》し）、牙《きば》があるものが牙でかむのと同じである。

人としては善行を誇らず、人と争わないことを美点とする。他に勝ることがあることは、大きな短所だ。家柄《いえがら》や身分が高くても、才芸が優れていても、先祖の名誉《めいよ》があっても、人に勝っていると思う人は、たとえ言葉に出して言わなくとも、内側に多くの欠点がある。慎《つつし》んでこれ（優れている点）を忘れるのがよい。馬鹿げたことにも見え、人にも非難され、不幸をも招くのは、ただ、この傲慢《ごうまん》な心だ。

一つの道にも本当に優れた人は、自ら明らかに自分の欠点を知っているがために、向上心が常に満たないで、最後まで人に自慢することがないのだ。

Ⅱ子路《しろ》が進んで言うことには、敢《あ》えてお尋《たず》ねする、満ちた状態を保つ方法はありましょうか、と。先生（孔子《こうし》）が言うことには、賢く知恵《ちえ》がすぐれていると、これを守るのに愚《おろ》かな振《ふ》りをし、功績が天下を覆《おお》い尽《つ》くすほどならば、これを守るのに謙譲《けんじょう》を行い、強い力が世の中を揺《ゆ》り動かすほどならば、これを守るのに臆病《おくびょう》な振りをし、豊かな財産が天下を保持するほどならば、これを守るのに謙虚《けんきょ》を心がける。これがつまり満ちた状態を保つにはそれを抑えて、更《さら》に抑えるという方法だ、と。

4章 文章読解

PART 16 小説文の読み取り［場面・情景・心情］

66–69ページ

1 (1)ウ (2)イ

2 (1)イ (2)例夏実の家のトマトが食べられなくなった（18字） (3)例悲しみをこらえている隼人をこれ以上悲しませたくなかったから。（30字）

3 (1)ア (2)例息子に航輝と名づけるほど船に乗るのが好きな父が、家族のために船を降りても本当によいのかということ。（49字）

4 (1)例自分の趣味は誰にも理解されないだろうと決めつけていたが、宮多が肯定的に受け止めたことに驚いたから。（49字） (2)ウ

解説

1 (1)［　　］のあとに続く**勝目《かつめ》の心情を表している二文**に注目する。この前の部分までの勝目の様子や、**勝目が社長の言葉に対して反発している**ことなどからも、**ウ**が適切であることがわかる。

(2)勝目は「土産《みやげ》用のクッキーの開発」を依頼《いらい》されていたのだ。そのためには、引用文上段1～2行目からわかるように、「崩《くず》れにくくする工夫」が必要だと社長は考えている。しかしその質問に対して、勝目は「いいえ。」と答えているばかりか、「……ロスが出ることは仕方ないものと覚悟《かくご》してください。」と

きっぱりと言い切っている。そうした勝目の話の内容が、**自分の頼《たの》みとは全くかけ離《はな》れたものであることに驚《おどろ》いている**のだ。

ミス対策 **エにしないこと。このあとの社長の様子からわかるように、不満ではあるものの、勝目に自分の思いを何とか伝えようとしている。怒《いか》っている態度ではない。**

2

(1) 直前の「いいよ」は、隼人《はやと》の「じゃあ、いつか……使わせてくれる?」（引用文上段11～12行目）という言葉に対するものだということをおさえる。——線部①の直後の「やった。」から、**夏実《なつみ》の返事が隼人の期待どおり**であり、**安心した**ことがわかる。

(2) 夏実は、収穫《しゅうかく》の季節が終わったあとの「あのトマトはもう食べられないんだね」という隼人の言葉に対して、「また来年があるよ」と言ったのだったが、**隼人はその「来年」を待たずに引っ越《こ》してしまった**のだ。

(3) ——線部③に続く部分に注目。「隼人をよけいに悲しませてしまう。」とある。

ミス対策 **設問の条件である「隼人の様子からわかる心情に触《ふ》れて」を必ず守ること。「ひとことも喋《しゃべ》らずに下を向いていた」から、悲しみに耐《た》えていることがわかる。**

3

(1) 母や妹は、父の発表が突然《とつぜん》だったことから動《どう》揺《よう》している。そんな状況《じょうきょう》の中で「ぼくはうれしいよ。それはとてもいいことだと思う。」と、**母と対立するような態度をとっている**ことからとらえよう。**イ**「母を悲しませたと思った」、**ウ**「母が絶望したと思った」**エ**「母の怒りがさらに強まったと思った」は、この場面からは読み取れない。

(2) 設問の条件の「——線部②に続く回想の場面をふまえて」に注意する。回想の場面で描《えが》かれているのは、名前の由来を訊《たず》ねた航輝《こうき》に、その理由を教え、「お父さんはやっぱり、**船に乗るのが好きなんだ**よな」と言った父の姿だ。この内容と、「でもさ、……**本当に、船を降りてもいいと思っていたのかな。**」（引用文上段6～8行目）という、父に対する気持ちが直接わかる部分とを合わせた内容にする。

4

(1) **——線部①のあとに続く四文**が手がかり。宮《みや》多《た》のメッセージを繰《く》り返し読んだということは、**内容が予想外**だったからだ。その具体的な理由が、この四文から読み取れる。「五十字以内」なので、「メッセージの内容に驚いたから（意外だったから）。」などでは短すぎる。四文の内容をふまえてまとめる。

(2) 宮多のメッセージを受け取ってからの清澄《きよすみ》の様子からとらえよう。「じんわりと涙《なみだ》が滲《にじ》む。」（引用文の下段1行目）には、太陽の光のまぶしさだけではなく、宮多に受け止めてもらえたうれしさも混じっていることをおさえよう。——線部②の直前までの内容に最も近いのは**ウ**。「靴紐《くつひも》をきつく締《し》め直して」には、新たなものを目指して進もうという決心がうかがえる。

PART 17 小説文・随筆文の読み取り［文体・人物像・主題］

72-75ページ

1 **(1) ウ (2) A イ B バレーがやりたくてたまらない**

2 **(1) ひんやりとした風**

3 **(1) エ (2) ウ**

4 **(1) ウ (2) 例 紺野先生が無線機の送信機を卵の近くへ置いたことで、少年だけが殻の破れる最初の瞬間に立ち合うことができたこと。**（54字）

解説

1

(1) □の直後の「**人の気持ちなど意にも介《かい》さなそう**」に注目する。「意に介さない」は、「気にかけない」という意味。これに結び付くのは、「**そばに人がいないように勝手気ままにふるまうこと**」の意味の**ウ**。

(2) **A**「ネットだけが……認めるまいとしているかのように」が、**人間以外のものであるネットを人間に見立てた言い方**をしているので、**イ**「**擬《ぎ》人《じん》法**」が適切。**ア**「隠喩《いんゆ》法」は「～（の）ように」などを使わない比喩《ひゆ》。**ウ**「倒《とう》置《ち》法」は語順を普通《ふつう》の文とは逆にして前にもってきた部分を強調する技法。**エ**「対句《ついく》法」は言葉を形や意味が対応するように並べてリズムを生む技法。**B**ネットの前の灰島《はいじま》について、「まだ試合を続けたがっているみたい」と言っている。このように見えるのは、「**バレーがやりたくてたまらない**」（引用文上段16行目）**という渇望《かつぼう》**によるものである。

2

(1)「ぼく」の心情が大きく変化している部分をおさえる。「足取りは軽かった」「新たな扉《とびら》を開いたような心地《ここち》」「優越《ゆうえつ》感もあった」「ふわふわとした心地」という様子の「ぼく」だったが、「道の角を曲がった」（引用文上段17行目）途端《とたん》、「ひんやりとした風」に全身を包まれ、それによって、**「浮《う》かれていた心がいっきに冷やされた」**のだ。

3

(1)「本の話をするだけで、十年のブランクが埋《う》まっていくのが、なんだか魔法《まほう》みたいだった。」（引用文上段7〜8行目）から——線部①までの内容をふまえて選択肢《せんたくし》を見ていくようにする。「幼い頃《ころ》はぐくまれた友情もまた、栞《しおり》を挟《はさ》んだところを開けば本を閉じた時の記《き》憶《おく》と空気が蘇《よみがえ》るように、**いくつになっても取り戻《もど》せる**のではないだろうか。」（上段15〜17行目）や「こちらを見ずに、しかし、**しなやかな意志を感じさせる声**で」（上段最終行〜下段1行目）などにすんなりと結び付くのは**エ**。**ウ**が多少紛《まぎ》らわしいが、今の段階では、「友情が失われていなかったことに対する歓《かん》喜《き》」とは言い切れない。

(2)——線部②の「彩子《あやこ》とダイアナの愛してやまなかった匂《にお》い」が、「本の匂い」であることをおさえよう。ダイアナと彩子は、前書きにあるように、「本が大好きという共通点で意気投合した親友」どうしだったのだ。その本の匂いを二人の周りに「花びらのようにまき散らしていた」ということは、**本という共通点が、また二人の心を満たしている**、ということにつながる。そしてまた、(1)の問いからもわかるように、**友人としての新たな日々の始まり**だということもわかる。

ミス対策 **エが多少紛らわしいが、「二人の間のわだかまりが消えうせ」「相手を尊重する気持ちが生まれるさま」などは、この場面からは読み取れない。「本を愛する者同士」など、一部の表現に惑《まど》わされないこと。**

4

(1)この部分は、八つの文から成り立っているが、**一文としてまとまりそうなところも区切っている**。それによって、**臨場感**（今、その場にいるような感じ）のある描写《びょうしゃ》になっている。**ア**は「体言止めを多用」が合わない。体言止めの文はない。**イ**は「比喩《ひゆ》表現」に当たるところはない。**エ**は「回想的な場面を挿入《そうにゅう》することで」の部分が合わない。

(2)**「紺野《こんの》先生の行動を含《ふく》めて」という条件**があることに注意する。先生の行動は、**「その朝」で始まる部分からわかる**。先生は、卵にひびが入り始めたので、**送信機を卵のすぐ近くへ置いて生徒たちを呼びに行った**のだ。先生のこの行動によって、「先生、もしかしたら、殻《から》の破れる最初の瞬間《しゅんかん》に立ち合ったのはぼくだけですか。」からわかるように、**少年は、無線機を通じて、最初の瞬間に立ち合うことができた**のだ。答えをまとめるときには、先生の行動によって、少年は、その場にいた生徒たちが羨《うらや》むような、どんなことができたのか、という流れを考えて書くと書きやすいはずだ。「五十字程度」とあるので、四十五字から五十五字の間ぐらいを目安に書けばよいだろう。

PART 18 論説文の読み取り①［指示語・接続語］ 78-79ページ

1 情報の収集
2 イ
3 ア
4 イ

解説

1 **指示語の指す内容は、その指示語よりも前にある**、というのが指示語の指す内容をとらえるときの大原則だが、この問題の場合も、同様である。

最近の指示語の出題傾向《けいこう》としては、「——線部『それ』が指す……」という指示語そのものの内容を問うもののほかに、この問題や大問**2**のように、**指示語の下の語を含《ふく》めて指示内容を問う形式**が多くなっている。自分で指示内容をまとめるときには、文末を「……こと。」やこの問いのように指示語の下の語（**1**の場合は「発想」）で止めるようにするとよいだろう。

この問題では、□で囲んである文が『言いたいこと』を見出《みいだ》すためには……」と、直前の段落の表現で始まっていることに注目しよう。□の下の「まず」という言葉も

2

直前の段落にあるので「情報の収集を」に目がいく。そこから、五字で抜《ぬ》き出す。

「**彼《かれ》（若オス）」にとっての「問題」**であることを頭に置いて、～～～線部よりも前の部分を見ていく。**「おとなメス」とのどんなことが、彼にとって困ることなのか**をとらえ、選択肢《せんたくし》と照らし合わせていこう。**ア**「おとなメスに見つかって大騒《おおさわ》ぎをされてしまう」が不適。**ウ**「おとなメスが穴に口をつけてピーナッツを吸い込《こ》む方法を編み出したために」が不適。おとなメスは、自分では方法を編み出していない。**エ**「若オスに追い払《はら》われたおとなメス」が不適。若オスが力ずくで追い払おうとしても、彼女《かのじょ》は執拗《しつよう》にその場をキープしている。よって、正解は**イ**。この問いの場合は、指示語の指す内容が一文などでまとまっているわけではないので、**段落の要点をまとめたものをとらえる必要がある**ことに注意しよう。

3

[　]に入るのは、段落と段落とをつなぐ接続語である。[　]を含む段落の内容を正しくとらえたうえで、**前の段落の内容とどのような関係でつながっているか**を見ていくようにしよう。

まず、[　]のすぐあとに、「鬼《おに》ごっこやかくれんぼは、みんなで一緒《いっしょ》にするからこそ楽しい遊び」であると続いていることに目を向けよう。そしてここでいっている「**一緒にする**」が、前の段落の1行目「**共同・協力する**」とほぼ同じ意味であることをおさえる。つまり[　]以降の内容は、前段落で述べている「共同・協力する（＝一緒にする）力」についての**具体例**だということだ。**例示の働き**をする接続語は、**ア**の「**たとえば**」。**イ**の「けれども」は「しかし」「ところが」などと同じ働きをする逆接の接続語。**ウ**の「そのうえ」は、並べたり付け加えたりする働きの並立・累加《るいか》の接続語で、この他に「そして・また」などがある。**エ**の「あるいは」は対比・選択《せんたく》の働きをする接続語である。この他に、「それとも・または」などもよく使われる。

4

[A]・[B]ともに、文と文をつなぐ接続語。まず、[A]の前後を見てみよう。前で「庭などを『自然のまま』の姿がいちばんいいと思い込んでいる」と述べているのに対し、あとでは「自然のままにしておくと……雑然としたものになってしまいます。」と、**「自然のまま」にしておくことのマイナス面**を述べている。つまり、**前後は逆接の関係**になっていることをおさえる。逆接の接続語は、**イA**と**エA**の「しかし」。次に[B]の前後を見てみると、前で挙げている「森は人の手を加えることで、森らしくなる」というヨーロッパで古くからいわれている言葉について、あとで「下枝を打ち、下草を刈《か》って……緑豊かな森になっていく」と、**具体的に説明している**。そこで選択肢を検討すると、**イB**が「**つまり**」で、**説明・補足の働き**をする接続語。**エB**の「あるいは」は、対比・選択の働きをする接続語。よって、**イ**が正解となる。

ミス対策 **接続語の組み合わせの問題は、二つの選択肢をじっくり検討し、両方とも文脈に合っているかを確かめること。**

PART 19

論説文の読み取り②［語句・文脈・意見］

82－85ページ

1 (1) **ウ** (2) **イ・エ**（順不同）

2 (1) **ア** (2) **エ** (3) 例 **新しい環境を選好するという「新奇探索性」を強く持ち、合理性に基づかない判断をする**（40字）

3 (1) **A当たり前　Bたくさんの時間と労力** (2) **ア**

4 (1) **C** (2) **イ**

解説

1

(1) [A]は、「受け身」「運命的」のどちらを入れても文意が通るので、[B]を見てみる。[B]を含《ふく》む段落で述べているのは、「わたしたち」は選択《せんたく》の自由をもっているということだ。つまり、**自分の思いどおりに選べる**ということで、**ウ**の[B]「自らの意思」に結び付く。他の[B]の選択肢《し》である**ア**「自らの権力」**イ**「自らの技術」**エ**「自らの知性」は、どれも選択の自由と関係がないことなので不適。よって、**ウ**の「受け身」と「自らの意思」の組み合わせとなる。

(2) **第三段落の六文目以降と第四段落の内容**をおさえる。第三段落の「よりよい選択」「より悪い選択」「どちらともつかない選択」という言い方が、**イ**の「境界線を明確に引けない」に結び付く。また第四段落の「選択の状《じょう》況《きょう》が変化する」が、**エ**の「固定されたものではなく、流動的」に結び付く。

2

(1) □を含む段落は前段落を受けてのものであることをおさえる。この段落は、前段落の内容を、**現代社会が「合理的に考え、……上位に立つべき者である」という考え方のもとに立っているからだ、と説明**している。この点に気づけば、「強い力で他を動かしている」状態を表す**ア**に結び付く。

(2) ――線部②で始まる段落の「**人間が合理性に基づかない判断をしたからだ」に注目**。「合理性に基づかない」とは「合理性を欠く」とほぼ同じ意味だ。そこで、ここでは人間のどんな判断に対していっているのかを確かめると、直前の段落の「寒冷で厳しい環境《かんきょう》へ……続けていった」ことに対してだということがわかる。この内容に最も近いのは**エ**。

ミス対策 **「合理性」の辞書的な意味―道理に合っている性質―だけにとらわれると、ウとする可能性もある。辞書的な意味をふまえつつ、文脈に沿ってとらえていくこと。**

(3) ――線部②について、筆者は同じ段落で「人間が合理性に基づかない判断をしたからだ、と考えてみることもできます」と**理由を示し、最終段落でその根拠《こんきょ》を挙げている**ことをおさえる。直接的な根拠の部分（「新しい……強く持っている」）だけを書いてしまうと、字数が足りないので、前段落の**理由の部分**も加えてまとめる。

3

(1) Ａ・Ｂの**前後の言葉を手がかりに**とらえる。Ａは、「『文化』のルールに従って生きている人」が、前段落の日本に住んでいる「私たち」に当たることをおさえる。**日本人にとっては当たり前のルールが、外国からのお客さんにとってはそうではない**といっている。Ｂは、――線部①のあとに「たくさんの……が必要となり」という表現があることに注目しよう。

(2) ――線部②のあとの部分を文脈を追って見ていこう。「**相手を説得したり、納得させるだけの説明ができないということです**」（引用文上段19〜20行目）や「**別の文化の人びとが批判することに対して、……逆に批判してしまうことです**」（引用文上段23〜26行目）などの記述に合うのは**ア**。**イ**は「共通したルールを作ろうとする結果、自分たちの文化を否定」、**ウ**は「互《たが》いの文化の違《ちが》いに疑問を抱《いだ》かなくなってしまう」、**エ**は、全体が不適。

4

(1) 抜《ぬ》けている一文の中の「**それ」が指す内容があるのはどこか**、に注目。また「拍車《はくしゃ》をかける（＝物事の進行を一段と速くする）」の意味にも注目しよう。**C**の前に「食料危機」という言葉がある。**C**に入れると、「それ（食料危機）」が「温暖化による気候変動や石油枯渇《こかつ》」によってより進むという文の流れがつながる。

(2) 〰〰線部を含む段落のはじめの文「つまり日本は……全く持っていないのである。」に注目。**筆者はこういう日本の状況を「立ち位置（立場）の危うさ」と言っている**のだ。**ア**は「危険だ」といっていることの内容が不適。**ウ**は「衣服の原材料の……あきらめている」、**エ**は「大量消費を続けると、世界の中で孤立《こりつ》する」が不適。

PART 20 論説文の読み取り③ [段落・構成・要旨]

88-91ページ

1 例 **活字メディアは、受け手のペースで読むことができ、情報や知識と格闘する時間を与えてくれるので、複眼思考を身につけるうえで格好のトレーニングの場となる。**（74字）

2 **イ**

3 **イ**

4 (1) **エ** (2) 例 **私たちは知覚と認知の両方の過程でものを見ているが、むしろ認知の方が強く影響するから。**（42字）

5 (1) 例 **まだ永久歯が生えてこないために、食の自立ができない**（25字） (2) う

解説

1 まず、〈条件〉によって入れなければならない三つの言葉――**「格闘《かくとう》」「ペース」「複眼思考」が文章中のどんな文脈の中で使われているかに注目**する。A「（本は）考える力を養うための情報や知識との格闘の時間を与《あた》えてくれる」（上段2〜3行目）、B「活字メディ

アでは、受け手（＝読み手）のペースに合わせて、メッセージを追っていく（＝読む）ことができます」（上段4～6行目）、C「複眼思考を身につけるうえで、こうした活字メディアとの格闘は格好《かっこう》のトレーニングの場となる」（上段18行目～下段1行目）。内容的にはCでよさそうだが、このままだと「ペース」が入らない。そこで、繰《く》り返されている「**格闘」が、活字メディアのどんな長所によってもたらされるか**を述べたAの内容を肉づけする。「活字メディアは、受け手のペースで読むことができ、情報や知識と格闘する時間を与えてくれる。だから、複眼思考を身につけるうえで格好のトレーニングの場となる。」（76字）のように、接続語を使った二文でもよい。

2

まず、[1]の段落との関係を見てみよう。[1]の段落で、筆者は「植物は、……常に新たな場所を求め続けなければならないのだ」と述べている。これについて、[2]の段落で「常に挑《ちょう》戦《せん》し続けなければいけないということなのだ。」と**言い換《か》え**、**具体例**として旅のあり方を示している。[3]の段落では、「道ばたで泥《どろ》臭《くさ》く挑戦している（雑草の）姿」という**例を挙げる**ことで[1]の内容を**言い換えている**。この構成に合うのは**イ**。**ア・ウ・エ**は、文章の内容に合わない。

3

ア～**ウ**と各段落の内容とを見比べていく。**ア**は「筆者の伝聞した」が不適。[2]は、[1]で述べている「日本の観光絵葉書では……稀《まれ》だ」について具体例を挙げている。**イ**[3]が「そのことは、名所についての……いるであろう。」という**筆者の考えで始まっていることに注目**しよう。「そのこと」とは、[2]の具体例についてまとめて述べている、[2]段落の最後の文「そこでは、西欧《せいおう》の絵葉書では……演じているのである。」を指している。**ウ**は「[4]で述べた考え方を否定した上で」が不適。

4

(1) **ア**「最後は読者に問いかけている」が不適。「つまり」で始まる最終段落には、問いかける形の文はない。**イ**「前半と後半で対照的な内容を示し」が不適。この文章は、全体を通じて、**「見る」という行為《こうい》について「知覚」と「認知」の二つの面から考察**している。**ウ**「問題提起した答えを、本文の半ばで」が不適。この文章の半ばまでに、問題提起にあたる文やその答えとなる記述は見当たらない。**エ**「冒頭《ぼうとう》で一般《いっぱん》的に知られている現象を提示」が**「月の錯視《さくし》」の現象と結び付く。**

(2) 「ものを見る時の二つの過程」とは、第二段落からわかるように**「知覚」と「認知」**である。そして筆者は、この二つについて、第五段落で「私たちが見る風景というのは、むしろこの心のフィルターの方が強く影響《えいきょう》する。だから……まるで違《ちが》った風景に見えることがある。」（引用文上段24～26行目）と述べている。**この文の「心のフィルター」は「認知」である。**これをふまえてまとめよう。

5

(1) 〰〰線部の二つあとの段落からとらえよう。なぜ「離乳食《りにゅうしょく》」が必要なのかを述べている「これは、……必要になる。」というひと続きの二文の中に「永久歯」「食の自立」という言葉があることに注目する。ここから**「大人と同じ食生活ができない」理由が「永久歯が生えてこないため」**だということをおさえる。

(2) 抜《ぬ》けている段落の中の「なかでも『誰《だれ》と食べるか』が大事なのです」に注目しよう。「なかでも」は「いくつかの中で、特に。」という意味なので、この段落のすぐ近くに「食べる」ことについてのいくつかの例が挙げられていることが推測できる。[う]の前の段落の最終文に、**「いつ どこで 何を 誰と どのように食べるか」**とある。抜けている段落では、このうちの「誰と食べるか」を問題にしている。

PART 21 **表や資料を用いた文章の読み取り** 94-95ページ

1 (1) **その場の文脈に合わせて即興的に** (2) **イ**

2 (1) **体力合計点** (2) **イ**

解説

1

(1) [A]は、「流れ」についての項目《こうもく》なので、「流れ」という言葉が出ている部分に目を向ける。すると、第一段落の最後の文が「このように、その場の……『流れ』と呼ぶことにしましょう。」と、段落のまとめになっていることがわかる。ここから、**どのように書くことを「ボトムアップ式の活動」と言っているか**、十五字で抜《ぬ》き出せばよい。

ミス対策 **[A]のあとに「考えて」と続いていることに注意。「その場の文脈に合わせて即興《そっきょう》的に考えながら」までをそのまま抜き出さないこと。**

(2) 「流れ」の項目の「近接情報へ移行しようとする力」、「構え」の項目の「新情報を迎《むか》えようとする力」については、林氏の考え方を引用している文章の7〜9行目で「近接情報へ移行しようとする力は、**つながろうとする力**であり、新情報を迎えようとする力は、**離《はな》れようとする力**である。」とまとめている。しかし、**ア〜エ**の選択肢《せんたくし》には、「つながろうとする力」「離れようとする力」という表現はない。そこでこの二つの表現に近いものをそれぞれ探していく。「つながろう」と近い表現があるのは**イB**「結び付こう」と**エB**「近づこう」だ。また「離れよう」の場合は、**イC**の「遠ざかろう」と**エC**の「距離《きょり》をとろう」となる。あとは、これらの言葉の前の内容について見ていけばよい。[C]の手がかりになるのは、〔中略〕に続く部分だ。「**一応離れるが、やがてつながるべく意図されて離れる**」、「**意図的に離れる**」などの表現から、[C]は**エ**の「慎重《しんちょう》に」よりも**イ**の「目的をもって」のほうがふさわしいことがわかる。[B]は、「**何か外からの刺激《しげき》を受けて、余《よ》儀《ぎ》なく（＝やむをえず）次へ移っていくのであって**」や「**なるべく近接した情報へ安易に移行しようとする力を制して**」などから、**イ**の「逆らわずに」と結び付く。

2

(1) 資料の読み取りの問題では、グラフの読み取りについての出題率が高い。

・**何を表しているグラフか。**
・**どんな項目《こうもく》があるか。**
・**項目と数値の関係はどうか。**

これらのことを正しくおさえよう。

「資料Ⅰ」は「**朝食の摂取状況《せっしゅじょうきょう》と体力合計点との関連**」を表しているグラフだ。グラフには、普通《ふつう》この資料Ⅰのように、グラフの初めに、何について調べているかを示す言葉が入っている。

[　]の直前の「朝食を毎日食べる群」とは、グラフのいちばん左の項目のこと。**男女ともに、他に比べて数値が高い**ことがわかる。

(2) 資料Ⅱのグラフを見てみよう。睡眠《すいみん》時間が「8時間以上」の体力合計点は男子41・4、女子49・6で、「6時間以上8時間未満」に比べて低いことがわかる。鈴木《すずき》さんは**この結果を根拠《こんきょ》**にしているのだ。よって**イ**が適切だとわかる。**ア**は女子と男子を比べているのみの内容なので不適。**ウ**は6時間以上8時間未満の数値を無視している点、**エ**は「…低いところ」と、数値の読み取りを誤っている点で不適。

5章 詩歌

PART 22 詩

98-99ページ

1 (1) **ぬぎすて** (2) **若者の香り** (3) **ウ**
2 (1) **ア** (2) **イ**

解説

1

(1) 鑑賞《かんしょう》文の「若竹が自らの意志で、自分を守る表皮と別れて、成長しようとしているかのように描《えが》いています」は、詩の**第一連**の内容を指している。第一連では、竹の表皮が成長する過程で自然とはがれていく様子を、擬人法《ぎじんほう》を使って、**「若竹」が自分の意志で「自分を大切に守っていた／表皮を」「ぬぎすて」ているかのように描いている**のである。

(2) 鑑賞文の「生命力に満ちあふれる若竹の姿は、この詩全体から感じられるが、「視覚以外の感覚で捉《とら》えた言葉」は、**第二連**にしか見られない。第二連は、第一連の「若竹」が自らの意志で成長しようとしているかのような様子を表している、「いきおいよく」「さっぱりと」「グンと」などの視覚に訴《うった》えかける表現から転じて、**「若者の香りを」「匂《にお》いたち」などの嗅覚《きゅうかく》による表現で、「若竹」のみずみずしい生命力を描いている。**

ミス対策 **詩の表現は、視覚・聴覚《ちょうかく》・触覚《しょっかく》・味覚・嗅覚に注意してとらえる。**

(3) 鑑賞文にある「作者は、若竹が向かう『空』

へと思いをめぐらせます」に該当《がいとう》するのは、**第三・四連**。特に、**第四連**では、**空に向かっていく「若竹」の様子を、「ただ　ひたすらに」という表現で表している**。「ひたすらに」は「**そのことだけに集中して行う様子**」という意味。ここでは、ほかのことには気を取られず、「空」に向かって「かけのぼり」「かけぬけ」ることに集中している「若竹」の様子が描かれているのである。これは、鑑賞文にあるように「**若竹の成長の勢い**」を感じさせる表現でもある。この内容に、**ウ**の「いちずに」という表現が合致《がっち》する。「いちずに」は、第四連の「ひたすらに」とほぼ同じ意味。「とどまることなく伸《の》びていく」も、第四連の内容にふさわしい。**ア**「あきらめず」に「近づいていく」は、「空」に向かって伸びていく「若竹」の様子にふさわしくない。**イ**「強引に」は、「ひたすらに」という第四連の表現に適さない。また、第四連は、「周りの木」などを「若竹」が意識している内容ではない。**エ**「何度も繰《く》り返し」が「ひたすらに」に適さない。また、第四連には「繰り返し」ている表現はない。**オ**「不安を乗り越《こ》え」が適さない。

2

(1) ――線部①は、「**鉄棒**」を「**地平線**」に**たとえた表現**。「〜のようだ」「〜のごとし」のようなたとえを表す語句を使っていないので、**隠喩《いんゆ》（暗喩）**。同様に隠喩が用いられているのは、**ア**「母の笑顔《えがお》は太陽だ」。「母の笑顔」をたとえを表す語句を使わずに「太陽」にたとえている。**イ**「姉が一人で帰ってきた、傘《かさ》もささずに。」は倒置《とうち》。隠喩は用いられていない。**ウ**は、「南風と雪解けが」を主語にした擬人法《ぎじんほう》が使われている。**エ**「まるで春のような陽気だ」は、たとえを表す「まるで〜ような」が使われているので直喩（明喩）。

(2) ――線部②「世界」は、「ぶら下《さが》つた」と続いているので、「**鉄棒」をたとえた表現**だとわかる。――線部③のある「大きく　世界が一回転して」という表現は、「鉄棒」に「ぶら下つた」「僕《ぼく》」が逆上がりをして一回転する様子を描いているので、この「世界」は、そのときに「僕」が目にする「**景色」をたとえた表現**であるとわかる。

PART 23

短歌・俳句

102–103ページ

1 (1) **一輪とよぶべく**　(2) **イ**

2 **イ**

3 (1) **D**　(2) **A**　(3) ①**吹き割る**　②**ウ**

解説

1

(1) 鑑賞《かんしょう》文に「**鶴《つる》の細い足**は、**植物の茎**に似ています」「真っ白な羽のうつくしい身体を**花として捉《とら》え**」とあることに注意する。この鑑賞文では、この短歌で「鶴」を「一輪の白い花」に見立てていることを評価している。短歌の中では、「**一輪とよぶべく**立てる鶴にして」の部分に注目する。

(2) 「〜のごとし」というたとえの語句を使って表す比喩《ひゆ》なので**直喩**（**明喩**）。

2

この短歌は「夕焼《ゆうやけ》」の美しさを、「はなやかに轟《とどろ》くごとき」と、**聴覚《ちょうかく》的なはなやかさによる比喩で表現している**。その内容に、**イ**「赤く染まった空の美しさを**聴覚的に捉え**」が合致《がっち》する。**ア**「空に赤色が広がるさまをひらがなで表し」が、「夕焼」を「轟くごとき」と表していることと合致しない。**ウ**この短歌には「擬人《ぎじん》的」な表現は見られない。**エ**「激しい音が響《ひび》く中で」が不適切。「轟くごとき」は比喩表現であり、実際に「音が響く」様子を表しているのではない。

3

(1) **D**の俳句の「**何か急《せ》かるゝ《る》**（＝なんだか早くしようとあせらされてしまう）」が問題文の「**漠然《ばくぜん》としたあせり**」に該当《がいとう》する。

(2) **A**の俳句の「**木がらしや**」が、問題文の「冷たく乾《かわ》いた風の吹《ふ》きすさぶ様子を**切れ字を用いて強調する**」に該当する。

(3) ①鑑賞文の「**垂直に流れ落ちる水**」から、「滝《たき》」について表現している**E**の俳句についての鑑賞文だとわかる。さらに「**力強い風の様子**」から、「吹き割る（風）」が当てはまるとわかる。

②Ⅱは、「**必要な風力は増す**」「**いっそう**」という語句から「壮大《そうだい》」が適切。Ⅲは、「**現在の世界にやって来た、未来からの風**」という表現から判断する。

1

例 調査結果によると、決まったあいさつの言葉に他の言葉を加えたいと考える人や、動作、他の言葉で表すほうがよいと考える人が合わせて約73％いる。決まったあいさつの言葉だけではもの足りないと感じている人が多いことがわかる。

　私は、親しさを表すには、決まったあいさつも必要だと思う。親しき仲にも礼儀ありというように、相手を大切にする気持ちが伝わるからだ。その上で状況に応じて相手を気遣う言葉やしぐさを付け加えるとよいと思う。

2

・A案がよいとする立場

例 Aは「多くの本に」とあるように、たくさんの本との出会いを勧めるものであるのに対して、Bは「心にずっと残る一冊を」と、一冊に焦点を当てるものになっている。

　読書に親しんでもらうという目的に合うのはAだと思う。「まだ見ぬ多くの本に」という言葉が、小学校に入学して初めて学校の図書館に入った時の「こんなにたくさんの本があるんだ」というわくわくした心を思い出させてくれたからだ。「あなたの知らない本がたくさん待っていますよ」という、多くの本と出会ってほしいという思いが伝わるスローガンになっていると思う。

・B案がよいとする立場

例 Aは多くの本との出会いを促すものであるのに対して、Bはその人にとっての大切な一冊があるはずだということをアピールするものになっている。

　私は、読書の魅力を「心にずっと残る一冊を」という言葉で表しているBがよいと思う。あまり本を読まなかった私に、姉がナンバーワン小説だからだまされたと思って読んでみるように薦めてくれた、部活を舞台にした一冊がある。読み始めたらぐいぐい引き込まれてしまい、その本との出会いから読書の楽しさに目覚めた。Bはそんな出会いを予感させ、読書に興味を持たせるスローガンだと思う。

3

例 便利だと思うものは、ビデオ通話だ。遠くに住む祖父母とは年に一、二度しか会えないが、ビデオ通話によって、まるで近くに住んでいるかのように、顔を見ながら話すことができるからだ。祖父母は、SFの話だと思っていたビデオ通話が使える日が来たことに驚き、いつもありがたがっている。

　科学技術の進歩によって便利になることはよいことだとは思う。けれども、ビデオ通話の仕組みを本当にわかっている人は一握りだろう。そこにこわさも感じる。なぜなら、知らないうちにデータを盗まれたり悪用されたりしても個人では対応できないからだ。便利さだけに目を奪われず、危険な面や不具合の起こる可能性にも注意して利用すべきだと思う。

解説

1 〈条件〉の五点をまずおさえてから取りかかろう。2の「**調査結果から気付いたこと**」を書く際には、「**二つ以上の項目《こうもく》**を関連付ける」ことを忘れないようにしよう。また、気付いたことの書き方は、「調査結果から、……のことがわかった」のように書いてもよい。3の「**親しさの表し方**」については、**自分の場合はどうなのか、なぜそうするのか**がはっきり伝わるように述べよう。**指定の字数は必ず守る**こと。

2 まず、AとBのスローガンの違《ちが》いは何かをとらえよう。A「出会おう」とB「見つけよう」、A「多く」とB「一冊」のように**対照的な言葉に着目する**ことが大切。第二段落では体験（見聞きしたことを含《ふく》む）を必ず入れること。**その体験が意見の根拠《こんきょ》となっているか**を読み直して確認することも大切。

3 便利だと思うものを、いくつか挙げてみるとよい。その中から、第二段落で書く「**世の中が便利になること」についての自分の考えにつながるもの**を選ぶ。第二段落の考えについては、解答例のほかに、「便利さを追求するあまり、豊かな自然や人間性を置き去りにすべきではない」といった方向での意見もあるだろう。

漢字の書き取り

RANK A 必ず覚える！最重要漢字

112–113ページ

熟語の書き取り

1 温暖　2 石灰　3 発揮　4 容易　5 簡単
6 危険　7 豊富　8 演奏　9 温厚　10 効果
11 対照　12 可能　13 対象　14 宇宙　15 機会
16 習慣　17 綿密　18 専門

一字の書き取り

1 浴　2 頂　3 軽　4 妨　5 編　6 厳　7 築
8 拾　9 群　10 捨　11 若　12 招　13 縮　14 暮
15 補　16 洗　17 預　18 費　19 借　20 険　21 済
22 照　23 延　24 染　25 垂

RANK B これも征服！よく出る重要漢字

114–115ページ

熟語の書き取り

1 経験　2 責任　3 招待　4 快晴　5 穀倉
6 判断　7 航海　8 訪問　9 想定　10 創造
11 複雑　12 納得　13 洗練　14 編曲　15 構造
16 収納　17 伝統　18 流域　19 資源　20 典型
21 成果　22 往復　23 満足　24 売買　25 省略
26 分布　27 拡張　28 評価　29 境界

解説

1 「経」は「径・軽」、「験」は「倹・検・険」など偏《へん》の異なる同音の字と間違《まちが》えないように注意する。

3 「招」は、「紹」と間違えやすいので注意する。「紹」は「紹介」などの使い方がある。

12 「納」の音読みは、「ナッ」の他に「ノウ（納入）・トウ（出納）・ナ（納屋）・ナン（納戸）」もある。

20 「典型」は、「型」を同じ音読みの「形」と間違えないように注意する。

22 「往復」は、**対になる意味の漢字を組み合わせた熟語**。「往」が「行く」、「復」が「戻《もど》る」の意味をもつ。

一字の書き取り

1 窓　2 起　3 額　4 秘　5 認　6 染　7 退
8 編　9 告　10 除　11 快　12 臨　13 試　14 痛
15 争　16 働　17 刻　18 困　19 断　20 群　21 転
22 鳴　23 限　24 唱　25 過　26 備　27 営　28 負
29 栄　30 幼　31 異

解説

7 「退」の音読みは「タイ」。「退却・後退」などの使い方がある。

12 「臨む」は、同じ訓読みの「望む」と間違えやすいので注意する。「望む」は「**そうであってほしいと願う**」という意味で用いる。「臨む」は「**その場に居合わせる**」という意味なので、前後の文脈に合わせて使い分ける。

17 「刻」の左側の部分は「丶亠ナ方亥亥」の順に書く。

21 「転」の音読みは「テン」。「転居・回転」などの使い方がある。

26 「備える」は、同じ訓読みの「供える」と間違えやすい。区別するために「備」を使った熟語「準備」を覚えておく。偏を「亻」としないように。

RANK C ここまでやろう！重要漢字

116–119ページ

熟語の書き取り

1 拡大　2 達成　3 看護　4 保証　5 故障
6 祝辞　7 幼少　8 回復　9 筋肉　10 想像
11 親密　12 印象　13 条件　14 輸送　15 展望
16 厳格　17 規制　18 祝福　19 幹線　20 貯蔵
21 故郷　22 光景　23 親善　24 忠義　25 展覧
26 過程　27 記憶　28 貿易　29 視野　30 規模
31 保護　32 旧居　33 土俵　34 背筋　35 認識
36 増刷　37 尊重　38 救助　39 奮起　40 保管
41 郵便　42 映画　43 経過　44 呼吸　45 見聞
46 功績　47 重視　48 勤務　49 観察　50 操縦
51 批評　52 見当　53 希求　54 訓練　55 復旧
56 単純　57 同様　58 常識　59 指揮　60 混乱
61 負担

解説

1 「拡大」の「拡」は、「**広くする**」という意味で用いる。同じ部分をもつ「広」は、「**果てしがない。広い**」という意味なので違いに注意する。

4 「保証」は、同音異義語の「保障・補償《ほしょう》」との使い分けに注意する。「保証」は「**確かさ**

を**請け負《う》う**」意味、「保障」は「**守られるように手段を講じる**」意味、「補償《ほしょう》」は「**損害を償《つぐな》う**」意味で用いる。

7 「幼少」を「幼小」としないように。

8 「復」は、同じ部分をもつ「腹・複」と間違《まちが》えやすいので注意する。

12 「印象」の「象」は、「**目に見える姿**」という意味がある。同じ部分をもつ「像」との使い分けに注意する。

19 「幹」は、同じ部分をもつ「乾」と間違えないように注意する。「乾」には「乾燥《かんそう》」のような使い方がある。

26 「過程」は、同音異義語の「課程」との使い分けに注意する。「過程」は「**進行する途中《とちゅう》の経過**」という意味、「課程」は「**学習内容の範囲《はんい》と指導の順序**」の意味で用いる。

28 「貿易」の「易」は、字形に注意。「場」の右側の部分と書き間違えやすい。

29 「視野」の「野」は、「範囲《はんい》」という意味をもつ。

34 「背筋」は、「背」も「筋」も訓読みであることに注意する。それぞれを音読みにした熟語「背筋《はいきん》（背中にある筋肉）」もある。

39 「奮起」の「奮」は、「奪」と間違えやすいので、字形に注意する。

40 「保管」は同音異義語の「補完」（足りないところを補って完全にする）も共に覚える。

43 「経過」は、「経（筋道をたどる）」「過（通っていく）」という**似た意味の漢字を重ねた熟語**。

46 「功績」の「績」は、同じ部分をもつ「積」と間違えないように注意する。偏《へん》の違いに注意。

51 「批評」の「批」は、同じ部分をもつ「比」と間違えないように注意する。

一字の書き取り

1 裁 2 忘 3 注 4 芽 5 応 6 移 7 鼻
8 告 9 株 10 易 11 基 12 暑 13 張 14 再
15 望 16 危 17 確 18 交 19 養 20 謝 21 競
22 操 23 誤 24 厚 25 静 26 束 27 至 28 疑
29 省 30 設 31 器 32 慣 33 治 34 笑 35 新
36 改 37 朗 38 細 39 辺 40 健 41 導 42 巻
43 習 44 背 45 構 46 許 47 練 48 残 49 吸
50 囲 51 著 52 暴 53 奏 54 率 55 沿 56 訪
57 支 58 勢 59 届 60 積 61 閉 62 減 63 似

解説

12 「暑い」・24「厚い」という同訓異字の使い分けに注意する。他に「熱い」もある。それぞれ意味の違いで使い分ける。

20 「謝る」・23「誤る」という同訓異字の使い分けに注意する。「謝る」は「わびる」、「誤る」は「やり損なう」という意味。

33 「治まる」は、同訓異字の「収まる」「納まる」「修まる」との違いに注意する。

36 「改めて」は、似た読み方の35「新た」と間違えないように。**送り仮名《がな》の違いに注意**する。

漢字の読み取り

RANK A 必ず覚える！最重要漢字

120－121ページ

熟語の読み取り

1 すいこう 2 きちょう 3 しょうち
4 こうさく 5 えんかつ 6 じゅうたい
7 せいこん 8 こうけん 9 きはん
10 にゅうわ 11 たんぺん 12 かんわ
13 ひろう 14 こんきょ 15 はっき
16 しんけん 17 しんぴ 18 こくふく

一字の読み取り

1 あやつ 2 おお 3 はず 4 は 5 うるお
6 おこた 7 なが 8 と 9 おさ 10 く
11 す 12 ひそ 13 いまし 14 するど
15 ただよ 16 きそ 17 つの 18 なご
19 ぞく 20 ともな 21 まぎ 22 はか
23 こころざ 24 こ 25 へだ

RANK B これも征服！よく出る重要漢字

122－123ページ

熟語の読み取り

1 くふう 2 ふんき 3 しょうちょう
4 まんきつ 5 しょうどう 6 せんさい
7 きんちょう 8 せいしょう 9 はあく
10 けしき 11 ていねい 12 あいだがら
13 ちょうこう 14 かくとく 15 せいじゃく

16 おんけい　17 ぎょうしゅく　18 ぎんみ
19 きんこう　20 かくご　21 きせい
22 ふきゅう　23 けいだい　24 ていさい
25 ちんもく　26 ほうかい　27 はけん
28 こくめい　29 こぶ

解説

4 「満喫」の「喫」の読み方は、音読みの「キツ」だけ。同じ部分をもつ「契《けい》」と読み間違えないように注意する。「契」には「契約」などの使い方がある。

12 「間柄」は、どちらの漢字も訓読みで読む。「間柄」は「**人と人との関係**」という意味だが、家族関係などの意味で用いることもある。

17 「凝縮」の「凝」は、同じ部分をもつ「疑」と読み間違えやすいので注意する。

19 「均衡」の「衡」は、形の似た「衝《しょう》」と混同しないように注意する。

21 「帰省」の「省」の音読みは、「セイ・ショウ」と二つあるが、ここでは「セイ」と読む。「ショウ」と読む使い方には「省略・省庁」などがある。

23 「境内」の「内」を「ダイ」と読む使い方には他に「内裏・参内」がある。用例が少ないので覚えておくとよい。

24 「体裁」は、「体」の読み方に注意する。「タイサイ」と読まないように。

27 「派遣」は、「遣」を形の似た「遺」と読み間違えないように注意する。「遺」には「遺言・遺書・遺跡《いせき》」などの使い方がある。

一字の読み取り

1 なか　2 もよお　3 さ　4 すす　5 こと
6 おそ　7 かか　8 し　9 かえり
10 おもむき　11 かえり　12 いど　13 か
14 たずさ　15 し　16 もど　17 いそが
18 あわ　19 あお　20 こころよ　21 きた
22 うった　23 つくろ　24 すみ　25 つらぬ
26 した　27 つい　28 おちい　29 あわ
30 かか　31 うなが

解説

3 「提げる」は「**上部で支えて落ちないようにする**」という意味。形の似た30「掲げる」と読み間違えないように注意する。

4 「勧める」は、形のよく似た「観・歓《かん》」と読み間違えないように注意する。

6 「襲う」は「**不意打ちにする**」という意味。「**受け継《つ》ぐ**」という意味で「襲名・世襲」という熟語での使い方もあるので、あわせて覚えておくとよい。

8 「占める」は、「**自分のものにする**」という意味。「占有《せんゆう》・独占」という音読みでの熟語もある。

9 「省みる」・11「顧みる」という同訓異字の使い分けに注意する。

12 「挑む」は、同じ部分をもつ「眺」と読み間違えないように注意する。「眺」の訓読みは「眺《なが》める」。

RANK C

ここまでやろう！重要漢字

124–127ページ

熟語の読み取り

1 こうたく　2 えもの　3 ゆうよ
4 ばいかい　5 てんか　6 しょうさい
7 きょうじゅ　8 きふく　9 ほうこう
10 しゅりょう　11 ちんちょう
12 そっちょく　13 ちくせき　14 じゅんしゅ
15 がんらい　16 よか　17 ひより
18 ぼうだい　19 なごり　20 さんたん
21 そうちょう　22 とふ　23 はんも
24 けんきょ　25 びみょう　26 そぼく
27 ばくぜん　28 ちくじ　29 せんめい
30 のうむ　31 ついおく　32 あいしゅう
33 せきべつ　34 いじ　35 きじょう
36 えいが　37 おうとつ　38 ちつじょ
39 ふきゅう　40 しょうこ　41 いと
42 しょうだく　43 しさ(じさ)　44 そうさ
45 しんぼう　46 しょうあく　47 えつらん
48 くちょう　49 かんじん　50 らくのう
51 こよう　52 てんぷ　53 かんかつ
54 しゅういつ　55 ぎょうし　56 むじゅん
57 しんぎ　58 そつう　59 よくよう
60 きかん　61 けんちょ

解説

11 「珍重」は、「重」の読み方に注意。「チンジュウ」と読み間違えないように。

17 「日和」・19「名残」は、**特別な読み方**（熟字訓）。

28 「逐次」は、「逐」と形の似た「遂《すい》」と読み間違えないように注意する。「遂」の音読みは「スイ」。「遂行《すいこう》・完遂《かんすい》」のような使い方がある。

一字の読み取り

1 もっぱ　2 おどろ　3 いつわ　4 かせ
5 たがや　6 か　7 きわ　8 いとな　9 こば
10 うば　11 あや　12 そ　13 さと
14 ととの　15 こころ　16 うつ　17 かく
18 さ　19 あざ　20 ふせ　21 なめ　22 ね
23 にぎ　24 そ　25 いた　26 す　27 かたよ
28 けず　29 ふく　30 くず　31 みが　32 おだ
33 ふ　34 ゆる　35 いちじる　36 ふ　37 ほこ
38 ほが　39 うら　40 たましい　41 くわ
42 とどこお　43 たず　44 かしこ　45 そこ
46 くだ　47 そな　48 いこ　49 とぼ　50 きざ
51 た　52 かま　53 ほどこ　54 あ　55 ひた
56 はげ　57 めぐ　58 たくわ　59 ふく
60 かがや　61 きず　62 のぞ　63 いだ

解説

15 「試」には「試《こころ》みる」の他に「試《ため》す」という訓読みもある。送り仮《が》名《な》の違《ちが》いに注意して読み分ける。

16 「映」には「映《うつ》る」の他に「映《は》える」という訓読みもある。

36 「触」には「触《ふ》れる」の他に「触《さわ》る」という訓読みもある。

63 「抱く」には、「抱《だ》く・抱《いだ》く・抱《かか》える」と三つの訓読みがある。

高校入試

模擬学力検査問題

第1回　解答

128～131ページ

1
(1) **a** 届　**b** **せんざい**　**c** **ふ**　**d** 複雑
(2) **ウ**　(3) **ウ**　(4) **大きな樹**　(5) **イ**
(6) **言語化でき（もともと言）～伝えること**
(7) **デジタル～する努力**

2
(1) **a** 縮　**b** 忘　**c** **さと**　**d** **すいてき**
(2) **Aオ　Bウ**
(3) **1ゆったりと　2逃げる**
(4) **緊張**
(5) **心平は、もうヤ**
(6) **イ**

解説

1
(1) **a** 「届」は「由」を「田」の形にしやすいので注意。**b** 「潜在」は二字とも音読み。「潜」の訓読みは「潜《ひそ》む」「潜《もぐ》る」。「在」の訓読みは「在《あ》る」のみ。**c** 「触」には、「触《ふ》れる」の他に「触《さわ》る」という訓読みもあるので、**送り仮《が》名《な》で区別**しよう。**d** 「複」を同音の「復」と間違《まち》《が》えやすいので注意する。「復」は「復習・往復」などと使う。「雑」の音読みには「ゾウ」もある。

(2) 「断念」は、「念（思い）を断つ」で**下が上の目的・対象**になる関係。**ウ**の「受賞」が「**賞を受ける**」で、これと同じ関係である。**ア**「未定」は「未」が接頭語で、下の漢字の意味を打ち消している。**イ**「勤務」は二字とも「つとめる」の意味で、上下が似た意味になる関係、**エ**「高低」は「高い↕低い」で、上下が反対や対《つい》になる関係。

(3) [A]の直前の「そのこと」が、「言葉で何かを言い表す」ことを指していることに注目。よって[A]のあとは、「何も数値化だけが……言い表す」の**言い換《か》え**になることがわかる。言い換えの働きをする接続語は**ウA「すなわち」**か**エA「つまり」**の二つ。そこで[B]のほうを確かめてみる。[B]は、前で「……送り手の伝えたかったすべてと考えてしまいやすい」と言っているのに対し、あとは「不十分なもの」「ほぼ未完のままに送り出される」で、**前後が対立する内容**になっている。**逆接**は**ウB「しかし」**。よって正解は**ウ**となる。

(4) 筆者は、第二段落のはじめで「一本の大きな樹《き》がある。」としたうえで、これが「『大きな樹』という便宜《べんぎ》的な表現」(引用文上段9～10行目)になるまでのことを述べている。——線部①の前後の「外界の無限の多様性を、……切り分ける」を、第二段落の1～5行目で**具体的に述べている**ことをおさえよう。

(5) ——線部②の二文目「**言葉と言葉の間にあるはずのもっと適切な表現をめぐって**」に目を向けよう。筆者は、これについて直前の段落で「大きな樹」という言葉を例に、この言葉が、「別の表現が、潜在的《せんざい》な可能性としては数えきれないほど存在したはずで、**そんな可能性をすべて断念し、捨象した表現**」（引用文上段7～9行目）だと述べていることに注目しよう。これが「言葉のデジタル性」によって起こる表現上の問題点であり、表現をめぐり人が苦闘《くとう》する理由である。

(6) ——線部③の直前の指示語**「それ」の指す内容をとらえよう**。「どんなことだと述べているか」なので、終わりの部分は「こと」までにする。

(7) **最終段落の4行目**に、「……をしてはじめてコミュニケーションが成立するのである」という表現があることに注目しよう。これよりも前の部分から「どうすることが」に当たる内容を探っていくようにする。字数制限と「をすることが必要だ。」に続くということに気をつけて抜《ぬ》き出すようにしよう。

2

(1) **a**「縮《ちぢ》まる」は、この場合は短くなること。「縮」の音読みは「シュク」で「縮小《しゅくしょう》・短縮《たんしゅく》」などと使う。**b**「忘《わす》れる」は、書くときには**送り仮名に注意**。「忘る」としない。**c**「悟」の音読みは「ゴ」。「覚悟《かくご》・悔悟《かいご》」などと使う。**d**「水滴《すいてき》」は水のしずくのこと。「滴」**の訓読みが「しずく」**。

(2) [A]は、すぐ前の**「みうしなってなるものかと」**が手がかり。「見開く」は「目を大きく開ける」という意味。[B]の「意を決する」は**慣用句**で、「**はっきりと心に決める**」という意味。「どうしようかと迷ったが、心を決めた」という流れになる。

(3) 文章の流れに沿って**「雨鱒《あめます》は」で始まる文**を順に見ていこう。**1**雨鱒の様子を表す言葉としては「じっと」も繰《く》り返されているが、字数（五字）に合わない。**2**「逃《に》げるようなそぶりはちっともみせなかった」（引用文上段13～14行目）、「まだ雨鱒は逃げなかった」（引用文上段20行目）に注目。

(4) 引用文の下段1行目に「心臓が大きく鼓動《こどう》しているのがわかった」とある。これは、すぐ前の**「心平《しんぺい》は緊張《きんちょう》した。」**という一文からわかるように、手のとどく距離《きょり》まで雨鱒に近づいたことによるものだ。この「緊張」感がしだいに高まり、「雨鱒を突《つ》く体勢はすっかり整った」（引用文下段8行目）ところで、**頂点に達したのだ。**

(5) 「対《つい》になっている表現」とは、**言葉の形や意味が対応している表現**のことだということをおさえよう。緊張感が高まっていったときは忘れていたヤスの重さを、**その緊張感がとけた**ことで、急に感じるようになったということ。

(6) ——線部③の直前の二文の内容や、**心平が雨鱒を見つけ、少しずつ追い詰《つ》めていった場面の様子**からとらえよう。心平にとって心を占《し》めているのは雨鱒であり、**ウ**のように他のこと全般《ぜんぱん》に対する希望ではない。**ア**は「興味が薄《うす》れてしまった」、**エ**は「熱い思いが冷め」以降が合わない。

第2回

132–135ページ

1
(1) **①あいだ　②いわく**
(2) **イ**
(3) **入リテ二 大 廟ニ一 毎ニレ 事 問フ**
(4) **係り結び**
(5) **1エ　2問ふは礼なり　3イ**

2
(1) **a たんてき　b** 役割　**c のうみつ　d** 形態
(2) **3**
(3) **ⓐ感情理解　ⓑ意味と(や)感情　ⓒ信頼関係**
(4) **感情を込める**
(5) **Ⅰ山のしづく（山のしずく）　Ⅱ㋐イ　㋑エ**
(6) **イ**

解説

1

(1) どちらも、**語頭以外の「ハ行」音は「わ・い・う・え・お」**と読むという原則に当てはまる。

(2) 「年ごろ」は、現代語では名詞として「何かにふさわしいと思われる年齢《ねんれい》、特に結婚《けっこん》するのにふさわしい年齢」という意味で使われることが多いが、古語では「**長年にわたって。ここ数年**」の意味で使われることが多い。

(3) ここでは、返り点として、**下の一字を先に**読み上に返ることを表す**レ点**と、**下の二字を先**に読み上に返る**一・二点**を使うことに注意する。送り仮名については、**書き下し文で平仮《が》**

名《な》になっている部分を片仮名にして、漢字の右下に添《そ》えるようにする。

(4)――線部⑤「とぞ答へ給ひける」には、普通《ふつう》の言い方にはない「**ぞ**」という**係りの助詞**が使われていることに注目しよう。文中に「**ぞ・なむ・や・か**」の助詞が使われているときは文末が**連体形**、「こそ」の場合は**已然《いぜん》形**になる。「ぞ・なむ・こそ」は**強調**、「や・か」は主に**疑問・反語**を表す。

(5)**1**成通卿《なりみちきょう》は、師頼卿《もろよりきょう》の仕事ぶりを見て、「御《ご》籠居《ろうきょ》のあひだ（＝家に閉じこもっていたため）、公事《くじ》、御忘却《ぼうきゃく》か。うひうひしく思《おぼ》しめさるる条、もつとも道理なり」と言っている。面と向かって非難もできないため、師頼卿がいちいち人に尋《たず》ねていることを**「籠居」のせいだとして皮肉っている**のだ。

2「このこころは」で始まるまとまりに目を向けよう。人が孔子《こうし》の様子に対して「孔子、礼を知らず」と非難したのに対して、孔子は答えのように「問ふは礼なり」と返答したのだ。

3最後の段落の最終文「『これ、慎《つつし》みの至れるなり』といへり。」からとらえよう。師頼卿は、**「論語」の孔子の言動をふまえて、「問ふは礼なり」を実践《じっせん》していた**のだ。この行動を「慎みの至れるなり」と評している。

2

(1)**a**「端的」は「てっとりばやい様子」の意。

b「役割り」と誤りやすいので注意。「時間《じかん》割《わ》り」「割《わ》り算《ざん》」などは「り」を送るが、「割《わり》引《びき》・割安《わりやす》・役割《やくわり》」などは**送り仮名をつけない**。

c二字とも音読み。「濃」の訓読みは「濃《こ》い」。

d「形態」は「もののかたち、ありさま」の意。「態」の「心」を忘れると、別字の「能《のう》」になるので注意。

(2)**3**の「の」は「**相手が**」と言い換《か》えられる、**主語を表す格助詞**。他はすべて、**連体修飾語《しゅうしょく》を示す格助詞**。連体修飾語の場合は、**1**「テレビのニュース」**4**「二人の間」のように、「の」が体言（名詞）や体言の働きをする連文節にはさまれている。

(3)ⓐA の**最終段落の三文目**、「情報伝達としてのみ……肝心《かんじん》の感情理解がおろそかになる。」をおさえよう。こういえるのは、同じ段落の二文目にあるように、「**情報という言葉は、感情の次元をあまり含《ふく》んでいない言葉だ**」からだ。ⓑ・ⓒA の**第二段落**からとらえられる。冒頭《ぼうとう》の一文「やりとりするのは、主に意味と感情だ。」や最終文「もう一つは、……信頼《しんらい》関係をコミュニケーションによって築いておくべきであった」などに注目する。

(4)B の第一段落では「和歌」とはどういうものかを説明している。その中で「感情の響《ひび》き合い」と深く結び付くのは、二文目の「五・七・五・七・七の型の中に、あふれる感情を込《こ》める。」である。贈《おく》る方も、受け取って返歌する方も、あふれる「**感情を込める**」**からこそ、互《たが》いの感情が響き合う**というわけだ。

(5)Ⅰ「キーワード」は、文字どおり重要な言葉のこと。論説文の読み取りなどでは、繰《く》り返し出てくる言葉がキーワードとなることが多い。ここでは、――線部③の直前に「相手の使った」とあるので㋐の和歌を見てみると、**「山のしづく」という言葉が繰り返されている**ことがわかる。㋑の和歌でも「山のしづく」が使われていることに注目しよう。

Ⅱ「山のしづく」について、㋐・㋑の和歌を現代語訳に基づいて見ていこう。㋐「あなたを待っていた私は立ちながら濡《ぬ》れてしまったよ、山のしずくに」や、**恋《こい》しい人をじっと待っているときの心情**などと深く結び付くのは**イ**。㋑「山のしづく」は、自分（吾《あ》）を待っていた相手（君）を濡らしたものだが、**その山のしずくとなって、相手（あなた）のそばにいたかった**という思いを込めていることをおさえる。よって、正解は**エ**。

(6)A・B の二つの文章の要点をおさえよう。A では、まずコミュニケーションとは何か、ということを説明したうえで、コミュニケーションは、単なる情報伝達とは異なり、**意味と感情をやりとりすることによって、お互いの信頼関係を築くことができる**と述べている。B は、このA を受けて、「**あふれる感情**」を**歌のやりとりに込める**ことでコミュニケーションを成り立たせている、日本古来の伝統文化である**和歌**を取り上げている。**ア・ウ・エ**は、A・B それぞれの全体的な内容にそぐわない。